対話が生む成長と変化に対応できる医療施設

建築家と共創する病院づくり

株式会社日建設計
クライアント・リレーション&マネジメント部門
プロジェクトマネジメント部
ゼネラルマネージャー アーキテクト
近藤 彰宏　大守 昌利

はじめに

病院の課題をマネジメントとデザインの力で解決する

人はなぜ、病院と聞くと、複雑な思いに駆られるのでしょうか。

人はなぜ、病院を見ると、近寄りがたく感じるのでしょうか。

人はなぜ、病院へ行くと、すぐにでも帰りたいと思うのでしょうか。

現代の日本では、ほとんどの人が病院で生まれます。病気やけがをすると病院で治し、亡くなるときも病院です。病院とは何でしょうか。単に疾病を治すだけの施設でしょうか。

病院は、幅広い人を受け入れます。赤ちゃんから高齢者まで。

病院は、複雑な気持ちも受け入れます。絶望から希望まで。

病院は、人々にとって人生の転機を迎える場、人生の縮図とも言えます。

病院に一度もお世話になったことのない人はいないと言っても過言ではないでしょう。市民の生活になくてはならないところ、市民の健康を支える存在です。それなのに、多くの人が病院からイメージするものは、かかわりたくないもの、遠ざけたいもの、行くと自由を奪われるところ、暗くて重いところであるというのが正直なところではないでしょうか。

これまで長い間、医療者の方々や私たち病院建築家は、このイメージを何とかして変えたいと思ってきました。地域のみなさんに心から愛される病院になってほしい、美術館や図書館や音楽ホールなどのようにそこへ行くことを想像するだけでわくわくするものになってほしい。

ところが、病院のイメージを変えるために、あれこれ手を打とうとしても、それを行う前に病院はとても厳しい経営環境や社会ニーズのなかに置かれ、手をつけなくてはならない難題が山積している状況です。

医療費削減、病床数削減などの厳しい嵐の吹くなかで、機能分化によるサイズダウンや、診療報酬改定による収益の減少、少子高齢化や地方での過疎化による患者数の減少など、生き残りをかけた病院経営が求められています。

さらに、医師や看護師などの医療人材の不足が叫ばれるなかで、医療者の働き方改革が待ったなしに求められているという大きな課題にも直面しています。

このような暴風雨のなかで病院は本当に健闘しています。

そうは言っても、日本の医療は、献身的に医療を行い、患者を救おうとする医療者の善意によって支えられています。たとえ、狭く老朽化した病院でも、働きにくい環境に置かれても、知恵を絞って上質な医療を提供し続けています。

日本の医療の「こころ」は世界に誇れるもの。ものづくり日本、おもてなし日本、そして医のおもいやり日本。

私たち病院建築家は、このような医療を取り巻く困難な環境に置かれ、逆風に立ち向かう病院のために、建築の力で、マネジメントの力で、そしてデザインの力で少しでも役に立ちたいと願っています。それはただ単に見栄えがよい、豪華に見える病院をつくることではありません。

医療者が患者さんに寄り添うように、病院運営にかかわる方や医療者一人ひとりに寄り添い、耳を傾けたい。医療施設に求められているものを本質までさかのぼって理解したい。その高い志や「おもい」を病院という「かたち」に昇華させたい。患者さんの「エクスペリエンス（経験）」に寄り添いたい。そして、患者さんにとって、わくわくするような病院、親しみを感じる病院をつくりたい。

私たちは、「おもい」に寄り添います。

私たちは、技術やデザインを活かします。

私たちは、「こころ」を「かたち」に表します。

株式会社日建設計
クライアント・リレーション&マネジメント部門
プロジェクトマネジメント部
ゼネラルマネージャー アーキテクト
大守 昌利

目次

第3章 病院のつくり方II ～未来への設計図～

第4章 テーマ別に見る医療施設の建築事例

第1章

病院建築家と上手に付き合う方法
～パートナーの思考回路を知る～

医者は患者を癒し、建築家は街を癒す

～病院建築家の仕事とは？～

●――患者のＱＯＬを担うのが医者なら、街のＱＯＬを担うのが建築家

医療の世界は変わり続けています。人類は、あらゆる疾病と格闘しながら、克服する知恵や技を発見し続け、いつしかその集積は医術・医学として確立され、私たちが生きていくうえで不可欠なものになりました。そして、疾病のない世界を目指して、科学の力を総動員しながら医療技術の革新が続いています。

しかし、変わりゆく医療の世界のなかで、変わらないものがあります。それは、患者さんに向き合い、寄り添い、治すとともに癒す――という昔から変わることのない医療に取り組む心構え、すなわち「医のこころ」です。

古くは「医は仁術」と言われ、近年では「全人的医療」という言葉が示すように、博愛の精神のもと、患者さんの身体だけでなく心も癒すことが、本来の「医療」のありようです。不安な気持ちに親身になって寄り添ってくれ、力を合わせて疾病と戦っていこうという強い意志を医者の姿に感じたとき、私たちは深く感動し、励まされ、不安を希望に変えていくことができるのです。医者は「医のこころ」によって患者さんを癒し、患者さんのＱＯＬ（Quality of Life：生活の質、人生の質）を支えるスペシャリストであると言えます。

一方、建築家とは、何をする人でしょうか。一般的に建物を設計する人は、「建築士（Building Engineer）」や「建築家（Architect）」などと呼ばれてきました。建築士は、一義的には「医師」と同様に、技術や資格を有していることを示す言葉です。「一級建築士」などの国家資格を持ち、設計技術を駆使しながら、住宅から大規模なビルまで、使いやすくて機能的、火事や地震に強くて衛生的な建物を設計する技術者のことを指します。それに対して、建築家は、建物の設計を専業とする建築士を指すことが多く、設計も工事も行う施工会社の建築士は建築家に含まれないことがあります。しかし、ここではもっと本質的な心構えや役割の面から、建築家について説明します。

建築家は、どのような建物を設計する際でも、建物を機能的に組み立てながら、同時にその建物を利用するすべての人たちについて思いを巡らせ、その空間でどのようなワクワクする体験ができるのか、どのような癒される雰囲気が出せるのかに着目して設計を進めます。ただ単に雨風を凌ぐだけの建物をつくるのではなく、そこを体験することによって、知らず知らずのうちにこころが安らいだり、元気が出たりするような空間をつくりたい——という本質的な心構え、すなわち「建築のこころ」を携えて設計を実践する人が建築家と言えるでしょう。

また、そのような建築家たちによる建築が地域に広がることによって、住環境が改善し、活気ある街づくりにつながります。医者が「医のこころ」によって、患者さんを癒し、患者さんのＱＯＬを支えるのと同様に、建築家は「建築のこころ」によって、街を癒し、街のＱＯＬを支えるスペシャリストだと言えるでしょう。

病院建築家は「空間の力」を使って、患者と街を癒す

では、病院を設計する病院建築家は、何をする人でしょうか。病院を利用するのは疾病を抱えた患者さんです。院内には患者さんだけでなく、その家族や数多くのスタッフがいます。大きな病院の周辺には、薬局や連携するクリニックなども集まります。病院建築家は、医療空間の設計によって患者さんを癒し、その病院を中心とした街も癒していく役割を担う建築家です。患者さんのQOLを支えながら、同時に街のQOLを高めることに、最高の喜びを感じる建築家とも言えるでしょう。

私たちは自然のなかにいると、光や風、緑などから「気」のようなものを感じ、次第に癒されていきます。また、「病は気から」ということわざがあるように、「気」の持ちようによって、病気はよくなったり悪くなったりすると言われています。つまり、空間のなかで感じられる「気」によって、無意識のうちに気持ちが穏やかになったり、元気づけられたりするのです。

ここでは、空間のなかで良質な「気」を醸し出すことを、「空間の力」と呼ぶことにします。癒しのための空間づくりでは、「空間の力」を上手に発揮させる病院建築家の気配りが、大変重要であると考えます。

岡山県精神科医療センターの「空間の力」

「空間の力」について、私たちが建替えにかかわった精神科病院の事例を紹介します。岡山県岡山市にある岡山県精神科医療センターは、精神疾患を抱える患者さんに対して、急性期の精神科医療を提供する病院です。建替え前の施設は老朽化が進み、患者さんにとってもスタッフにとっても快適とは言えない暗

く狭い環境のなか、患者さん同士の諍《いさか》いなどトラブルが多かったと聞いています。

私たちが設計者として選ばれ、設計が始まるやいなや、当時、院長であった中島豊爾（現・理事長）から「どのフロアにも光と緑と風を！」という号令が鳴り響きました。これまでにない精神科病院をつくるという熱い思いを受け、私たちは精神科病院の病棟設計における既成概念を捨てることから計画に取りかかりました。従来、精神科病院の病棟設計は見通しが最優先で、見えない死角はつくらないという鉄則がありました。患者さんを常に見張ることのできる、いわば、「刑務所」に代表されるパノプティコン（全展望監視型）のような構成が主流でした。

病院の敷地は、岡山市の都心部に位置していることから、周囲は住宅や商店で囲まれていました。そのため、建替えのためのスペースは潤沢ではなく、2段階で建設を進めなければならないという大きな制約がありました。周辺住宅へ配慮しながら光・緑・風をふんだんに取り入れること、広くはない敷地のなかに最大限の内部空間を確保することなど、矛盾する命題に対して、何度もつくり直した設計案を示しながら、院長をはじめとするスタッフや関係者と徹底的に対話しました。すると、解決策が生まれたのです。

まず、施設の2階の中心に大きく設けた人工地盤上に中庭をつくり、中庭から各階へつながるステップ状のテラスを設けることによって、どのフロアにいても身近に光・風・緑を感じられるようにしました。各病棟にいくつもの光庭を設けることによって、屋内にいても空間の広がりが感じられます。さらに、光庭に面した病棟廊下は、外気にさらされる半屋外廊下とすることによって、季節のうつろいを感じられるようになりました。

病棟のなかにいくつもの光庭を設ける設計ですから、廊下は光庭を巡る回廊状となります。そのため、

光と風の入る病棟廊下（回廊）

ナースステーションからは見えない死角だらけで、設計中は、直接患者さんと接することになるスタッフから不安の声があがっていました。しかし、無事に竣工し、開院を迎えると、驚くべき変化が起きました。騒がしかった患者さんがとても静かになり、穏やかな生活を送れるようになったのです。それまでの狭くて暗いというストレスの多い環境から、自然をふんだんに感じられる広くて新しい環境となっただけでなく、死角が多いという短所は、逆にプライバシー感を高めて気持ちを和らげるという長所となりました。変化に富んだ自然や開放感を感じられる環境づくりによって、患者さんはよい「気」を受け取ったのです。どこにいても光と風と緑をという徹底的な環境改善によって生み出された「空間の力」が患者さんの容態の安定に結びつき、医療そのものに役立った、精神科だからこその例と言えます。

では、「空間の力」は、精神科以外の病院ではどのように作用しているのでしょうか。岡山県精神科医療センターの設計を進めながら患者さんと接しているなかで、

光庭に面したパブリック空間（パティオ）

中庭から各階に連なる緑

病室から回廊を経てデイルームへ

あることに気づきました。それは精神科の患者さんは健康な人より少しだけ繊細で敏感なだけだということです。私たちは日常生活のなかで少なからずストレスを感じています。誰しも健康な状態では上手に解消できるストレスも、病気になると大きな不安によって抑えられなくなることがあります。「空間の力」はすべての病院に必要です。病院を訪れる人たちの不安を少なからず軽減してくれるからです。

私たち病院建築家は「空間の力」を発揮する癒しの空間づくりによって、患者さんの不安を和らげ、元気づけ、回復につながるお手伝いができることが何よりの喜びなのです。

建築という名の環境破壊
～自然や街並みと調和する病院～

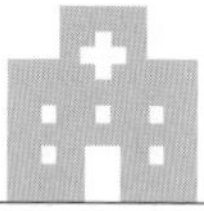

建物のデザインには建築主の品格が現われる

建物を建設することは、ある意味で究極の環境破壊だと言えます。ですから、建築家はよほど身を正し、自然や周辺環境に敬意を払って設計すべきだと思うのです。

環境を破壊するからには、その建物がそこになかったときよりもできたあとのほうが人々の気持ちを和らげる、感動させる、そういう存在でありたいものです。建物は、誰のものでもない「空白な場所＝空間」を間借りして建てて、そのなかで必要な機能を営むものです。敷地が建築主の所有物であっても、空中権はあくまで敷地の上空の空間の一部を使用する権利です。そこにでき上がる建物の外観や街とのかかわりである足元のつくりは、建築主だけのものではありません。つまり、勝手なものであってはならず、果たすべき社会的責任を負っていると言えば少し大げさでしょうか。

病院を建設する場合も例外ではありません。建物のデザインには建築主の思いと品格が現れることを建築主にはしっかり理解していただく必要があります。

建物は自然や街並みを構成する重要な要素

病院は医療を提供する場所です。そのため、「建物にお金をかけず医療機器にお金をかけたい」という言葉をよく聞きます。それはごもっともですが、「建築なんてどんなものでもいい」と投げやりと思えるところまで言われてしまうと少し反論したくなります。

悪いたとえかもしれませんが、もし病院が上九一色村に建設されていたオウム真理教の「サティアン」のような建物であったら、近づくのも嫌ですし、治る気持ちも失せてしまいます。病院は美術館とは違いますが、自然のなかにあれば1つの風景となり、街にあれば美しい街並みの風景を構成する重要な要素となります。病院利用者の多くは近隣の住民でもあるので、その場所にふさわしい親しみが湧くデザインやランドスケープとして人々に愛されるものにしたいと、建築主にも思っていただきたいものです。そうであれば病院建築家としても腕の振るいようがあります。

たとえば、その地方特産の鉄平石を使用した外壁、丘の上に建ち街から見える安心のシンボル、垣根のない公園のようなランドスケープで近隣の憩いの場、桜並木の名所、ランニングコースといった特徴のある病院は実現することができます。贅沢である必要はありませんが、優しい表情を持ち、建物のなかに入れば自然光があふれ、病気でなくても訪れたくなるような魅力的で心地よい空間を持つ病院を私たち病院建築家は目指しています。

自然や街並みと調和した病院建築の具体例

建物の敷地のなかのことだけでなく、周辺環境との調和について工夫し、地域に愛されることを建築主からの要望で実現した例をいくつかご紹介します。

①東京女子医科大学 八千代医療センター

もともとあった病院の建替えではなく、新設病院として、千葉県八千代市が誘致し、さまざまな関係者の協力のもと、市民病院としての役割を果たすことを目的に建設されました。プロジェクトを立ち上げの際、建設準備室のリーダーが望まれたコンセプトは次の3つです。

- 垣根がなく近隣住民が憩える公園のようなランドスケープとしたい
- 敷地周辺には飲食店が少ないので、病院のなかに気軽に入れるお洒落なレストランをつくりたい
- 右記2つのようにすることで健康なときから病院を利用してもらい、いざというときに気軽に入れる敷居の低い病院にしたい

東京女子医科大学 八千代医療センター
外観（左）、公園のようなランドスケープ（右）

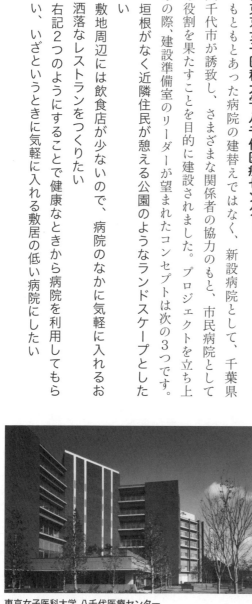

病院は病気になったときに利用する施設ではありますが、私たち病院建築家が目指しているのは「病気でなくても行ってみたい居心地のよい建物」です。そのため、これらの要望はまさに、私たちにとって腕の振るいがいのある素敵な課題となりました。ちなみに、そのリーダーは初代病院長となられ、実際に病院を使い始めてからも、私たちに対して「ここはとてもよかった。しかし、あそこはもっとこうしておくべきだった」と笑顔でご教示くださいました。それは、大変参考になったと同時に、建物を愛されているなと感じる瞬間でした。

②佐久総合病院 佐久医療センター

もともと別敷地にあった佐久総合病院の高度急性期医療部分を抜き出して建設するプロジェクトにおいて、敷地の法的条件から低層にならざるを得ないという医療機能にとってマイナスとも言える条件を発想の転換により解消しました。広大な敷地と美しい周辺環境に恵まれた特徴を活かして、地域性のある親しみやすい建物にするというコンセプトで進められました。

高度急性期病院はその機能から厳めしい雰囲気になりがちなので、健康を意識した設えとして、建物外周にランニングコースを設け、と

佐久総合病院 佐久医療センター
地域特産の鉄平石を積んだ外壁（左）、広大な敷地に建つ低層の建物（右）

ころどころに健康器具を配置した公園のようなつくりとすることで周辺住民に親しんでもらいたいという建築主の要望がありました。これに対し、設計者は建物外観に地場産の鉄平石を使い、もともと敷地に生えており、やむなく伐採にいたったヒマラヤスギを利用したベンチやオブジェをあしらうことで、のんびりゆったりとした佇まいとしました。このようなデザインが風景に溶け込み、利用者や近隣住民から親しみを持たれる病院ができました。

③愛育病院

東京都港区広尾にあった病院を同じ港区内の田町駅の近くに移転する計画でした。敷地はガス会社のガスタンクがあった場所で美しい風景や街並みがあったわけではありませんが、今後の開発により新しい街並みを形成すべき場所でありました。移転前の愛育病院は有栖川宮記念公園の隣にひっそりとした佇まいで建ち、利用者から愛されていたため、その趣を継承することを意識して、外観やインテリアをクラシックなイメージでデザインしました。

また、東京モノレールからよく見える位置であったこともあり、特に〝街並み〟を形成する重要な建物であることを意識しました。具体

愛育病院
ひっそりとした佇まいを継承（左）、クラシックなデザインの外壁（右）

的には窓周りにアーチを施し、外装の仕上げに古風なスクラッチタイルを用いました。さらに足元まわりに街灯を兼ねたブラケット照明（建物の壁につく照明器具）は新たにデザインして落ち着いた外観としました。色合いも港区の厳しい景観条例に則っていますので、今後この街が発展していくなかで、街のデザイン要素の1つとなっていくことを期待しています。

④その他

その他、自然や街並みと調和した病院建築の具体例として代表的なものを下記に写真と簡単なキャプションで紹介します。

山形県立中央病院
近隣のための公園のようなランドスケープ

奄美病院
風土にあった陰影のある外観

伊万里有田共立病院
周辺の棚田の風景になじむ形態

大阪府済生会中津病院
歴史的建造物の再生

阿蘇医療センター
外輪山を望む360度のパノラマ病棟

病院建築は医療と建築の「統合美」

～建築家を安易に選んではいけない～

アートとデザインという言葉はよく混同されます。これはアーティストやデザイナー自身も混同しているところがありますから、一般の方はますます混同してしまいます。アートとデザインの違いとは何でしょうか。

●――建物はアートかデザインか

見た目の不思議なものがアート？　見栄えのよいものがデザイン？

名の知れた芸術家のつくるものがアート？　無名のデザイナーがつくるものがデザイン？

値段がつけられないほど高いものがアート？　ちょいとがんばれば買えるものがデザイン？

アートとデザインとの違いは、昔から多くの人たちが議論を交わしています。アートは創造である、デザインは解決である。アートは自分のために、デザインは人のために。アートとは問いである、デザインとは答えであるなどなど。要するに、アートは自由な自己表現によって生み出されるもの、デザインは何かに役立つために生み出されるものと言ったところでしょうか。

それでは、建物はどちらに属するでしょうか。建物とは、建築主の思いを受け、社会に役立つものをつくるために、さまざまな問題を解決し、計画的に設計や工事を行っていくものですから、そのプロセスを見るかぎり、建物は紛れもなくデザインでしょう。

アーティストのつくるものは「作品」と呼ばれますが、デザイナーのつくるものは「作品」と呼ばれることがさほどありません。アーティストによって生み出されるものは、何かに直接役立つというよりも、絵画や彫刻、音楽や演劇など、見る人の感情に訴えてくるもの、その結果、気持ちを豊かにさせてくれるものです。他方、デザインによって生み出されるものは、製品（プロダクト）や画像（イメージ）、さらには色や形ではない物事の仕組み（アレンジメント）であり、使う人の利便性を高め、生活を豊かにするものです。

スターアーキテクトは空間を演出する

ところが、建築家のつくった建物は、しばしば誰それ建築家の「作品」と呼ばれることがあります。建築家は、建築という分野で社会のために問題解決するデザイナーであり、建築はデザインであるはずなのに、いったいどうしてでしょうか。

いにしえより建築家は、アーキテクトという職能を通して、「用・強・美」という空間の要素を自在にあやつりながら、人々に素晴らしい感動を与える建物をつくり出し、尊敬されるべき存在として世の中に認知されてきました。たとえば、西欧においてバロック教会をつくるために、建築家は建築家の工房の設計士、石工や大工などの職人をはじめ、壁画や彫刻を制作する芸術家など、多くの関係者をオペラの総監督のようにとりまとめ、1つの空間に統合していきました。建築を構成する個々の要素は、それぞれ単体のデザインですが、建築家は素晴らしいハーモニーを奏でるようにそれらを統合し、完成した空間により神々しいまでの感動を与えてきたのです。空間を総合芸術や「統合美」の域にまで高めたことが、「作品」と呼ばれてきた所以だと思います。

現代においても、誰もが知っているスターアーキテクトと呼ばれる建築家がいます。オリジナリティあふれる作風を持ち味とする建築家です。強い個性が、外観をはじめ、隅々のデザインにまであふれ出ているため、ひと目で誰が設計したのかがわかります。彼らのつくった建物も「統合美」を奏でており、いにしえの巨匠建築家と同じように、「作品」と呼ばれています。

また、スターアーキテクトではなくても、自分の「作品」をつくりたい、自分の「作品」をつくるという意志の強い建築家も多くいます。建築家の仕事は、ときに自らの感性と個性を売りにすることも要求されますので、作品志向が強くなることは仕方がないことかもしれません。また、そうでなくては個性的な建物や空間は生み出せないでしょう。

建築に失敗する方法

しかし、作品をつくりたい建築家の個性と建築主の好みがミスマッチを起こした場合は、往々にして悲劇が起こります。

日建設計の大先輩である建築家の林昌二は、1980年に発行された著書『建築に失敗する方法——建築論集』（彰国社）において、建築に失敗するケースとして、「すべてを他人まかせにすること」「企業のなかで余った人間に担当を命ずること」「トップダウンで異端の設計者に設計を依頼すること」を挙げています。建築という、組織の未来を左右するような事態には、組織のなかで余った人材が担当するのではなく、ワンマン経営者による行き過ぎたトップダウンでもなく、しかるべき有能な人材が中心となって事業にあたるべきだと、その重要性を説いたのです。

さらに、「親戚・知人のなかから、成績優秀で前途有望な設計者を選び出してしまった」という例を挙げています。その建築主は、何となく選んでしまった設計者によって描かれていく設計図に違和感を覚えながらも、専門家のもっともらしい説明に反論もできず、建物が完成してから思い描いていた家の姿とはかけ離れていることに気づきます。そのとき初めて、その設計者の建築観や作品の傾向を調べてみると、自分の好みとは似ても似つかぬ思想の持ち主であることがわかりました。当の設計者は、流行最先端の建築ができたことをあちこちに自慢していました。建築主が「心ならずも設計者の作品のためのスポンサーとなり、いわば犠牲になった」という悲劇です。どこか身近にありそうなお話ですね。

林昌二は、建築に成功する道は1本しかないとして、次のように示唆しています。

「最もふさわしい一人の設計者を選び出すことです。そのためには充分の手間ひまをかけることです。会社の大きさや知名度などに左右されては駄目です。……（中略）設計者に会ってその考えを聞くなど、あらゆる手をつくして、一人にめぐりあうように努力することです」

●——注意を要する建築家とは

さて、病院の建築に失敗してしまうのはどのような場合でしょうか。それは、自分の病院の建築にふさわしいかどうかを十分に調べないまま、誰かの知り合いである、あいさつによく来る、作風がなんとなく気に入ったなど、その建築家がどのような建築観を持っているのか、どのようなプロセスで設計を進めるのかなどは確認しないままに、安易な理由で建築家を選んでしまったときです。

作品志向の強い建築家であれば、設計が進むにつれ、次第に建築主の言うことに耳を貸さなくなり、自分の作品づくりに精を出します。その結果、外観やロビー空間には個性的な作風が感じられるのですが、医療空間については関心が低く、どこかの古い病院をそのままコピーしたような、何の機能や環境の改善も見られないお粗末な設えとなっているかもしれません。

一方、イエスマンの建築家もくせ者です。建築主から言われるがままに設計を進めるのは、実は建築家にとっては大変楽なことなのです。ところが、先に述べたように、建築家の役割は、建築主との対話を経ながら、建築全体を俯瞰し、さまざまな空間の要素を上手に統合していくことにありますから、言われるがままに空間を組み立てると、建築主の思いつきの集大成のようなちぐはぐなもの、デザインが不協和音を起こしているような病院ができ上がりかねません。

自分の「作品」をつくりたい建築家、言われるがままにつくる建築家は、どちらも要注意です。そして、耳の痛いお話かもしれませんが、病院の建築が失敗してしまうのは、そのような建築家を安易に選んでしまった建築主の責任も少なからずあるのです。

病院建築は医療と建築の「統合美」である

病院の建築に成功する方法はもうおわかりでしょう。まずは、建築家選びに手間ひまをかけ、最もふさわしく信頼のおける病院建築家を吟味することです。病院の設計は一筋縄ではいきません。医療についての全般的な知識が必要です。どのような医療行為がどのような設えの室で行われているか、入院してから退院するまでの患者さんの流れ、病院で働く多様な職種・職員の働き方、食事や薬剤などの移動の仕方など、病院の仕組みの理解が不可欠です。このような知識や理解を備えているのが、病院建築家です。

それでは、完成した病院建築は、病院建築家の「作品」でしょうか。私はそうは思いません。病院は建築主が医療を行う場であり、一般の建築よりもはるかに複雑な医療の要素を統合していく必要があります。しかも、医療の世界は進化し続けており、これからつくる病院は、未来を見据えた病院でなければなりません。その実現に向けては、建築主と病院建築家との二人三脚が重要となってきます。

自分の病院にふさわしい空間構成やデザインはどのようなものであるか、はっきり言葉にできる建築主はほとんどいません。病院建築家は、建築主の言葉にならない思いを汲み上げ、対話を繰り返しながら思いを形にしていきます。その結果、複雑な医療機能が見事に統合されたものができ上がれば、それは建築主と病院建築家との共同作業のたまものです。病院建築は、医療と建築の「統合美」であり、建築主と病院建築家の共同作品であると言えるでしょう。

建築家が考えるマグネット・ホスピタル
～地域住民が集まる病院のつくり方～

患者や医療者が集まる病院の条件とは

「マグネット・ホスピタル」という言葉が日本の医療界で使われ始めて久しくなりました。マグネット・ホスピタルとは、医師や看護師、患者さんなどを磁石のように引きつける魅力的な病院のことです。その考え方は１９８０年代に深刻な看護師不足に悩んでいたアメリカにおいて、看護協会の関連組織であるアメリカ看護認証センターが質の高い看護サービスを提供している病院をマグネット・ホスピタルとして認定したことに由来します。

日本におけるマグネット・ホスピタルは、看護師不足の問題だけにとどまらず、医師をはじめとするすべての医療者にとって、そこで働くことが魅力的で、「医療者がたくさん集まる病院」を意味します。そして、医療者がそこで生き生きと働き、提供する医療の質が高まることによって、地域住民も魅力を感じ、疾病を患ったときに、そこで診察や治療を受けたいと「患者さんがたくさん集まる病院」としてとらえられています。

患者さんに魅力を感じてもらう病院づくりのためには、医療者が集まる病院づくりが不可欠なのです。よい医師が揃い、よい医療を提供すると、患者さんはどんどん増えていきます。医師や医療のレベルが秀でていることはマグネット・ホスピタルとして必須の条件です。ここでは患者さんの集まる病院としてのマグネット・ホスピタルについて述べ、医療者が働きやすい病院づくりについては、第3章の「建築家の考える働き方改革」で紹介します。

快適な空間はパブリックスペースから生まれる

かつて病院は、地域住民にとって、あまり近寄りたくない施設の1つでした。朝は病院へ殺到する車で付近が渋滞する、夜は救急車のサイレンが鳴り響く、外観の印象は固くて閉鎖的で、「病院には悪い菌があふれている」という根拠のない風評までありました。

実際に病気になって病院を訪れても、病気で気持ちが沈んでいるうえに、混雑した外来で長時間待たされた挙げ句、診察はあっという間に終わってしまう。知人のお見舞いに行ったとしても、病室は多床室で見舞客の座るスペースもなく、隣の患者さんに気を遣って、十分な会話もできないまま早々と帰ってきてしまう――。病院のなかでも外でも心地よい体験をしたことがなく、これでは近寄りたくないと思ってしまうのは、仕方がないことなのかもしれません。

このような事態を引き起こしている要因の1つは、「パブリックスペース」が足りないことにあると考えられます。玄関を入るといきなり中央待合があり、多くの人が所狭しと座っていて、混雑しているときには通路まで補助椅子がはみ出したりしています。中央待合を抜けても、外来や放射線部門の廊下が続き、その廊下の左右の壁沿いにも椅子が並べられ、その間を抜けるように奥へ進むしかないのです。昔ながらの病院は、各科の待合スペース、診断や治療のスペース、そして病棟のみで構成されていることが多く、どの診療科にも属さない、誰でも自由に使えるパブリックスペースが皆無です。パブリックスペースのない病院では、患者さんは医療の流れ作業に身を任せるほかはないのです。

●――ヒントは「ホテル」と「道の駅」

さて、長らく負の印象を根強く持たれていた病院を、地域住民を惹きつけるマグネット・ホスピタルへ引き上げるために、病院建築家はどのようなお手伝いができるのでしょうか。

ヒントは２つあります。１つ目は、先に挙げたパブリックスペースを院内につくり、心安らぐ環境を整えること、２つ目は、パブリックスペースを活用して「健康の駅」と言えるような楽しい仕掛けを提供していくことだと思います。その参考になるのは、街のパブリックスペースを提供している「ホテル」と、個性的なサービスが人気の「道の駅」です。

大規模なホテルでは、玄関を入るとまずロビー空間があります。このスペースは、宿泊や宴会などを目的に訪れたホテル利用者だけでなく、誰でも使える街の一部として提供されていて、ちょっとした待ち合わせやお茶を楽しめるスペースとなっています。ホテルは病院と同じ「ホスピタリティ」が語源ですが、快適でパブリックなロビー空間を提供し、誰でも集まりやすい雰囲気をつくっている点では、病院よりも一歩先を進んでいると言えるでしょう。

一方、街道沿いにある道の駅では、その土地でしか買えない商品を扱うなど、個性的なサービスを売りにしています。ドライバーの休憩場所を提供するという本来の役割を超え、そこへ行くこと自体が目的となり、楽しいひとときを過ごすために、多くの人でにぎわうところが増えています。道の駅も病院も、人の集まる結節点であることは共通しています。人が集まるところだからこそ、より多くの人を引き寄せる魅力的な場所に進化する可能性を持っています。

蓄積された「知」を開放し、病院を「健康の駅」へ

まず、はじめに実行すべきことは、誰でも利用しやすいパブリックスペースを院内に設けることです。しかし、ただ単にロビーをつくればよいというものではありません。パブリックスペースを設けるためには、パブリックな部分と、それ以外の部分をきちんと分けなければなりません。それ以外の部分とは、待合などのセミプライベートスペース、診察室や病室などのプライベートスペースを指します。言いかえると、直接医療にはかかわらないロビー空間や「ホスピタルストリート」と呼ばれる院内の大通りなどがパブリックスペースと言えます。そのような構成ができてこそ、患者さんも患者さんでない来院者も、快適に過ごせるパブリックスペースが生まれます。

パブリックスペースができると、そこではさまざまな活動の選択肢が生まれます。たとえば、病院には診断や治療という本来の役割に加え、健康に関する高度な「知」が蓄積されていますが、それらを地域住民に提供することは病院にしかできない得意分野です。この利点を上手に活用することによって、病院は親しみやすく、楽しく利用したいと思う「健康の駅」となっていくのではないでしょうか。

院内パブリックスペースの好事例

それでは、実際にパブリックスペースを院内に設け、道の駅ならぬ「健康の駅」のように活用し、活気にあふれる病院の事例をご紹介します。

①倉敷中央病院 予防医療プラザ

日本で最もホスピタルストリートがにぎわっている病院は、倉敷中央病院（設計：UR設計）でしょう。規模の大きな病院ですが、1階のメイン動線となる通路は、年月を重ねた増築を経て、居心地のよい温室のようなテラス、展示ギャラリー、レストラン、カフェ、花屋、売店などが商店街のように並んでいます。もちろん、このホスピタルストリートは、パブリックスペースとして、中央待合からも外来待合からも明解に分離されています。

どの時間に訪れても、倉敷市内のどの商店街よりも、行き交う人でにぎわっています。まるで、病院のなかに

倉敷中央病院
予防医療プラザ
外観（上）
さまざまな健康イベントを開催（左下）
健康広場は市民に親しまれるオープンスペースになっている（右下）

いることを忘れ、街のなかを楽しく散策しているかのように錯覚してしまいます。

　本院の隣接地に移転新築された「予防医療プラザ」では、単なる健診センターとしての機能ではなく、本院のパブリックスペースの理念を受け継ぎ、市民に活用される地域開放型の予防医療の場を創出することが、私たち病院建築家に求められました。

　そして、スタッフの方々とワークショップを重ねながら、健康をテーマとしたさまざまな活動に応じられるオープンスペース「健康広場」が、1階のロビー空間に誕生しました。ここでは、レストラン、カフェなどの憩いの場が提供されるだけでなく、医療者による講演会、運動指導、料理教室、絵画鑑賞をはじめ、地元企業の新製品の展示など、多様な健康イベントが開催され、街のパブリックスペースとして市民に親しまれています。

　まさに、未病の状態から健康意識を高める予防医療の取り組みと、新しいパブリックスペースとのコラボレーションが成功した好例と言えるでしょう。

南生協病院
大きな庇が出迎える（左）
通り抜けできる玄関ロビー（右）

②南生協病院

南生協病院は、開発途上の比較的新しい街の駅前にある病院です。駅と住宅地を結ぶショートカット動線上に、開放感あふれる2層吹抜けの玄関ロビーを設けています。さらに、外来患者さんの待合は玄関ロビーの奥に区画して設け、オープンなパブリックスペースと外来待合の空間をきちんと分けています。

駅から住宅地に向かうと、大きな庇《ひさし》のある病院の玄関が街の玄関のように、ウェルカムな雰囲気で迎えます。玄関ロビーに面して、フィットネスクラブ、旅行代理店、コンビニが設けられ、楽しい通り抜け空間を生み出しています。さらに住宅地へ延びる歩道に沿って、パン屋さんやオーガニックレストランなど、地域住民が利用できる店舗が並びます。

③福岡赤十字病院

福岡赤十字病院では、玄関ロータリーの大庇の下のスペースを活用して、産地直送の農産物などを販売する市

福岡赤十字病院
ロータリー沿いのＬ字の大きな庇（左）
多くの人でにぎわう産直市（右）

が定期的に開催されています。診療後の患者さんや見舞いの終わった家族だけでなく、地域住民の方も市に集まるようになり、その日は朝から大にぎわいです。

病院では、災害時の救護活動のスペースとして、玄関の大庇はとても重要な役割を果たします。平常時には庇下の空間をにぎわいスペースとして活用することによって、さまざま地域住民が訪れるパブリックスペースが生まれ、病院に対する親近感がより高まることにつながります。

④星総合病院

パブリックスペースという範疇を超え、地域に対してさらなるサービスを提供している病院もあります。星総合病院は、本格的なクラシックコンサートを開催できる330席のコンサートホールを備えています。通常は、病院附属の看護学校の講堂として利用されていますが、定期的に演奏者を呼んでコンサートが催されており、地域住民の誰もが参加することができます。

星総合病院
病院ロビーから見た
コンサートホールのある看護学校（左）
病院なかでクラシックコンサート（右）

昔から、音楽は疾病の回復に役立つとされています。昨今、認知症の治療では、音楽療法が脚光を浴びているように、医療がからだを癒すのであるならば、音楽はこころを癒すことに効果があります。疾病との戦いに疲れた患者さんにとって、音楽はこころの励みとなり、からだの自然治癒力を高めてくれるものと思います。病院が、このようなこころを癒す施設を備えることで、地域住民にとっての魅力がより高まることにつながります。

●――自由のある空間が安らぎを与える

さて、いくつかの院内パブリックスペースの事例を見てきましたが、それぞれに地域住民を惹きつけ、親しみを感じてもらう知恵や工夫が施されています。

地域住民が魅力を感じ、にぎわう病院は、医療という非日常でプライベートな活動の場のなかに、日常の楽しい活動の場がバランスよく整えられているところに特徴があると考えます。

病院には疾病にさいなまれ、不安を抱く患者さんがやってきます。非日常だけの自由のない空間に長時間滞在するという苦痛に対して、楽しく過ごすことのできるパブリックな場が十分に機能することによって、心地よい安らぎを感じることができ、地域住民に愛される病院になっていくのでしょう。

病院の歴史と病院建築の歴史
～日建設計が歩んだ病院づくり～

病院とホテルはホスピタリティ2兄弟

病院におけるキーワードの1つとして「ホスピタリティ」があります。ホスピタリティとは、単にサービスを提供するという意味ではなく、通常のサービスを超えた「心からのおもてなし・おもいやり」を意味します。そして、ホテルにおけるゲストへのおもてなしのこころと、病院における患者さんへのおもいやりのこころは、同じ概念、同じ精神に根差していると言われています。

ホテルと病院が同類であるのはなぜでしょうか。これはホテルと病院の発祥をたどるとよくわかります。ホスピタリティ（Hospitality）とよく似た単語の「ホスピタル（Hospital）」「ホスピス（Hospice）」「ホステル（Hostel）」「ホテル（Hotel）」は、語源が同じであることはよく知られています。その昔、西欧の修道院において、エルサレムへの巡礼者や十字軍遠征の兵士などを泊め、そのなかで動けない者に手厚いケアや看護を行った場は「ホスピターレ（Hospitale）」と呼ばれていました。旅人や病人に対して分け隔てなく救済を行うという精神はその後も受け継がれ、修道院の附属施設としてだけでなく、寄付金によって運営される慈善施設として、巡礼者のための宿泊所、貧しい人のための救貧院、病人のための医院や療養所、そして孤児院や養老院など、「ホスピターレ」はさまざまな施設へと分化していきました。このようにホテルと病院は歴史的にも「ホスピタリティ＝おもてなし・おもいやり」のこころを持って人々に接するという点で、兄弟のような関係です。

ヨーロッパ以外ではどうでしょうか。イスラム圏においても、8世紀頃に栄えていたバグダードやダマスカスで病院がつくられ、その後も各地のモスク（礼拝所）のなかに、学校や宿舎と並んで、医療施設が併設されました。西欧と同様に、宗教施設が医療の中心的な役割を果たしていたのです。

日本ではどうでしょうか。江戸時代においては、ほとんどの場合、医師の自宅での診療や、患者さん宅への往診によって医療活動が行われていました。そのような状況のなかで数は少ないですが、医学館のような医学校併設の診療所、小石川療養所のような貧しい町民のための入院施設もありました。その一方で、らい病や精神疾患の患者さんに対しては、寺社の慈善事業として療養所が設けられていました。日本においても、宗教施設が医療の一部を担っていたのです。

このように、世界の歴史のなかでは、宗教施設が医療の場の発祥となっていました。病気を抱えているすべての人たちに対して、宗教的な救済の精神で、無償の医療を提供する場が病院であり、療養所であったのです。

なぜ、病院は病院と呼ばれるのか

さて、日本においてホスピタルはなぜ「病院」と呼ばれるのでしょうか。明治初期には、「病院」と「医院」の両方の呼称が用いられていました。順天堂大学附属の病院の名称に「順天堂大学医学部附属順天堂医院」が用いられているところに、その名残が見られます。ちなみに中国では日本の病院に当たるものは「医院」です。

病院は、オランダ語では「ヅィーケンホイス（ZiekenHuis）」、ドイツ語では「クランケンハウス（Krankenhaus）」で、直訳するとどちらも「病の館」の意味です。「Herz（心臓）」「Blut（血液）」などのドイツ語がいまだに病院で通用するように、病院は江戸時代の蘭医学や明治時代の独医学の影響で、オランダ語、ドイツ語の直訳だったのかもしれません。

1948年に制定された医療法により、入院施設が20床以上のものは「病院」、19床以下のものは「診療所」と定義され、日本においては「病院」という呼称が定着しました。

日建設計の大先輩でもある建築家の牧彰は、自らの病院設計の経験や入院体験をもとにした手記を大阪医科大学図書館報『OMNIBUS』に連載しており、2004年5月発行の26号に掲載された「SICK HOUSE（病院）からHEALTHY HOUSE（健院）へ――21世紀の医療環境（15）」において、「病院」という呼称を痛烈に批判しています。

「文明開化の明治期に、HOSPITALの翻訳語として［病院］の二文字を当てた裡《うち》には、病院への国家的な差別意識が歴然と伺えます。そこにはECONOMYを［経済（経世済民《けいせいさいみん》・世を経《おさ》め民を済《すく》う］とした ような高遠な理想や真摯《しんし》な気概が全然感じられません。（中略）［病院］という前近代的な呼称は、今世紀日本の医療環境を向上する妨げにもなり、今後の国際社会で欧米などの先進的医療・福祉国家と対等に伍してゆくための暗黙の足枷《あしかせ》になっていると思えるのです。

病院を意味するままに解釈すれば病《やまい》の館《やかた》であり、そこには本来この施設に必要不可欠な

HOSPITALITY（もてなしの心）などは微塵も感じられません。病の館を英語に直訳するとSICK HOUSEであり、原語のHOSPITALとの彼我の差には唯々唖然とさせられます」

いささか過激な文言が垣間見られますが、「病」という言葉を施設名称に用いていることへの違和感については同感するところです。かつて、東京大学名誉教授の長澤泰氏によって、「病院」に代わり、「健院」という呼称が提唱されました。「病棟」という呼び名をやめ、「入院棟」と呼んでいる病院もあります。Hospitalityに通じるHospitalの訳には、医療を実践する館という意味を指し示す「医院」のほうがふさわしいのではないかと思います。

●――ナイチンゲールが残した病院建築

病院建築の設計を志す者は、誰もが一度は耳にしたことがありますが、ナイチンゲールが設計のアドバイスをしたとされる、ロンドン聖トーマス病院のナイチンゲール病棟が近代病棟の発祥です。

彼女はクリミア戦争に看護師として従軍しましたが、当時の野戦病院は劣悪極まりなく、狭い部屋に多くの負傷者が押し込まれ、不衛生な環境から感染症が蔓延し、兵士が次々に亡くなっていくのを目の当たりにしました。献身的な看護活動を行いながら、そこでのさまざまな環境改善の工夫のなかで得られた知見を、イギリスに持ち帰り実現させたのがナイチンゲール病棟です。

彼女の著書である『病院覚え書（原題：Notes on Hospitals）』には、病棟に必要なものは、適切な採光、換気、ベッド間隔と記されています。今でこそ、明るい自然光、新鮮な空気、十分なベッドの離隔は衛生

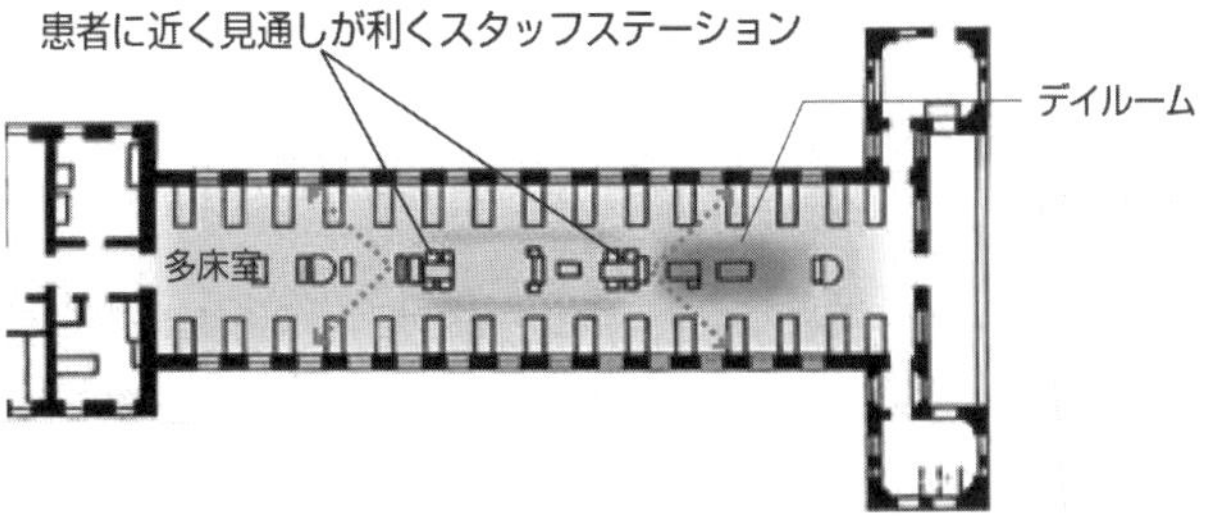

ナイチンゲール病棟（ロンドン聖トーマス病院）。天井の高い30床のワンルーム病室。窓はベッドごとに設けられ、最上段の窓は換気のために常時オープン。ベッド間隔は1メートル以上を確保

的な環境を保つために不可欠なこととされていますが、彼女はそれを１５０年ほども前に自らの実践により発見し、実現させたのです。

　ナイチンゲール病棟では、他にも現在に通用するさまざまな斬新なアイデアが見られます。30床程度の仕切りのない大部屋の中心にナースステーションを置き、看護の目が届きやすい機動力の高い看護環境を整えていること、病室のなかではなく病室の外に汚物処理やサービスなどの諸室を設け、衛生管理と動線分離を行っていることなどです。「衛生的な病院」という第一次病院革命は、このナイチンゲール病棟から始まったのです。

日本の病院建築を変えたエポックメイキング病院

　日建設計の発祥は明治時代に遡り、創業は１９００年です。日本の近代化の歴史と歩調を合わせ、建築技術の進化を支えてきました。医療施設の設計は、１９５０年代に始まり、

これまでに700近くのさまざまな医療施設を設計してきました。

建築デザインを通して、常に時代の先の姿を追い求めるという社風のもと、数多くの医療者の医療に馳せる熱い「おもい」を受け、建築主との密実な協働作業を行い、病院という「かたち」を残してきました。なかには、日本の病院建築の常識を大きく変えたエポックメイキングな病院もあり、そのいくつかをご紹介します。

①盛岡赤十字病院

（1987年竣工、492床、1991年病院建築賞［現・医療福祉建築賞］）

自然の換気力を活かし、空調設備を最小限とした病院。各所に設けた中庭で外部空間をふんだんに院内へ取り込み、自然換気や自然採光の工夫によって、冷房や照明の設備に頼らない環境親和型の先駆けとなりました（現在は空調を完備）。

②聖路加国際病院

（1992年竣工、520床、1994年医療福祉建築賞）

全室個室でトイレ・シャワーを備える三角病棟の病院。床面積当たりの外周が長く、多数の病室を配置しながら看護動線が短くなる三角病棟、ト

盛岡赤十字病院
自然採光・自然換気を最大限取り入れた病院

イレ・シャワーユニットを備える全室個室の病室など、個室化とアメニティ化を進めました。

③徳島赤十字病院

（2006年竣工、405床、2007年医療福祉建築賞）

スタッフステーションにカウンターのない外来分棟型病院。外来機能はパブリックなロビーを介して分棟化。ナースが近く感じるカウンターのないオープンスタッフステーション、多床室はすべて2床室とし、将来の個室化に対応する（実際に増築棟建設時に個室化）など、先駆的な試みの多いのが特徴です。

④岡山県精神科医療センター

（2006年竣工、216床、2008年医療福祉建築賞）

外部空間を取り入れた精神科病院。各病棟か

徳島赤十字病院
カウンターのないオープンスタッフステーション

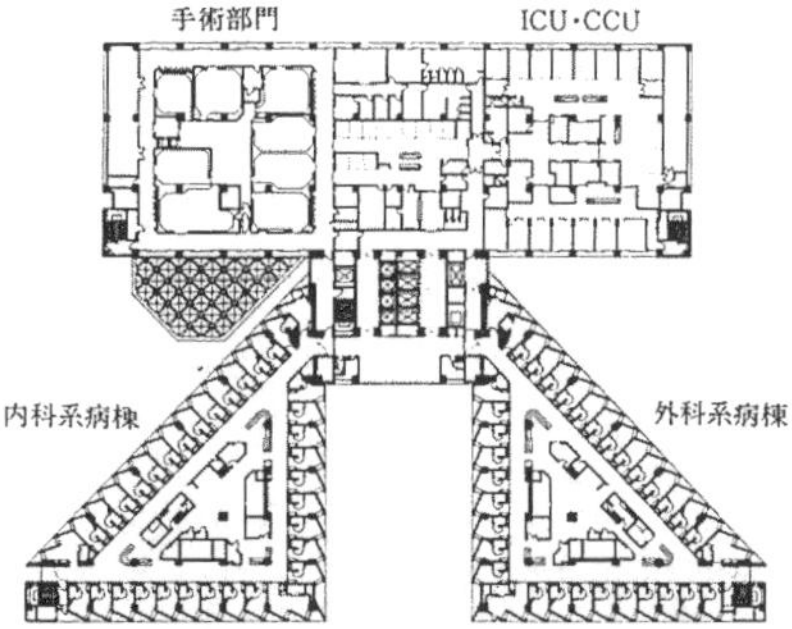

岡山県精神科医療センター
廊下を屋外にして四季を感じる病院

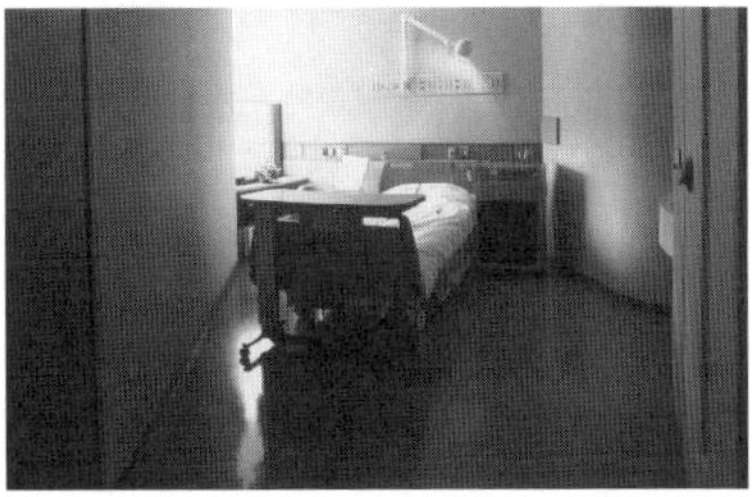

聖路加国際病院
オールシングルユニットの三角病棟（上、下）

ら直接利用できるステップ状の庭園、病床ユニットと中央のデイルームをつなぐ半屋外廊下など、自然の活力や空間のメリハリを患者さんの治療や回復に役立てる先駆的な構成としました。

⑤久留米大学医療センター

（2007年竣工、300床、2010年医療福祉建築賞）

患者さんが近いアコーディオン型ナーシングホール病棟が特徴の病院。現代のナイチンゲール病棟を目指し、4床室と個室をアコーディオンのように交互に並べ、スタッフステーションを囲むナーシングホール病棟によって、ベッドサイドナーシング機能を高めました。

⑥南生協病院

（2010年竣工、313床、2011年医療福祉建築賞）

通り抜け空間で街と1つになる住民参加型病院。JR新駅と住宅地を結ぶパブリックなロビーには、動線に沿って健康増進、商業、交流の諸施設が並ぶことによって、住

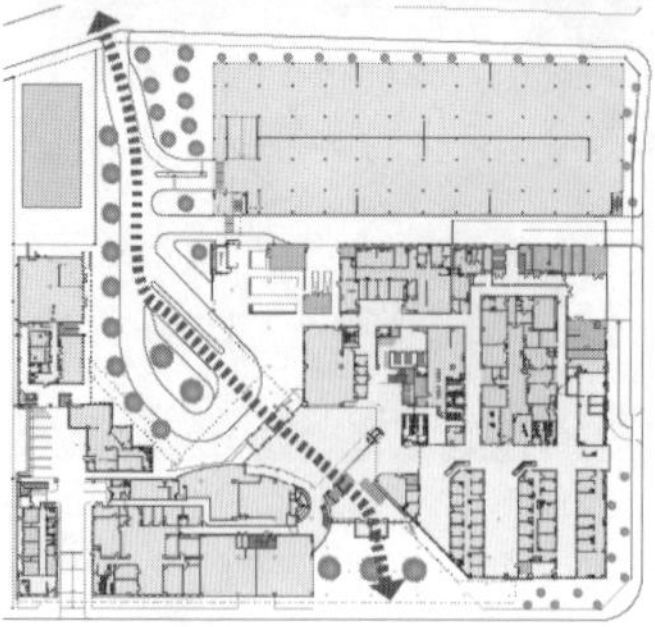

南生協病院
住民が通り抜けする住民参加型病院（上、下）

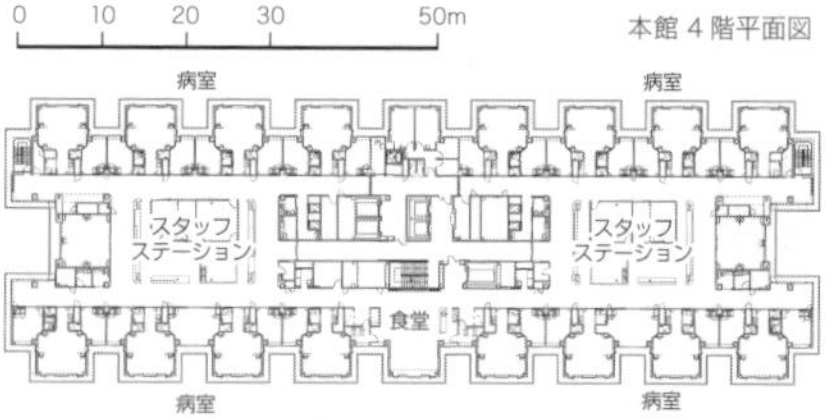

久留米大学医療センター
アコーディオン型ナーシングホール病棟（上、下）

民の健康や生活を支えながら、街づくりにも貢献しています。

⑦足利赤十字病院

（2011年竣工、555床、2013年医療福祉建築賞、2016年IFHE国際医療福祉建築賞）

サステナビリティを極めた全室個室の分棟型病院。病院の成長と変化への対応を具現化した分棟型の構成、総合受付がなくブロック別に受付・会計が完結するワンストップ外来、大幅なCO_2削減を実現した環境技術の導入など、先駆的な試みの多い病院です。

⑧神戸市立医療センター中央市民病院

（2011年竣工、700床、2014年医療福祉建築賞）

個室4床に変化するストレート4床室を備える分棟型病院。病院の成長と変化に備える構造・設備の骨格の工夫、器材・洗浄諸室を分散配置して運用効率化を図った手術部門、ベッド数を減らすことなく個室化できるストレート型

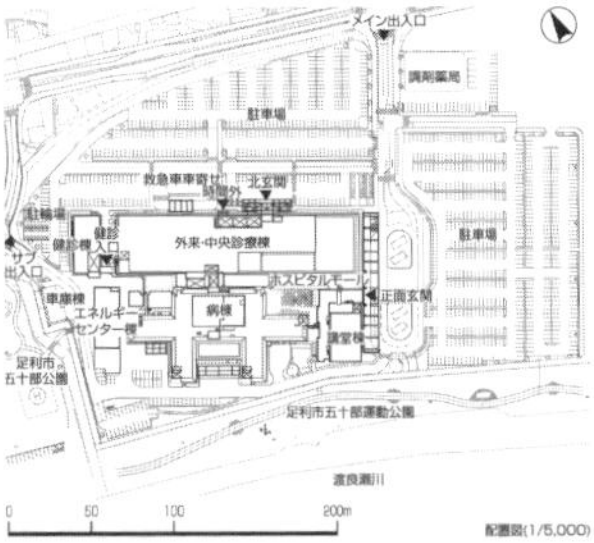

足利赤十字病院
サステナビリティを極めた分棟型病院（上、下）

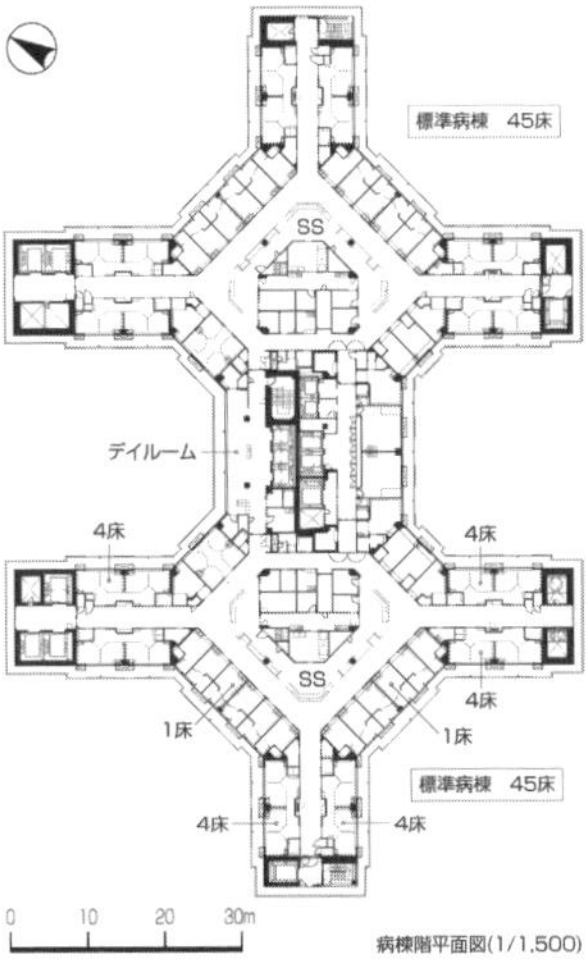

神戸市立医療センター中央市民病院
成長と変化への備えを極めた分棟型病院（左、右）

の4床室など、先駆的な試みの多い病院です。

⑨星総合病院

（2012年竣工、430床、2015年医療福祉建築賞）

スタッフステーションをフルオープンにしてベッドサイドナーシング機能を高めた分棟型病院。各診察室から直接処置室へ入る構成による患者動線のワンウェイ化、将来の個室化に備える2床室中心の30床1ユニットなどの特徴があります。

⑩佐久総合病院 佐久医療センター

（2013年竣工、450床、2016年医療福祉建築賞）

1フロア3病棟で水平方向に機能展開する低層分棟型病院。低層3階建てで、高度急性期やがん関連機能が水平に連携した構成、外周側に設けた面会動線、スタッフステーションに直接病室が面するICU、L字形病棟を3つ組み合わせた花びら型の病棟など、先駆的な試みの多い病院です。

佐久総合病院 佐久医療センター
水平方向に急性期機能を連結（上、下）

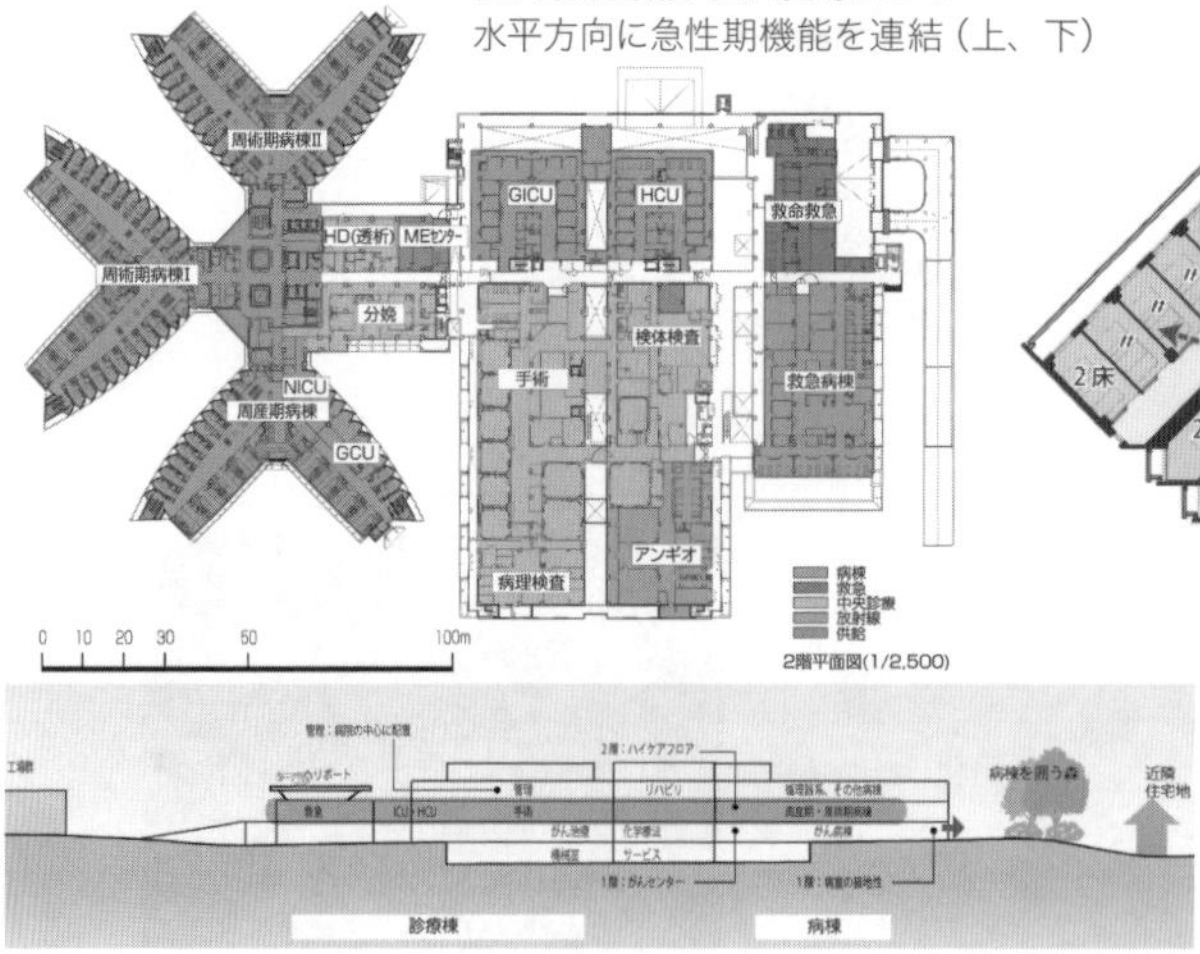

星総合病院
フルオープン
スタッフステー
ション（上、下）

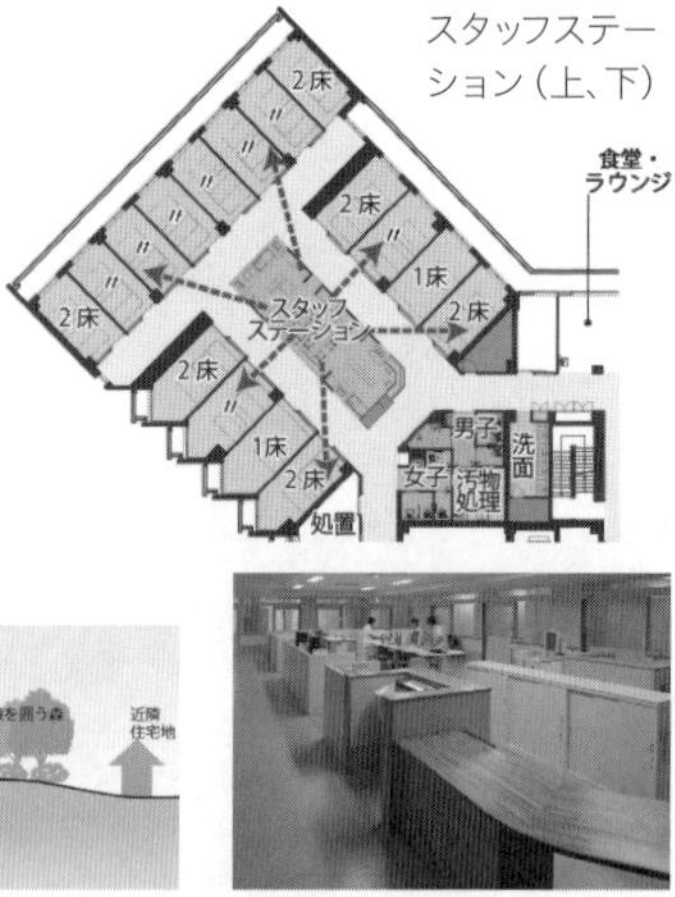

⑪北里大学病院

（2014年竣工、1033床）

ＢＩＭ（Building Information Modeling）を本格的に採用した設計や施工情報の一元化など先駆的な試みによって完成した大学病院。1看護単位を4つにグルーピングし、それぞれにナースピットを配置し、ベッドサイドナーシング機能を高めました。

⑫北九州総合病院

（2016年竣工、360床、久保田秀男元広島国際大学教授と共同設計）

多床室的個室を備える全室個室のユニバーサル病棟の病院。1フロア90床で2看護単位でも3看護単位でも柔軟に運用できる全室個室のユニバーサル病棟、前室とガラス扉を介して、4つの個室を多床室のようにひとまとまりに配置した多床室的個室が特徴です。

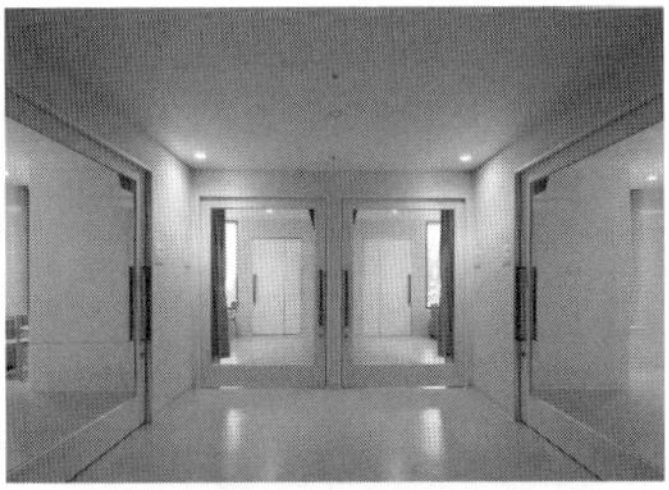

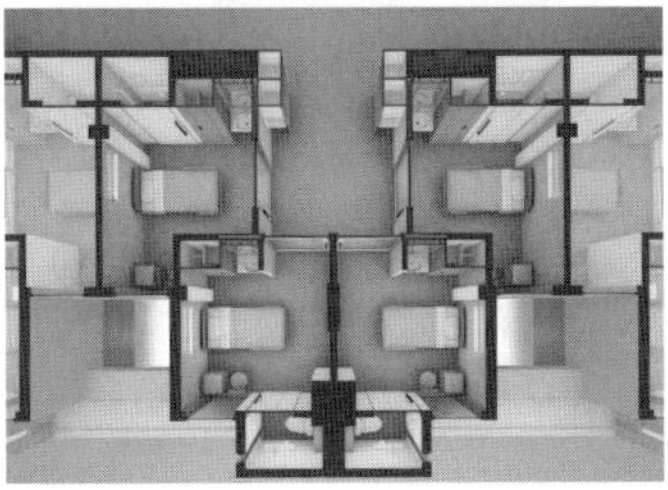

北九州総合病院
多床室的個室（久保田秀男教授と共同設計）（上、下）

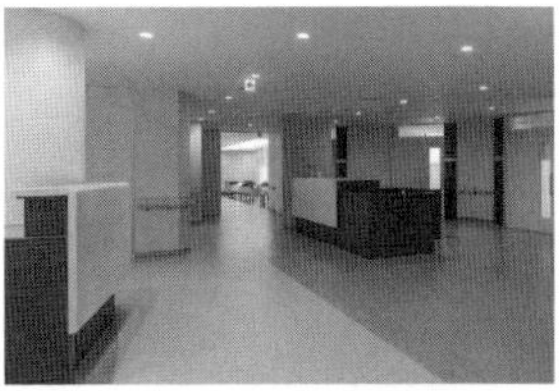

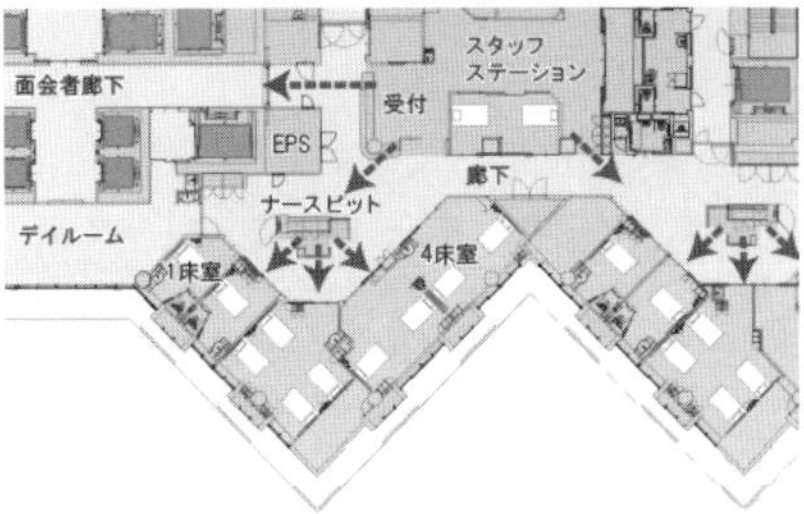

北里大学病院
ナースピットを設けた病院（上、下）

⑬国立病院機構 九州がんセンター

（２０１８年竣工、４１１床）

更新性の高い幹線廊下と設備計画で成長と変化に強い病院。病院の成長と変化に備えて、規則正しくグリッド状に配置した幹線廊下と外壁側に配置した設備シャフトにより更新性を向上させ、２病棟間にはどちらからもケアしやすいように、緩和ケア病床を単独病棟風に設けました。

⑭鳥取県立中央病院

（２０１８年竣工、５１８床）

２病棟のスタッフステーションを一体化した２in１病棟が特徴の病院。２つのスタッフステーションを一体化して中央部に据え、その周囲に病室を井桁状に配置する２in１病棟によって、ステーション機能の運用効率化やスペース効率化を図りました。

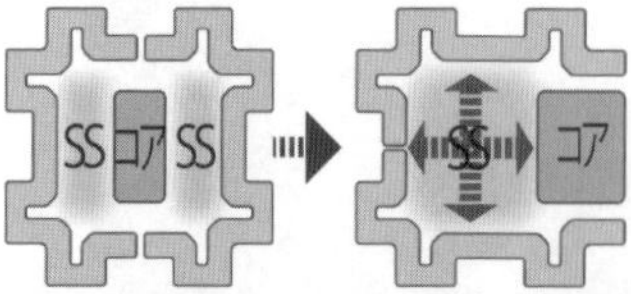

鳥取県立中央病院
2 in 1 病棟（上、下）

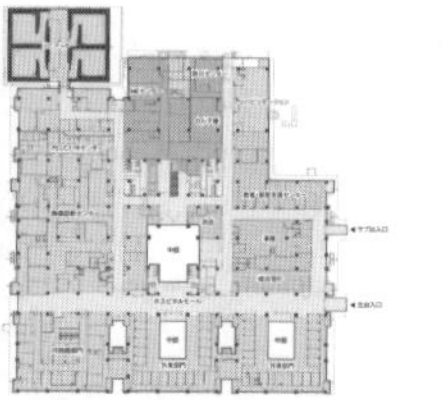

国立病院機構 九州がんセンター
プラットフォームデザイン（左、右、下）

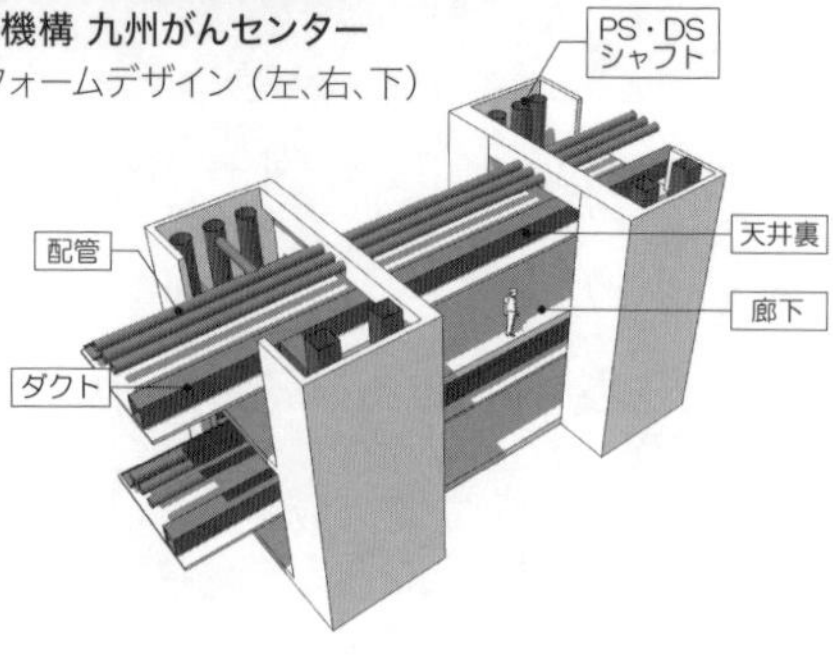

学問としての病院建築
～病院建築計画学の現在～

芸術と科学をあわせ持つ学問

医学は最先端の科学技術を扱う学問であると同時に、医は仁術と言われるように、幅広く奥深い人間への理解がその根底に求められることは周知のことと思います。科学的な側面と仁愛的な側面をあわせ持つ学問と言えるでしょう。

一方、私たち病院建築家が学んできた学問の分野として、建築学があります。建築学発祥のヨーロッパでは、パリのエコール・デ・ボザールやウィーン造形美術アカデミーのように美術系の大学の学部の1つであることも多く、ベネチア建築大学のように大学そのものが建築学を中心として構成される大学も存在します。近代では、建築学は多様化し、構造や設備など建築におけるエンジニア分野の比重が高まり、工学部の建築学科または工科大学の建築学部として位置づけられることが多くなっています。

このように建築学は、美術系の大学でも工学系の大学でも学べることから、他の自然科学の分野とは異なり、芸術的な側面と科学的な側面をあわせ持つ学問と言えるでしょう。

医療においては、単に疾病を技術的に解消するだけではなく、疾病を抱えている患者さんの気持ちに寄り添うことも求められると聞きます。同様に、建築においても、頑強な建物をつくることのみが求められるのではなく、建物の利用者となる建築主への深い理解をもとにした設計が求められます。医療と建築は、ともに人間的な事象を扱うことも重視されることから、芸術と科学の総合知であると言えるかもしれません。

●――病院建築を専門とする病院建築計画学

医学や医療の分野では、臨床と基礎、さらに疾患別に専門分野が細かく分かれているように、建築学にも多くの専門分野があります。そのなかに、病院建築計画学という病院建築の専門分野があります。

前述した通り、近代病院の発祥はイギリスのナイチンゲール病棟にあり、当時の病院はパビリオン（分棟）式で、外来、検査、手術、病棟など機能別に建物が分散して配置され、これを廊下で結ぶ極めてシンプルな構成でした。

医療技術の進化にあわせ、病院の機能が次第に大規模化、複雑化すると、敷地に余裕のあるかぎりパビリオンを増築していくことになります。廊下が迷路のように延び、移動する距離は長く、患者さんや物品が入り乱れ、その非機能性、非効率な状態からさまざまな問題が生じてきます。

そこでこれらの問題を解消するために、病院の機能を整理し、再構成する機運が生まれました。特にアメリカでは、医療機能の最適なつながり、効率のよい機能配置などの病院の計画学的な研究が病院建築家によって進められ、数多くの先端的な構成を持つ病院が提案され、実現されてきました。低層のパビリオン一辺倒であった病棟構成は、積層化されて高層となり、看護業務改善の視点から、さまざまな形の病棟が生まれました。

日本においても、戦後、劣悪だった病院の環境を改善し、病床の不足を解消しながら良質な医療を提供するために、病院建築計画学が生まれました。欧米の病院やその計画手法を参考にしながら、それらを日本の医療基準に沿うようにカスタマイズし、独自に研究を深めてきたのです。その試みは、単に医療機能の最適な結びつきや、患者さんのスムーズな動線をとらえるだけでなく、職員の動線や作業時間、さまざまな物品の動線や使用頻度までを調査し、病院内のすべての部門の最適化を図るというものでした。

日本の病院は、面積不足、人手不足、低予算という極めて厳しい状況のなかでつくられてきました。この状況を救い、病院のつくり方をけん引し、大きな功績を上げてきたのが、病院建築計画学であると言えます。厳しい制約のなかで最大限のパフォーマンスを発揮できるように、医療技術の進化や施設基準の変化にあわせながら､病院のソフト（運用）とハード（建築）に齟齬がないように機能を綿密に組み合わせ、無駄のない病院づくりを実現してきたのです。

東京大学名誉教授の長澤泰氏は、2002年発行の共著書『建築が病院を健院に変える―変貌するアメリカと日本の現状』（彰国社、健康デザイン研究会編）や『これからの医療のかたち』（鹿島建設ニュース）のなかで、示唆とウィットに飛んだ視点で、ミレニアム期までの日本における病院の特徴を図表1-1のようにたとえ、問題提起をしています。

いずれも的を射た指摘であり、さもありなんと思わずうなずいてしまいます。課題満載があらわになった日本の病院ですが、その後20年近くを経て、令和になった現在ではどのように改善されているでしょうか。

いくつかの課題は改善されつつありますが、残念ながら、すべての課題が解決しているわけではありま

図表 1-1 ● ミレニアム期までにおける日本の病院の特徴

デパート病院	診療科目もX線の機器も何でも揃っている
朝市病院	朝から門前に列をなすように患者がいっぱい
寄せ鍋病院	赤ちゃんから高齢者、急性患者も慢性患者もみんなごった煮
通勤電車病院	ぎっしりと詰め込まれたベッド
ハイテク病院	ハイテクの導入は世界に誇る水準
使い捨て病院	すぐに壊して建替える
クローン病院	北から南までどの病院も同じ形
スラム病院	3U (Unclean・Unquiet・Unwelcoming)

図表 1-2 ● 病院建築の特徴と課題

没個性的デザイン	病院の理念、地域との共生など、特徴が発信できない病院
ディーププラン	フットプリントが巨大化し、建物の奥行きが深すぎる病院
効率化最優先	無駄を排除し過ぎて、工場・空港・物流倉庫のような病院
改修・拡張困難	固定的なつくりによって、フレキシビリティに欠ける病院
高燃費・短寿命	省エネ・長寿命など、ライフサイクルコストの視点に欠ける病院
災害に弱い	地震・水害・感染症災害や複合災害に耐え切れない病院
個の自由の少ない療養環境	セキュリティーとプライバシーが不十分な病院
ストレスの多い職場環境	スタッフの休む場・集う場・学ぶ場が不十分な病院

せん。医療が進化を続け、医療を取り巻く環境が変化を続けるかぎり、常に新たな課題が生まれ、今もなお病院では課題改善への取り組みが続いています。言いかえると、医療のあるかぎり課題と闘い続けることが病院の宿命なのかもしれません。

一方で、日本の医療技術や医療サービスのレベルは世界の最高水準にあるものの、日本の病院は常に独自の進化を歩み続けていることから、グローバルな病院建築の視点からは、相変わらずガラパゴス化が進んでいると言えます。

このような日本の病院の状況を踏まえ、現在の病院建築には図表1-2のような特徴と課題があると考えます。

建築の分野では、ほぼスタイルが完成されたオフィスや学校などと異なり、病院はまだまだ発展途上にあり、進化を続けている珍しいビルディングタイプと言えます。したがって、病院建築家は、最新の知見や病院の新たな課題を病院建築計画学から学び続けます。そして、生み出された新しい病院建築は、再び病院建築計画学へフィードバックされます。このように、病院建築の分野では、病院建築計画学と実際の病院設計が両輪のように回っており、病院の課題解決へ向けてスパイラルアップを続けているのです。

病院建築家のつくり方
～次代を担う建築家へのアドバイス～

●病院設計は建築における総合診療科

日本には病院建築家を養成する建築系の学校は多くありません。現在、医療施設を専門とする建築家のほとんどは、社会に出てから好むと好まざるとにかかわらず、医療専門グループに配属されたあとに知識を蓄え、技を磨いてきた方ではないでしょうか。かくいう私もその一人です。一方で学生の頃から病院建築の研究をされ、病院建築計画学の分野で優秀な研究成果を修められ研究者になられる方もいます。

広義にはそうした研究者も病院建築家と言えるかもしれません。しかし、私がここで述べる病院建築家のイメージは、設計事務所またはゼネコン設計部の医療専門分野に在籍し、仕事の8割以上程度がヘルスケア分野である方々を指します。あるいは専らヘルスケア分野に特化して設計を行っている個人建築家も含みます。

海外でも同じような概念の職能があり、「Healthcare Architect」と呼ばれています。よくスペシャリストとゼネラリストの対比がなされますが、病院建築家はまさにスペシャリストに分類されるでしょう。しかし、他の業界同様、ゼネラリストとして一人前になって初めてスペシャリストになれるという話が病院建築家にも当てはまります。

医療の世界では、研修医のときはひと通り医療を学ぶため、さまざまな専門分野をローテーションするか、総合診療科に配属され、ゼネラリストとしての教育を受けたあとにそれぞれの専門分野のスペシャリストになっていくという話を聞きます。病院建築家も同様に、いきなりスペシャリストになるということは考えにくく、建築家としての素養を身につけたうえで初めて病院建築家となれるのです。そのため、新人のときからたまたま医療分野に配属された場合は、あえて他の分野の建物を経験させるべきだと考えます。

さまざまな機能が複合している病院設計は、多くの要素を同時に考えるプロセスを経る必要があり、建築における総合診療科とも言えます。そういう意味で先ほど述べたこととは逆の見方になりますが、病院設計の経験は他分野の建物を設計するうえで、とてもよいトレーニングになると思います。現に私の同僚の建築家で病院を設計した経験のある優秀なデザイナーは「若いデザイナーには一度だけでも病院の設計を経験させるべきだ」と語っていました。

研究者とは良好な相互関係を築く

冒頭で触れた病院建築計画学の研究者についてさらに述べさせていただきます。病院建築計画学の研究者のなかには設計事務所で修行を積まれた方が少なからずいます。これはやはり病院設計の世界では経験だけに頼る設計は非効率であり、エビデンスに裏付けられた設計が必要だと感じられる方が多いことの表れではないかと私は思っています。

一方で、私たち病院建築家は限られた建築家人生のなかで研究と実務の両方に取り組もうとすると、どちらも中途半端になる危険性があります。そのため、専門の先生の研究をあとから勉強させていただき、知識として設計に役立てるのが一般的ではないかと思います。当然ながら病院設計にも基本やセオリーはありますから、最低限のことは学ばなければなりません。学んだ基礎の上にオリジナリティが成立します。病院設計では学ばなければならない用語や基礎知識がたくさんありますので、敬遠される方も多いようですが、研究者のお知恵を拝借しながら進めていけば問題ありません。

研究者の研究を一方的に利用するイメージに受け取った読者もいるかもしれませんが、設計者は研究者に敬意を払い、ギブアンドテイクの精神で最新の情報を研究者に還元して研究に役立てていただくという相互関係が望ましいのではないでしょうか。理解ある建築主であれば、研究的要素を取り込むプロジェクトとして研究者と「協働」する選択肢もあり得ます。現にいくつかのプロジェクトではそれが実現しています。

病院建築家が陥りやすい罠

このように病院建築は研究的要素が多くあるために、病院建築家が陥りやすい罠として、にわか研究者になる人、医療の知識に興味を持ち過ぎて設計者でありながらオペレーションにやたら詳しくなってしまう人をよく見かけます。多くを知ることはよいことですが、そういう方々を見ていると大抵の場合、謙虚さを見失っているように感じます。いずれのパターンも専門家が別にいて、彼らに敵うことはできないのですから、病院建築家として自分の立ち位置をしっかり意識して見失わないことが重要だと考えます。自分は不器用で設計しかできないと思っていれば、謙虚になれますし、本来の自分の道を究めることにつながると思います。器用貧乏にならないよう気を付けたいところです。

そして、謙虚になると言えば、病院も「建築」である以上、景観による風景を担っているということを忘れてはいけません。誰からも見られる風景の一要素として存在する建築物は、近隣の住民から愛される必要があります。「建築家の作品」として建築家のエゴでデザインするのではなく、風景に溶け込んだ美しい佇まいとなるようにデザインするべきでしょう。建築家はその責任を負っているのだと思います。

病院建築家と研究者のコラボレーション

最後に研究者と協働した事例を簡単に紹介します。

①熊本県こども総合療育センター

潮谷義子熊本県知事（当時）からの依頼で、京都大学の外山義教授および研究員であった山脇博紀氏（現・筑波技術大学教授）との協働が実現しました。日建設計プロポーザル当選案をもとに議論し、現場調査およびワークショップを通じて子供の施設としては初めての「ユ

熊本県こども総合療育センター
ユニットの食事風景（左）、小上がりによる落ち着いた生活（右）

ニットケア」を導入しました。また、研究者の提案により「クックチル」や「小上がり」などが実現しました。

②足利赤十字病院

設計者選定以前に病院側が独自に研究者へ基本構想および基本計画を委託し、コンセプトづくりを行いました。

設計監理プロポーザルにより日建設計が選定されたあとも継続して、基本計画を担当した研究者が監修という立場で設計および現場段階に月1回のペースでかかわり、意見交換を行い竣工しました。

足利赤十字病院の基本計画案と基本設計案

基本計画案（監修者による案）：
ベッド周りの必要寸法により個室の大きさを設定

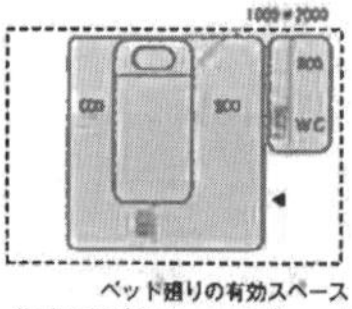

一般個室（3.0m モジュール）

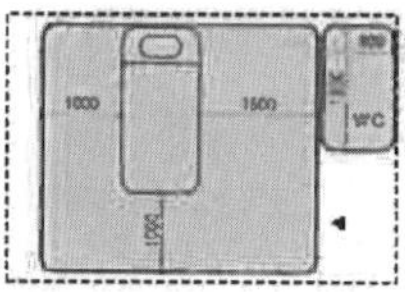

有料個室（3.6m モジュール）

病室の変遷

基本計画ではベッド周りの必要寸法から基準となる病室のスペースをまず計画し、その組み合わせを病棟計画に展開した

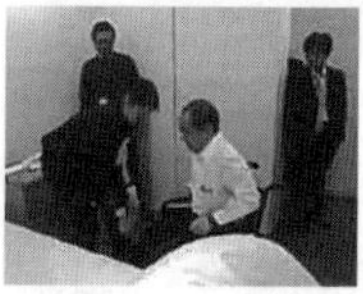

モックアップにより病室寸法を検証

基本設計案：
モックアップにより寸法を検証。
その結果 3.0m 幅のモジュールを 3.1m 幅に見直した

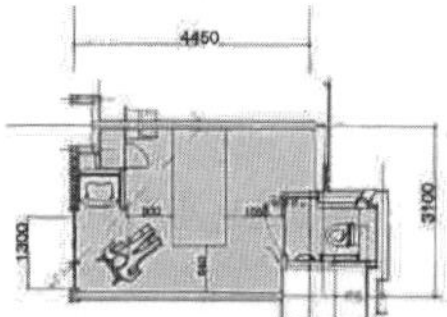

一般個室（3.1m モジュール）

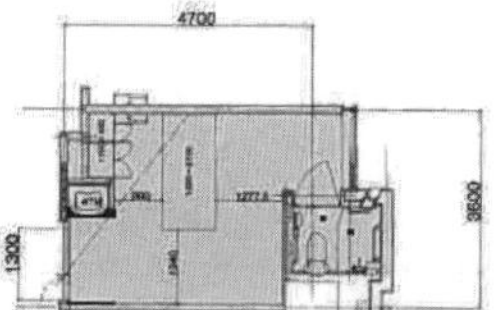

有料個室（3.6m モジュール）

病棟案の変遷

基本計画では十字型が２つ連続した形態となっていたが、基本設計案ではエレベーターコアおよびスタッフステーションを集約させて、重心のある病棟形態となった

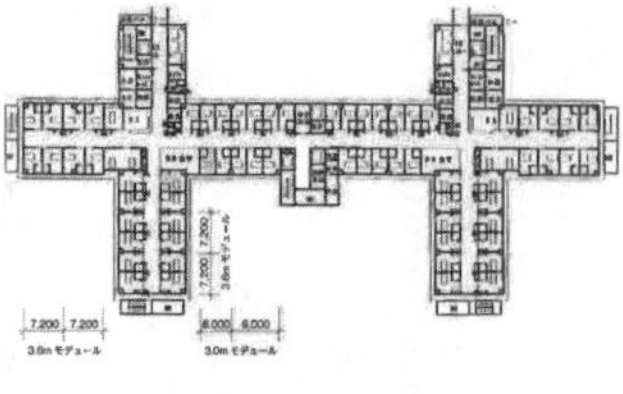

基本計画案（監修者による案）：
3.6m 幅と 3.0m 幅の２通りのモジュール

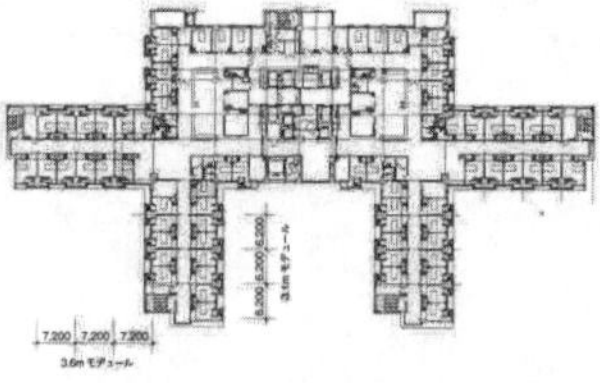

基本設計案：
3.6m 幅と 3.1m 幅の２通りのモジュール

建築家を雇うにはいくらかかる？
～国が定める報酬の基準～

報酬（設計料）の算定式

欧米では、「建築家」という呼び名の職業は医師や弁護士と同様、プロフェッショナル（公益のために働く専門家）として扱う伝統があり、構造設備などの技術者（エンジニア）とは区別されています。日本においても設計・デザインをするだけでなく、プロジェクト管理、コスト管理を行いつつ、関係者の協力を得ながら万事調整して、クライアントの要求を満たす建築物をつくる職能を持った人物を「建築家」と呼びます。

では、その報酬はどれくらいでしょうか。意外かもしれませんが、国は「国土交通省告示98号（平成31年1月21日時点）」において、「建築士事務所の開設者がその業務に関して請求することのできる報酬の基準」を明確に定めています。その算定式の骨格は図表1-3の通りです。

「直接人件費（A）」は、建物の種類や規模に応じて過去の経験値を参考に算定できるものとなっています。わかりやすく言えば、その仕事をするためにどれだけの技術者が何日かかるのか（人工《にんく》）を算定基準として割り出します。平均というよりは最低基準の概念と言えるのではないでしょうか。

設計には、建築家を筆頭に、構造エンジニア、空調衛生設備エンジニア、電気設備エンジニア、コスト

図表 1-3 ● 国土交通省が定める報酬の基準（算定式）

A. 直接人件費

標準業務の適正人日
（建物用途と規模→**略算式**）

＋

追加的業務の業務量
（**整理分類化**→人日積み上げ）

B. 直接経費＋間接経費（A×110%）

C. 技術料（A×50%）

↓

設計監理報酬

告示 98 号は基本的に民間施設を対象としており、「B. 直接経費＋間接経費」は直接人件費の **110%**としている。

「C. 技術料」は明確に定義されていないが、東京都建築士事務所協会の「建築士事務所の業務報酬算定基準」及び告示 98 号ガイドラインで直接人件費の **50%程度**としている。

★官庁施設について

官庁施設については、告示 98 号と別に「官庁施設の設計業務等積算基準」及び「官庁施設の設計業務等積算基準」が示されている。

設計報酬＝
A. 直接人件費＋ B. 諸経費（A×1.1）＋
C. 技術料｛(A ＋ B)｝×0.15

※結果業務報酬額は直接人件費の 2.415 倍

出典：国土交通省ホームページ「設計、工事監理等に係る業務報酬基準について」をもとに作成

マネージャーといった専門家がメンバーとして必ずかかわり、プロジェクトによっては土木エンジニア、インテリアデザイナーなどの専門家が加わります。

かつては「設計料率」と言って、工事費の何パーセントという概念があったのですが、物価高騰が激しくなり、この概念がふさわしくない状況となったこともあり、使われなくなりました。また、設計料率では工事費を安く抑えると設計料も安くなるため、「建築家が高い工事費になるように設計するのではないか」という穿った見方もできてしまいます。良識ある建築家はそのようなことをするわけはないのですが、予算に合わせた建物を設計する高等技術を駆使した結果、報酬が下がるというのも妙な話です。そういった矛盾を払拭する意味でも、仕事の難易度や複雑さ、規模によって算定する方法は発注者にとっても明快なものだと思います。

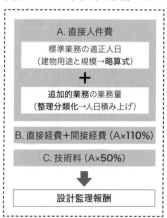

適切な報酬が安心の建物を得ることにつながる

ここで図表1-3の算定式をもう一度ご覧ください。設計料を安くするには、A、B、Cのどれか、または複数を下げなければいけません。つまり、設計にかけるべき人数（A）を少なくするか、出張旅費などの経費（B）を建築家の持ち出しにするか、きちんとした技術や経験（C）を持たない者（会社）に対応させるか、経理担当などの職員の経費（B）を払わないか、ということになります。

遠回しな言い方をしてしまいましたが、建築家にきちんと仕事をさせるには、根拠に基づいて算定された報酬を支払う必要があります。それは、建築主にとっても安心の建物を得ることにつながるはずです。このことを知ってしまったからには、もし値切って安くなったならば、どの部分が安くなったのかをきちんと確認しておかないと、建築主としては心配ではないでしょうか。

施主力を高めるためのパートナー選び
～情熱こそがプロジェクト成功の決め手～

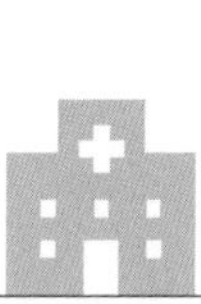

建物を建てる原動力は建築主の情熱

建物を建築する際の建築主を「施主」または「クライアント」と呼ぶことがあります。病院の場合、医療従事者がそうである場合と、必ずしも医療従事者とは限らない場合（法人本部のＣＥＯなど）があります。いずれにせよ、経営の面から戦略を打ち立てるお立場の方々です。

建物を建てる際に原動力となるのは、「こういう病院をつくりたい！」という建築主の情熱だと思います。そもそも情熱がなければよいものができようはずはありませんが、情熱の方向や質、量などをコントロールする力も必要だと思います。私は情熱から生まれるそうした力を「施主力」と呼んでいます。「建築主力」ではゴロが悪いので、ここでは「施主」という言葉を使用します。

たとえ話になりますが、「はやぶさ」で一躍有名になった惑星探査機を目的の小惑星にきちんと着陸させるためには、大気圏の外まで押し出す強力なロケットエンジンと燃料だけでなく、エンジンの噴射時間などを計算し正しい軌道に乗せる緻密な計画が必要です。そして、目標到達にはチームワークが不可欠で、チームを指揮するリーダーの力こそが病院建築における「施主力」です。

優れた施主の条件とは？

話は病院建築に戻りますが、情熱にあふれた施主でも、プロジェクト当初はまだその思いが漠然としていることがあります。しかし、思いがあれば建築家たるものは敏感に感じ取るものです。時としてそれは建築的な要素から外れ、組織デザインだったりするのですが、建築はそこで繰り広げられるアクティビティを入れるための容器なので、アクティビティが変わればそれにふさわしい容器も変わりますから、建築家としては非常に興味のあるところです。

過去の経験では、建物のプランを施主に提案すると、そこに入れる組織も同時に見直しておられると感じる瞬間があります。私が考える施主力の高い施主とは、目指すべき建物と目指すべき組織を同時に考えつつ、軌道修正をしながら目標に到達するリーダーです。

星総合病院では、医局は仕切りのないオープンなもの、理事長室の壁は職員からいつでも見られるようにガラス張りにして、新たなハードで目指すべき「風通しのよい組織」を形として表現されました。

足利赤十字病院では、医療従事者や事務部長をはじめとする事務方から病院運営に関する深い洞察のもと、優れた提案が数多くありました。入院前の外来の時点から患者さんの入退院を支援するPFM（Patient Flow Management）の導入もその1つです。患者さんをどの病棟に入院させるかといったベッドコントロールは難しい調整が必要となりますが、病棟の看護師長が交代でその役を担うことで、互いに協調しながら融通する方法を考案し、実際に成功しています。また、外来のブロック受付で初診受付から会計までをワンストップで行うことを英断され、サービスが格段に向上しました。居心地のよい食堂を取り入れるなど、スタッフを大切にして離職率を下げる視点も取り入れています。

病院の最高責任者にはバランスよく物事を見る目が重要だと思います。限られた予算と時間を考えながらユーザーである職員の意見を聞き、もう一方のユーザーである患者さんや付き添いの方などの視点にも立たなければなりません。時には相反する要求を消化し、昇華させる高度な発想力と決断力が要求されます。建築家は施主にとってパートナーですが、施主は建築家にとってもパートナーです。優れたパートナーとのコラボレーションはこの上ない喜びです。

「施主力」は設計者選定前に養うことも可能ですが、よいパートナー

星総合病院
仕切りのないオープンな医局（上）
ガラス張りの理事長室（下）

となる設計者を選べば、一緒に考えながら高めることができるのではないかと僭越ながら思います。直接の部下には言いにくいことでもご自身で選ばれたパートナーとしての建築家にあれこれ相談し、ソフトとハードを考えていく過程を楽しみながら成果を上げた施主もおられます。

残念なことに建築はいったんでき上がってしまうと、すぐに次のプロジェクトが始まることはありません。せっかく施主力を上げたのに次に活かせる機会がないと嘆いておられる方も私のクライアントには多くおられます。一大プロジェクトをともに仕上げ、「施主力」を上げられたパートナーとは別の仕事でもご一緒したいと思うことがあります。

足利赤十字病院
患者がどこにでもアクセスできる外来受付（対応の仕方を変える）（上）
スタッフを大切にする居心地のよい職員食堂（左下）
病棟のベッドコントロールを交代で行う PFM（右下）

第2章

病院のつくり方Ⅰ
～新築・建替えを成功させるためのヒント～

目指すべきゴールの共有
~対話を重ねて、プランを解く~

理想のカタチは病院ごとに異なる

理想の病院とはどのような病院でしょうか。敷地やコストの制約がなければ教科書通りに理想的なモデルプランをつくることができるかもしれません。しかし、実際には制約がある以上、病院ごとの目指すべき理想は異なります。そのため、設計者に蓄積されている成功体験や失敗体験を次の仕事でそのまま活かすことはできません。

では、どうすれば建設プロジェクトを成功に導けるのでしょうか。これに対しては明確に1つの答えがあります。それは目指すべきゴールのイメージを建築主と設計者の間で共有することです。つまり、コンセプトを一緒に考え出すことが重要になります。

設計の依頼があったとき設計者が最初に行うべきことは、建築主がどのような病院をつくりたいかを聞き出し、建築主の思いに耳を傾けることです。その際に大事なのは、固定概念を捨てて、ありったけの想像力を働かせて話を聞くことです。そうするとさまざまな疑問が生じてきますし、建築主の思いは、実は言葉の外にあるのではないかなど、隠れたニーズが見えてきます。それを臆さずに物申し、対話を重ねていきます。そのうち、建築主自身も自分の本当の思いに気づくようになります。このプロセスがコンセプトの共有です。

病院にはそれぞれ歴史や文化があります。設計者はそれらを理解しておかなければ、正しい対話ができません。コンテクスト（文脈、背景）があってこそ、その後のストーリー展開があるのです。コンセプトが明確になれば、プロジェクトの方向性が決まり、途中で迷走することはなくなります。

コンセプトから具体的な計画へ「プランを解く」

コンセプトが明確になれば、次のステップへ移ります。具体化するためのスタディツールなども使って現実の問題、つまり制約条件を少しずつ横目に見ながら、プロジェクトの全体像を掴んでいきます。過去の経験の蓄積から得られたデータベースなども活用して、面積やコストに関する数値を割り出し、病院の部門同士のつながりなども考慮しながらスタディを行います。この作業は数学の方程式や幾何学の問題の解を求めるプロセスに似ているため、われわれ設計者は「プランを解く」という言い方をします。

もちろん、解は1つとは限らず、この作業を建築主と共有し、独自のコンセプトが見いだせれば設計は半ば成功したと言えます。しかし、完成までには紆余曲折があり、共同作業を通してそれらを乗り越え、病院が完成した際には、お互い喜びもひとしおです。

このようなプロセスが非常にわかりやすく展開した事例を紹介します。通常、病棟はオフィスビルの基準階と同様に、ある「型」に類型化され、それをプロトタイプとして提案することが少なくありません。しかし、ここで紹介する事例は他の病院へ展開することが難しいと思わせるほど、歴史的背景、敷地の特殊性などを加味し、独特の形態を持つ病院となりました。

●——制約を逆手にとった佐久医療センターのコンセプト

長野県佐久市にある佐久総合病院は、1945年に東京から赴任した若月俊一医師が地域農民のための医療を提供し、発展してきたことで知られています。佐久医療センターは、設備が老朽化していた佐久総合病院の高度急性期医療部分を抜き出して別の敷地に移転新築した施設です。

本プロジェクトでは、新幹線の佐久平駅に程近い広大な敷地へ移転することが決まっていました。しかし、その敷地は市の条例により高さ20メートルまでの建物しか建設できません。そこで設計側は病院を3階建てとして、スロープで救急車を2階に上げ、救急関連機能を水平に連携させる「ハイケアフロア」の概念を提案しました。

これに対し、病院側は水平移動距離が長くなるものの、それを逆手にとって、佐久総合病院で実践していた「周術期病棟」として位置付けることをコンセプトの1つとしました。また、病院側からはその延長として、1階から病棟として使うことが提案され、1階を「がん病棟」、3階を「リハビリ病棟」とし、フロアごとに機能を明確に分けました。さらに、「病棟を1フロア3看護としたい」「1つの病棟の形態をL字型として、見通しのよい要の位置にスタッフステーションを置けないか」との要望に対して総合的に検討を重ねた結果、病棟は花びらのような形態になりました。

3階建てで水平に長い佐久医療センターの全体鳥瞰

佐久医療センターの花びらのような形の病棟外観

ビジネスモデルの初期段階をデザインする

～市民に愛される病院を目指して～

●ビジネスモデルをゼロから構築する

２００６年に開院した東京女子医科大学八千代医療センターは建替えではなく、病院を新たに立ち上げるプロジェクトでした。もともと何もないところからのスタートであったため、ビジネスモデル（ビジネススキームをモデル化したものをビジネスモデルと呼ぶことにします）をゼロから構築する必要があった珍しいプロジェクトです。プロジェクトの成功の秘訣は目指すべきビジネスモデルの可視化とコンセプトづくりにありますが、その好事例として紹介します。

このプロジェクトでは、大学側の建設準備室が結成され、新病院長に就任予定だった伊藤達雄教授（当時）がリーダーとして牽引することになりました。伊藤先生は私たち設計者に対し、建設準備室の一員であるかのごとく接してくださり、本当の意味でのパートナーとしていろいろと意見を求められました。私たちは緊張感のなかにもやりがいを感じることができたこの仕事において、幸運にも１つのビジネスモデルが立ち上がるプロセスを経験できました。

伊藤先生は早い段階からビジネスモデルの柱として「地域連携」を選択され、地域連携が進んでいる事例を参考にするために私たち設計チームも熊本まで視察に同行しました。いくつかの病院から貴重なご意見をうかがうことで、新しい病院の輪郭が明確になり始めました。

地元医師会の協力体制を具体化した分棟配置

八千代医療センターは当時、人口が増加しつつあった八千代市が誘致して市民病院としての役割を期待されていました。地元医師会からは特に周産期医療や小児救急に対する期待度が高く協力体制が整っており、地元医師会が参加しやすい「形」にすることがコンセプトの1つに掲げられました。

具体的には、夜間救急の患者さんは小児が多いため病院の医師だけでは負担が大きくなることから、医師会の小児科医師が輪番で協力することが申し入れられていました。今まで地元医師会の小児科医師のみで担っていた地域の夜間救急を新しい病院と協力することで維持・発展させ、地域を守り、お互いにメリットがある体制をつくろうとしたのです。このコンセプトを具体化するために、まず救急部門を独立した形態とすることになりました。小児の夜間救急を担当する開業医が協力していることが明確にわかる形としています。

結果として2つの建物に分けて計画しました。1つは救急部門に関連する放射線診断や総合診療科を含む外来部門をひとまとめにした外来棟で、もう1つは入院棟です。外来と入院はスタッフが連携する必要があるため、2階にブリッジを設けて1か所をつなげることにしました。

玄関はそれぞれの建物で独立させています。従来の病院は玄関を1か所とし、一度内部に入ってから外来と入院で手続きを行う窓口を分けています。以前はこの窓口さえも分かれておらず、外来患者さんが見守るなか、入院手続きを行うというプライバシーに問題がある形態が一般的でした。八千代医療センターでは入院手続きを行うための玄関が外来とは切り離されたことにより、非常に静かで落ち着いた環境が実現しています。この「分棟配置」が最初に決まった運営および建築に対するコンセプトです。

千葉県内で初の総合周産期母子医療センターの開設を目指して

次に、周産期医療を得意とする東京女子医科大学の施設であることから、計画時には千葉県内にまだなかった総合周産期母子医療センターを実施することもコンセプトの1つになりました（その後、亀田総合病院が先に新設)。お産は病気ではないため外来棟ではなく入院棟（この病院では病棟を入院棟と呼ぶことにしました）に配置するという明確な考えのもと、分娩のための入院棟のすぐ横に外来を設けることが決定しました。これは妊婦さんの不安を和らげると同時に、感染対策にもつながります。

また、周辺が住宅地であったことから周辺環境に配慮し、垣根のない公園のようなランドスケープにすることを目標としました。さらに食事のおいしいレストランをつくって病気でない人でも気軽に立ち寄れる病院にしたいという高い理想が掲げられ、設計者としても腕の振るいがいのあるデザインができたのです。その他、休憩室は部門ごとにつくるのではなく一等地に大きくつくり、しっかりと休憩時間を確保するという、今で言うと働き方改革に通じるコンセプトが取り入れられました。結果として1階の緑あふれる場所にせせらぎを見ながら食事ができる職員食堂とそれに隣接する休憩室を設けています。さらに、医局は大学附属病院としては珍しく大部屋とし、事務方と隣接させることで良好なコミュニケーションがとれる形を実現しました。

もう1つ通常の移転事業にはない課題としてスタッフの確保がありました。伊藤先生はスタッフをゼロから集めなければならないことに一計を案じ、早くからホームページを立ち上げ、プロジェクトの経緯を発信することにしました。その道のプロを招聘し、魅力的な病院であることをアピールしたのです。さらには病院が広く親しみを持って愛され続けていくために、広報キャラクターまでデザインしました。

完成したあとも、「八千代健康フェスタ」というイベントが毎年盛大に開催されており、市民に愛される病院として当初のコンセプト通りに運営されています。

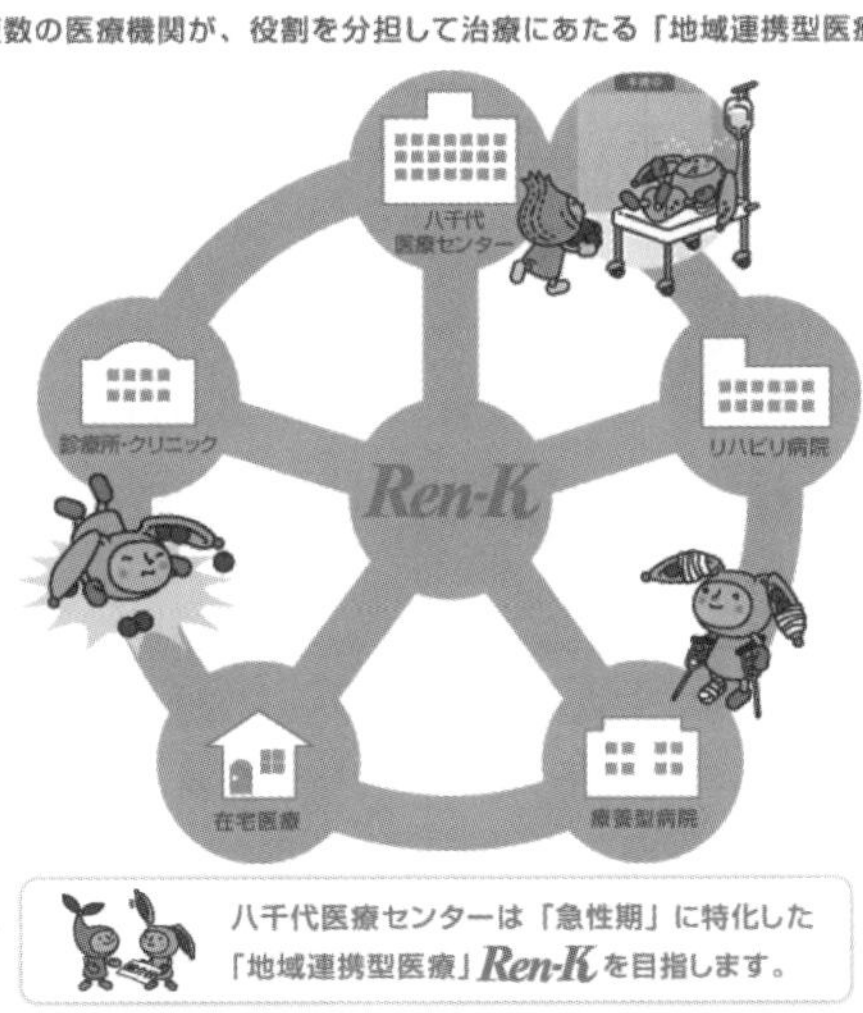

地域とのかかわり、地元医師会との連携の概念

入院棟エントランス

入院棟ロビー

広報キャラクターのイラスト

八千代健康フェスタのチラシ

分棟配置により建物は 2 つに分かれている（航空写真）

公園のようなランドスケープ

せせらぎが見える職員レストラン

目指すべきビジネスモデルの具体化
～コンセプトをシンプルに可視化する～

ビジネスモデルはプロジェクト進行の道しるべ

前項に続き、ビジネスモデルについて事例を紹介します。東北医科薬科大学では、医学部新設に向けた増築プロジェクトにおいて、将来どのような医学部や附属病院を目指すべきかというマスタープランを策定する必要がありました。日建設計はプロジェクトの立ち上げから建築主と一緒に考える機会が与えられており、理想的なプロジェクトマネジメント（87ページで詳述）業務を行うことができました。

日建設計ではマスタープランの策定にあたり、将来の医療需要の予測を得意とする経験豊富な医療コンサルタントの参画を提案しました。ハード面とソフト面の両方から検討し、協働する道を選択したのです。

医療コンサルタントからは、シンプルに可視化されたビジネスモデルが提案されました（図表2－1）。誰もが共有できるわかりやすいビジネスモデルは、ゴールに向けた課題を明確にし、検討者は誰なのか、ボールは今どこにあるのかといった進捗管理を容易にするなど、プロジェクト進行の道しるべとなります。結果として、既存病院の将来計画および大学棟との関係までを考慮したキャンパス全体のマスタープランを描くことができました。

前述の佐久医療センターの事例は、1つの病院を2つに分け、病院完結型から地域完結型の医療へ移行

図表 2-1 ● シンプルに可視化されたビジネスモデル

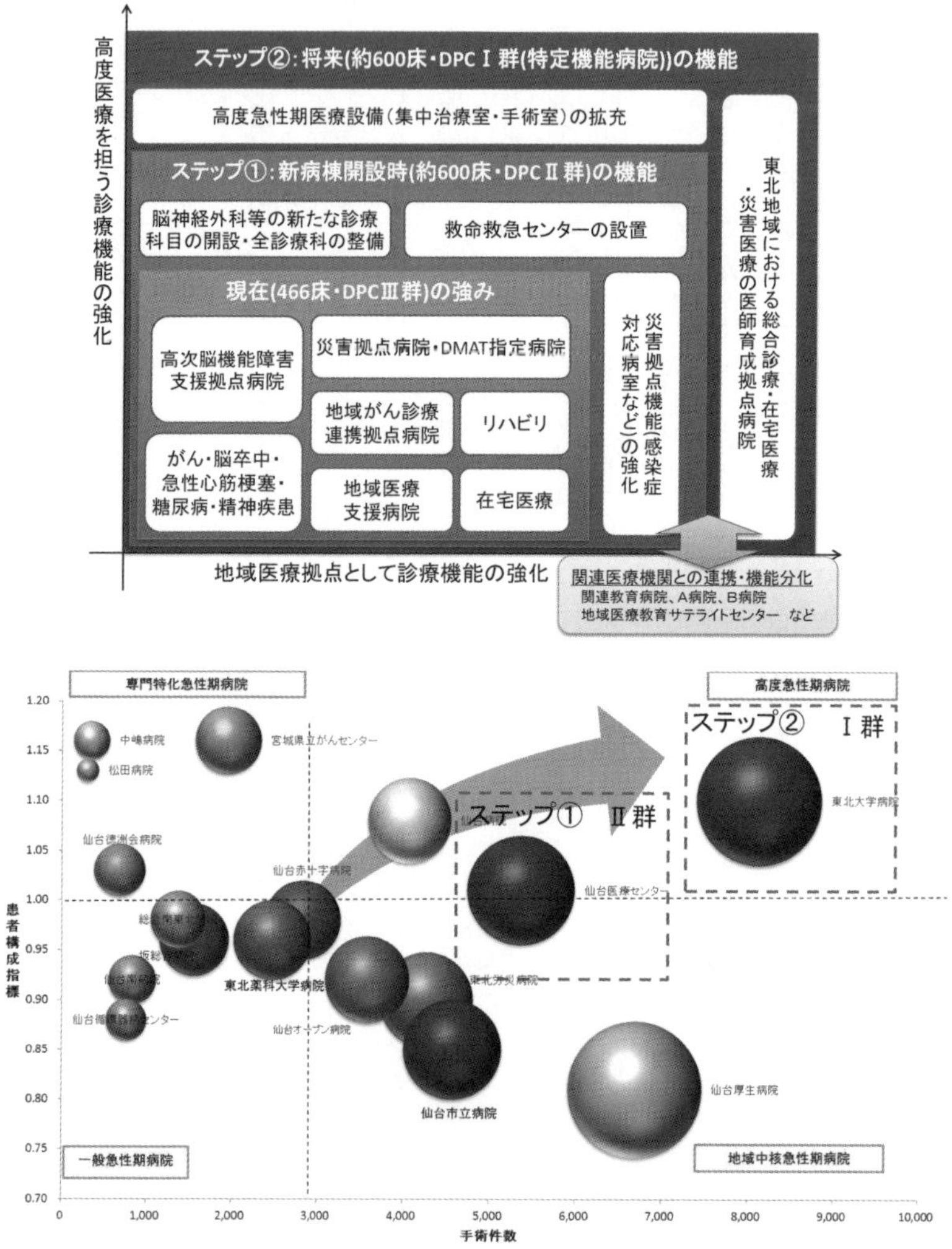

※患者構成指数：「病院のDPCごとの平均在院日数を全国平均に合わせたうえで再計算したMDC別平均在院日数」÷「全国平均のMDC別平均在院日数」（全国平均の場合は「1」となり、数値が大きいほど、治療に長期間を要する傷病の患者構成割合が多いことを表す）

※バブルの大きさ：救急患者数を表す

出典：厚生労働省平成25年度第7回診療報酬調査専門組織・DPC評価分科会資料「DPC導入の影響評価に関する調査（参考資料）」をもとに株式会社アイテックが作成

提供：株式会社アイテック

図表 2-2 ● 佐久医療センターの設計コンセプト（イメージ：鉢植え）

する試みでしたが、地域住民にその理由を理解してもらうために、わかりやすい図解を示しています。

図表2-2は鉢植えの植物が根絡みしてしまったため、いったん取り出して2つの鉢に移し替えるとそれぞれが伸び伸びと生き返ることをたとえています。このような明快なコンテクストを建築主から提示されたうえで設計がスタートすると、設計のコンセプトづくりはスムーズに進みます。

● 病院建替えの第一歩は組織の見直し

設計はコンセプトづくりが重要であることは前述しましたが、設計のコンセプトづくりに先立って必要なのはビジネスモデルのコンセプトです。病院の建替えプロジェクトは多くの関係者と協働で行います。関係者のなかには利益相反する相手を含む場合もあり、そうした方々と思いを共有するためには、できるだけ単純化された力強いビジネスモデルが不可欠です。

一般的に病院建設プロジェクトでは、病院を現地で建替えるか別の敷地でそっくりそのまま建替えることが多いと思います。その場合、ビジネスモデルを見直さなくてもプロジェクトは進められますが、建物が新しくなって少し規模が大きくなるだけ、あるいは補助金確保のためにベッド数を減らすだけで終わってしまう危険性があります。これではせっかく新しくなった建物がすぐに陳腐化してしまいます。

病院建築家の立場で申し上げるのは僭越ではありますが、病院建替えの第一歩は組織の見直しをすることです。見直しのチャンスをみすみす放棄してしまうのはもったいないと思いませんか。

●──試行錯誤の末によりよいビジネスモデルを構築

ビジネスモデルに関する事例をもう1つ紹介します。岩手医科大学附属病院では、盛岡の中心地にある既存病院と校舎を少し離れた郊外にある広大な敷地へそっくり移転するプロジェクトが進んでいました。日建設計は構想段階からかかわらせていただき、まず大学キャンパスに新しい校舎を建設し、その後、しばらく経ってから新病院が完成して、2019年9月に運営が開始されました。1000床の病院がまるまる新設、しかも大学校舎に隣接するという恵まれた条件です。

しかし、課題がなかったわけではありません。理事長の小川彰先生は街の中心から離れた場所に移転すると既存の患者さんが利用しにくくなってしまい病院離れを起こすこと、街の中心地が空洞化してしまうことを懸念されていました。大学病院のあり方を模索し続けるなか、設計に入らざるを得ない状況になり、小川理事長は設計者とともに海外にある医療系大学病院を視察することになりました。アメリカではボルチモアのジョンズホプキンス大学病院やカリフォルニアのスタンフォード大学病院、ヨーロッパでは伝統

図表 2-3 ● 岩手医科大学附属病院の外来・病棟コンセプト

外来コンセプト：患者さんを歩かせない

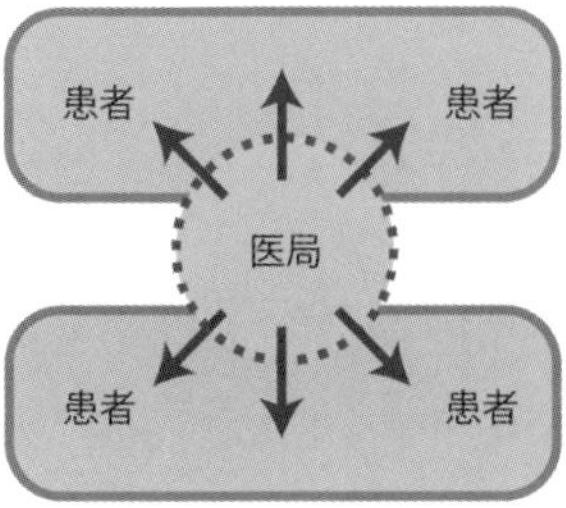

病棟コンセプト：医師は患者さんのそばに

あるチューリッヒ大学病院やストックホルムのカロリンスカ大学病院などを訪問しました。そこで小川理事長はさまざまな懸念がクリアになられたのだと思います。

たとえば、スタンフォード大学病院では検査棟を建設している間にそれまでの患者さんが別の病院に鞍替えしてしまった話を聞き、盛岡の中心地にある既存病院に高度診断部門を残すべきだと考えられました。また、カロリンスカ大学病院では平面に分散した1800床の広大な建物を目の当たりにし、患者さんの移動の負担軽減を考え、できるだけコンパクトにすることを決断されました（図表2-3）。これらを踏まえ、帰国中の飛行機のなかでコンセプトを練り、帰国後には新たなビジネスモデルを示され、新しい病院の骨格が決まったのです。具体的には、入院と手術の大部分の機能を新しい敷地に移し、市街地の既存敷地には高度な診断ができる外来機能を残し、2つの離れた病棟が1つの病院として機能するというものです。

もし、小川理事長が悩むことなく、そのままプロジェクトが進行していても大きな問題はなかったのかもしれません。しかし、悩みながら試行錯誤を重ねた結果、よりよいビジネスモデルが誕生したのです。

失敗に学ぶ病院づくり
～よくあるトラブルとその回避法～

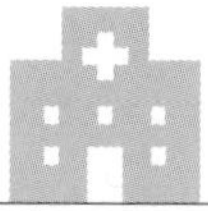

●──施主との対話が無用なトラブルを防ぐ

日建設計では、長い病院設計の歴史のなかで先輩方が苦労されてきた結果として注意すべき「べからず集」が伝承されています。１９５０年に日建設計が病院設計を始めた頃の話はすでに70年も経っているのでわかりませんが、私たちの世代はこの「べからず集」のおかげで未知の経験に対し知見を持つことができます。

一方、建築主からは、「うまくいった話はよく聞くが、うまくいかなかった話はあまり聞かない」とたびたび指摘されます。トラブルは、設計の進め方に反省が含まれる場合と設計の技術に問題がある場合に分かれますが、本項では設計の進め方について紹介します。

一般的に病院設計はユーザーの意見を聞くことから始まりますが、意見の出し方は組織ごとに異なり、一律とは限りません。それぞれに癖があります。ユーザー全員参加型の意見聴取を行ったほうがうまくいく組織もあれば、最初にそれを行うと収拾がつかなくなってしまう組織もあります。いずれにせよ、プロジェクトの進行に欠かせないのは合意形成のための組織づくりです。まずはリーダーとなるトップが方向性を示すことが重要で、これがうまくいかないとプロジェクトは迷走してしまいます。

迷走しないまでもよくあるトラブルとしては、要望が強すぎる医師や技師の方などがいて、個人の要望なのか組織としての要望なのかの区別がつかず、調整に手間取ることがあります。根負けして言う通りにしてしまえば、供用開始以降にその方が転職し、あとに使う方が使いにくいというクレームが起きてしまいます。また、要望を出したらそのまま通ると思い込んでおり、調整の結果に納得いただけない方が少なくないことにも驚かされます。しかし、これらは設計側の説明不足に原因があることもあり、大いに反省すべき事象であると理解しています。

コスト調整においても思うようにいかないことがあります。病院設計では発注者側の要求条件と予算が見合っていないことが少なからずありますが、設計者はそのことをできるだけ早い時期に発見し、対策を協議しなければなりません。実施設計が終わってからでは工事発注のスケジュールが遅れますし、設計見直しの手戻りも発生し、設計者だけでなく建築主にも時間の無駄遣いを強いることになります。

これらを回避するためには設計とは別の視点でのマネジメントが有効です。これを「プロジェクトマネジメント（ＰＭ）」と呼んでいます。日建設計では小規模のプロジェクトは設計者がＰＭを行いますが、中規模以上の場合は別の専門チームがＰＭを担い、しっかりとサポートしています。

完成後も運用に合わせて手を加える

よくあるトラブルに開院後の空調の不具合があります。暑い寒い、結露がするなどです。空調は設計チーム内にいる専門のエンジニアが担当しますが、温度や湿度の設定、換気の量などをあらかじめ想定しておき、シミュレーションに基づいて設計を行います。しかし、外部に接する窓の近くと廊下側では外部から受ける熱条件などが異なりますし、部屋の天井近くと床近くでも温度が変わりますから、なかなか思い通りにいかないのが実情です。そのため、開院後に空気の吹き出し量や吹き出し口の向きなどを調整しながら利用実態に合わせた状態にします。これはチューニングに近い概念だと思います。

こうした起こり得る不具合については、設計者やエンジニアが設計段階から建築主に十分な説明を行い、ご理解いただくことが大切です。建築主の想定した条件と運用後の実態が異なる場合、設計者は建築主のよき相談相手として対応策に知恵を絞るべきでしょう。

いずれにせよ、病院はでき上がったときが完成ではなく、その後の運用に合わせて手を入れていくものであるという共通認識を持っていれば、トラブルは少なくなります。

開院後に建物の機能をベストな状態で維持し、適切な改修を計画的に行うことをファシリティマネジメント（ＦＭ）、それを行う人をファシリティマネジャー（ＦＭｒ）と呼びます。大切な職能ですが、本書では紙面の関係上、割愛し、詳細は他書に譲ることとします。

なぜ、プロジェクトマネジメントが必要なのか

～ＰＭの役割と業務の流れ～

ＰＭの役割とは全体を見ること

マネジメントにおいては、「ヒト」「モノ」「カネ」が重要だと言われます。これは病院建設のプロジェクトマネジメント（ＰＭ）においても同様です。ＰＭは比較的小規模なプロジェクトの場合、病院建築家が設計業務の一環として行うことが多いのですが、本来は設計業務とは別次元の業務であり、別人格であるプロジェクトマネジャー（ＰＭｒ）が担います。

ＰＭの役割とは、設計者選定から工事発注までをどういった方式で進めるかを含めて、〝プロジェクトの全体を見る〟ことであり、ＰＭは病院建替えの検討と同時に開始すべきです。特に病院の設計ではスケジュールやコスト調整が複雑なため、病院組織をよく理解し、設計プロセスと建築を熟知している高度な専門性が必要になります。病院の設計および工事発注を多く経験してきた設計者であれば、〝設計～工事発注～現場監理〟までの建築にかかわる部分のＰＭが得意です。

プロジェクト全体を滞りなく進行させるためには、病院建築家が設計業務に専念し、別の専門チームがスケジュール管理やコスト管理を行いながら病院建築家を補佐する、あるいはリードする体制が理想です。

では、病院建築家がＰＭ業務を行わない場合や設計者が決まっていない段階において、ＰＭ業務は誰が行っ

ているのでしょうか。

実際には医療コンサルタントや病院内の組織が行っています。設計者が選定されたあとにＰＭ業務を別人格で選定する公共プロジェクトも登場しており、この場合、ＣＭ（コンストラクションマネジメント）という名称で業務が発注されていることがほとんどで、ＣＭは設計者を監視し、工事発注を予算内で遂行するための業務という位置づけで、ＣＭ担当会社がＰＭまでの業務を行っているケースが多いようです。

つまり、ＰＭ業務については典型的な２つのパターンに分類できます。

①プロジェクト開始段階で医療コンサルタントが参入し、ＰＭ的業務を行う

医療コンサルタントの本業は事業計画の策定です。そのため、医療に関する支出・収入、医療機器にかかる費用といった事業費や補助金などに関しては詳しいのですが、建設プロセスや敷地に対する具体的な建物のヴォリューム検討、建設費の実勢価格などは不得意なため、専門家と連携する必要があります。

②プロジェクト開始段階でＣＭ会社が参入し、ＰＭ的業務を行う

基本設計までを設計事務所、実施設計以降をゼネコンが担当する、いわゆる設計施工一括発注方式（デザインビルド［ＤＢ］方式）、ＥＣＩ方式などの選択肢を比較検討し、最も競争原理が働き、品質も確保される発注方式を選定することが成功のカギとなります。建設コストを抑えるという触れ込みでＣＭ会社が早期参入し、ゼネコン頼りの発注方式を推奨するケースが多くなっています。建築主の立場をよく理解し、ケースバイケースで最適解を導ける本格派のＣＭ会社は日本ではまだ多くないのが実状です。

①②のいずれの場合においても委託側・受託側双方がPM業務の重要性と専門性を明確に理解していないため、本来必要なPM業務を誰も行っていないケースが多いように思います。では、誰ができるのかという質問があれば、手前みそにはなりますが、日建設計には経験豊富な専門家が在籍しているため、実行できます。しかし、残念ながら設計者としてお声が掛かったときには設計以前に行うべきPM業務が①②のような過程を経て終了した状況となっているわけです。

●――プロジェクト成功には経験豊富なPM担当者が不可欠

PMの必要性は、多くの関係者が登場し、それぞれの役割分担が明確なホテル建設のプロジェクトで求められました。PMはホテル業界ではクライアントも認めるフィービジネスとして確立していますが、病院建設のプロジェクトでは何となく誰かが行ってきた状況があります。明確なフィーが伴わなくてもプロジェクトがうまくいくケースもあり、必要性が求められなかったのではないかと私は見ています。そのため、日建設計のPM業務が純粋な設計業務から独立したフィービジネスとして認めていただけるようになったのも最近になってからのことです。

これから病院の建替えや大規模な増築を計画している発注者側のプロジェクトリーダーは、PM業務の必要性を認識し、組織内にPM担当者を専任で選定すべきであると思います。建設準備室という形で事務局を設置されるのはその第一歩ですが、病院組織にとって建替えプロジェクトはおそらく一世一代のビッグイベントであり、経験のある担当者は皆無であることが当たり前です。PMを強力に推進するためには

図表 2-4 ● PMの立ち位置、医療コンサルとの協働を示したPJ推進組織図

関係者の基本構成

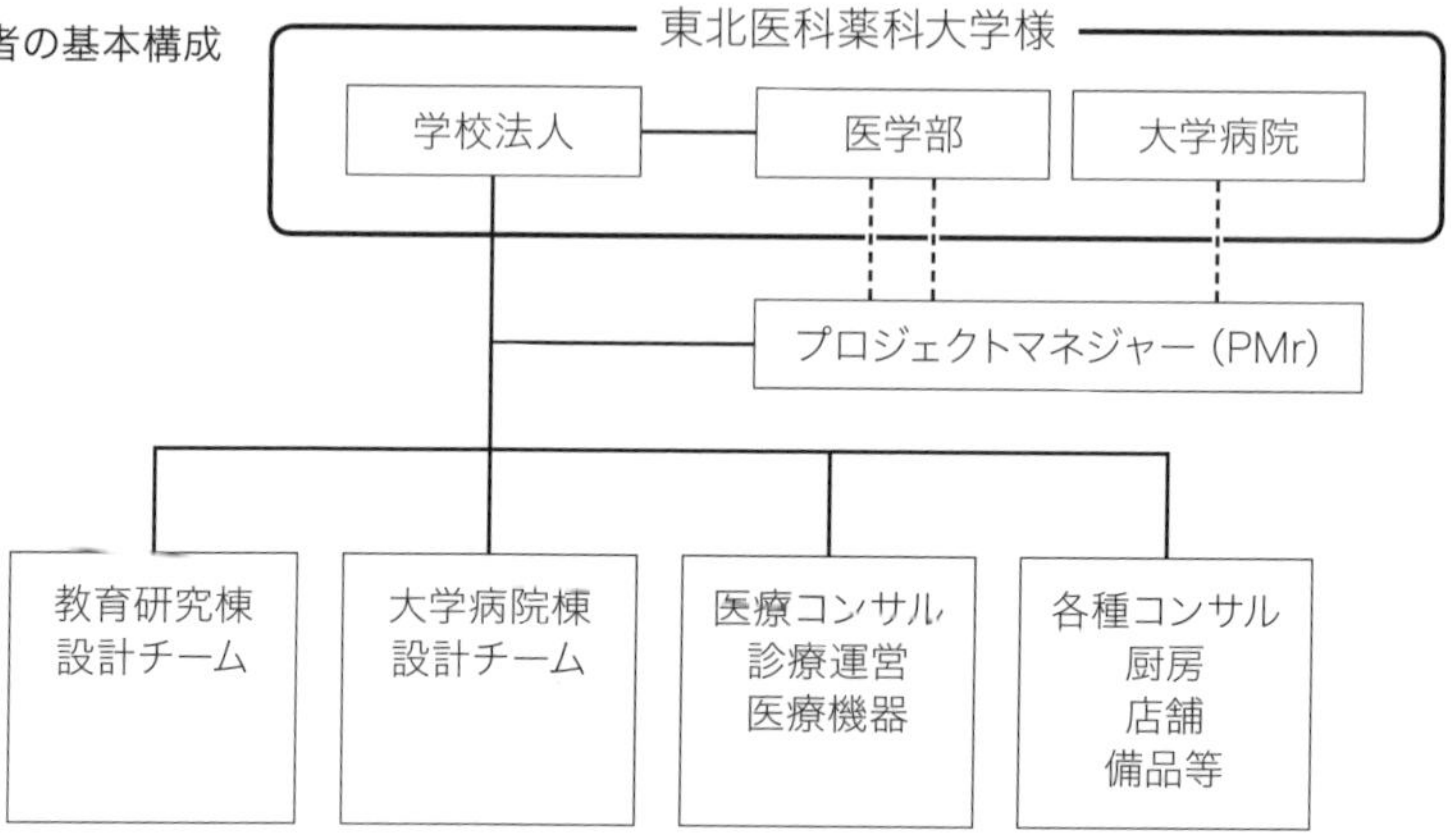

経験豊富な外部の専門家を自らの組織に招聘するか、外部委託して協働されることが成功の近道だと思います。

前述した東北医科薬科大学の事例では、医学部新設により1つのキャンパスに医学部校舎と病院を増築する必要があり、2つの専門チームが同時進行で設計することになりました。発注者である大学法人としては医学部新設の手続きだけでも大事業であるのに、さらに2つの建設プロジェクトを同時に進めなければなりません。この困難な状況を打開するために、日建設計が得意とするPM業務を行うチームを設計チームとは別に結成し、業務委託することを提案しました。その結果、法人から望まれた形でプロジェクトを進めることができました。

プロジェクトにおいて、PMチームからは医療コンサルタントの参画を提案し、数社によるプレゼンテーションを経て決定しました。どのような立ち位置を目指すべきかを事業計画の面でサポートしつつコンセプトづくりを行うことができました（図表2－4）。

病院づくりの手順①
～計画立案から開院までの流れ～

病院は3回建てないと理想の病院にはならない？

昔から「家は3回建てないと理想の家にはならない」と言われます。誰が言い出したのかはわかりませんが、家は3回建ててみて、初めて納得のいくものができ上がるという意味です。先人たちの納得できなかった家づくりでの苦い経験から生まれた言葉なのでしょう。

納得できる家ができない原因としては2つのことが考えられます。1つは設計時に住み手をよく理解してくれる適切なパートナーがいないため、思いもよらぬものができてしまうこと、もう1つは住み手のライフスタイルの変化に伴い、完成時は満足が得られたとしても徐々に住みにくくなってしまうことです。

これらは病院づくりにもそのまま当てはまります。完成後に後悔しないようにするためにはよきパートナー＝病院建築家を見つけること、そして、パートナーとともに時代の変化に強い病院をつくることが必須と考えます。そのため、パートナーを選ぶ際は十分な労力と時間をかけるべきでしょう。

開院までは想像以上の労力と時間を要する

建替えの計画を立ててから新しい病院が開院するまでには、想像以上の労力と時間を要します。大規模

図表 2-5 ● 企画段階から開院までの流れ

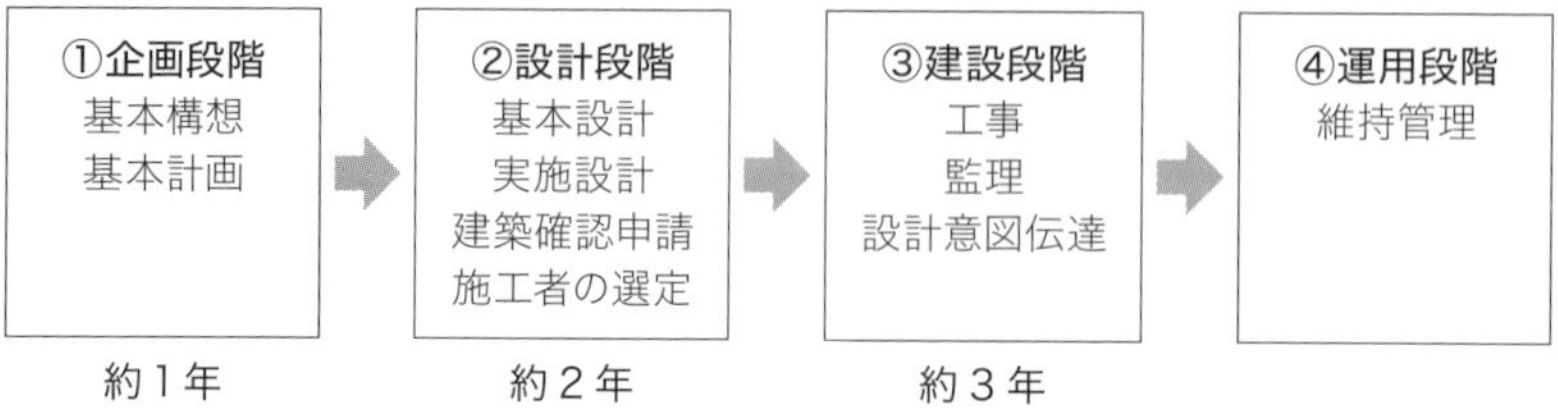

図表 2-6 ● ある公的総合病院の設計・施工スケジュール

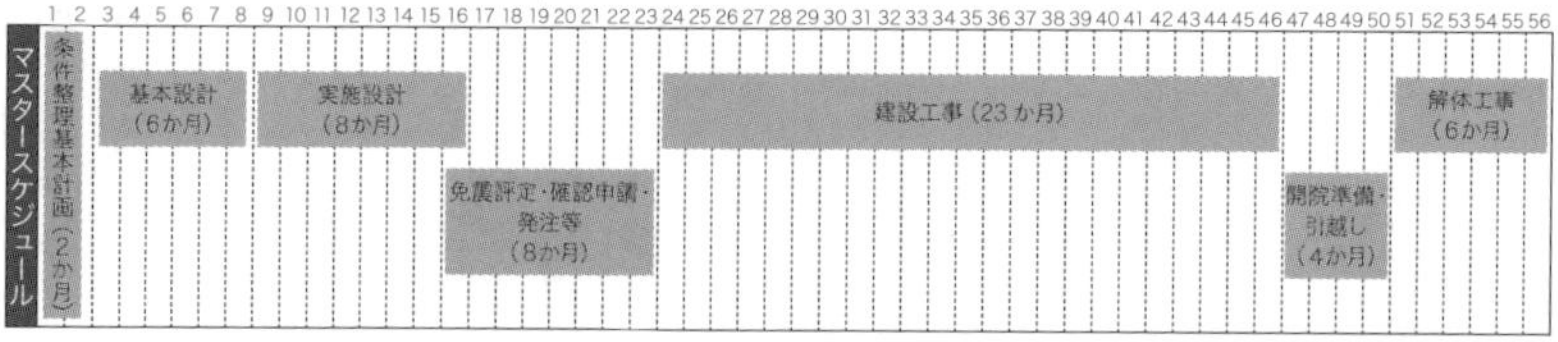

な総合病院の場合、順調に進んだとしても、企画段階で1年、設計段階で2年、建設段階で3年、足掛け6年かかることもあります。既存病院の新築・解体を敷地内で部分的に繰り返す工事であっても、工事期間だけで5~6年に及ぶことがあります。また、さまざまな要因から設計条件の大きな変更があると手戻りが発生し、設計や工事の期間がさらに延びます。

病院づくりの標準的なプロセスは、①企画段階（基本構想、基本計画）、②設計段階（基本設計、実施設計、施工者の選定）を経て、③建設段階（工事、監理、設計意図伝達）に入り、竣工後に医療機器や家具備品を運び込んで開院し、その後、何十年も続く④運用段階が始まります（図表2-5）。①~④の詳細については、次項以降で順を追って説明します。

図表2-6はある一般的な規模の公的総合病院のマスタースケジュールの事例です。基本計画から設計を経て、新病院を建築し、開院するまでに50か月、全工事が完了するまで56か月かかっています。

病院づくりの手順②
～企画段階における検討事項～

企画段階ではソフト面・ハード面から戦略を練る

企画段階では、ビジネスモデルやコンセプトづくりが要となり、プロジェクトマネジャーも参画しながら、事業計画（ソフト面の戦略）と施設計画（ハード面の戦略）のそれぞれにおいて、基本構想および基本計画を練っていきます。「どのような」病院を「どのように」つくるのか、イメージを膨らませ、事業の方向性をしっかり定めます。単なる準備段階ではなく、病院づくりの大きな目的・目標となるテーマや骨組みを練り上げていく極めて重要な段階です。

病院経営者によって示されたビジネスモデルやコンセプトは、それを受けた設計者が設計のコンセプトとして具体化していくことは前述の通りですが、医療従事者などの全職員が新しい医療の姿や病院像を具体的に描くためにも、コンセプトづくりは大変重要です。

愛知県にある常滑市民病院では、企画段階から市民を集め、「新病院づくり」をテーマとする〝1000人会議〟が開催されました。「赤字病院にこれ以上税金を使うのか」「建替えは不要だ」という反対意見が多いなか、病院側が市民の健康や安全を守るために日夜奮闘している状況を丁寧に説明していくうちに、次第に賛成多数へ意見が変わり、最終的には「コミュニケーション日本一の病院にしよう」という新病院のコンセプトが満場一致で決まりました。こうした力強いコンセプトが生まれたからこそ、市民の病院事業への参加の意識が高まり、職員も誇らしいと思える病院ができ上ったのでしょう。

●――事業計画と施設計画の具体化

コンセプトやビジネスモデルを練り上げたあとに、または並行して行う事業計画と施設計画について紹介します。

事業計画（ソフト面の戦略）

基本構想では、現病院の経営状況分析や地域の医療需要分析を行い、医療政策や疾病構造の変化を予測し、資金調達など事業収支計画の検討も行いながら、新病院で目指すべき医療の姿を描きます。

基本計画では、基本構想をさらにアップデートさせるとともに、病床種別や病床数、外来診療科目、手術件数など、医療収益や建物規模に大きく影響する医療機能について検討します。

施設計画（ハード面の戦略）

基本構想では、主に①敷地選定、②施設規模について検討します（図表2-7）。

基本計画では、主に①建物配置、②建物規模、③階構成、④部門構成、⑤諸室構成について検討します（図表2-8）。

表 2-7 ● 施設計画の基本構想

①敷地選定	新築移転か現地建替えかを比較し、新築移転の場合は移転候補地を比較検討する。
②施設規模	既存病院の医療機能をすべて存続させる規模とするのか、新たな機能を加え増強した規模とするのか、何かの機能をやめ縮小した規模とするのかを検討する。

表 2-8 ● 施設計画の基本計画

①建物配置	選定した敷地のなかで建物をどの位置にどのくらいの建築面積で配置するかを検討する。あわせて道路からの車や人の動線の検討も行う。
②建物規模	全体の面積や階数を検討する。1看護単位当たりの病床数や個室率についても検討する。
③階構成	どのフロアにどの部門を配置するかを検討する。地下をつくるべきかについても検討する。
④部門構成	各フロアに配置する部門の位置構成を検討する。部門間の隣接条件、近接条件も考慮する。
⑤諸室構成	各部門内にどのような室がいくつ必要なのかを検討する。これをもとに諸室リストを作成する。

近年、企画段階における基本構想、基本計画の重要性はますます高まっています。この段階で、事業の舵取りができ、十分に信頼できるパートナーを選び、新病院づくりのコンセプトを打ち立てながら、検討に十分な労力と時間をかけることが成功のための王道であると考えます。

病院づくりの手順③
～設計者の正しい選び方～

●よい設計士、建築家の見分け方

病院づくりは、単に箱や器をつくればいいわけではありません。しかし、「言葉が人をつくる」という格言があるように、「空間が人をつくる」のも事実です。箱や器は、そこを利用する人々の活動はもちろん、安心感やモチベーションといった気持ちの部分にも影響を与えます。そのため、病院の空間づくりを専門とする病院建築家や、その設計をもとに実際に病院を建設していく施工者をきちんと選ぶことは非常に重要です。

企画段階で信頼できるパートナー＝病院建築家を選定し、すでに協働している場合は、そのままその病院建築家に設計を依頼するとよいでしょう。

設計段階から病院建築家としての設計士・建築家を選定する場合は、十分な手間暇をかけることが肝要です。では、設計士・建築家を選定する方法としてはどのようなものがあるでしょうか。

代表的な設計者選定方式

設計士・建築家を選定する方法はいくつかありますが、ここでは代表的な設計者選定方式として、①設計料入札方式、②設計コンペティション方式、③設計プロポーザル方式、④その他――を取り上げ、それぞれのメリット・デメリットを紹介します。

①設計料入札方式

昔から国や自治体が発注する公共施設で採用されることの多い選定方式です。ある規模と内容の施設について、最も低い設計料を提示した設計者が選ばれます。これは会計法により官公庁の契約は一般競争入札を行い、契約者を決めるように義務づけられていることに起因します。

発注者にとっては、事業費の一部である設計料を抑えることができるため、お得な選定方式に見えますが、本当にそうでしょうか。冷静に考えると、設計料のみで設計者を選ぶことは、2つの理由でリスクが高いことがわかります。

1つ目の理由は、設計者の能力は設計料では判断できないということです。提案力や課題解決能力のある設計者は、自分の持っている技術に自信を持っていますから、技術の安売りはしません。設計料で選ぼうとすると、技術力の高い設計者が候補から外れる可能性があります。

2つ目の理由は、入札の結果、かなり低い設計料になったとしても、低い設計料には〝それなりのわけ〟があるということです。通常、どの設計者も原価より低く仕事を請け負って赤字を出すようなことはしません。低い設計料を設定しているケースでは、設計者が自分で仕事をせず、工事請負業者や設備業者に無償で仕事を肩代りさせることがあるという都市伝説のような話があります。なぜ、工事請負業者や設備業者が無償で肩代わりするかと言えば、施工者選定前に有益な情報を得て工事発注を有利に進め、結果として高い工事契約によって設計の肩代わり分を取り戻すことができるからです。もちろん、発注者側にはこうした事情は伝わりません。設計料を低く抑え過ぎたために、かえって工事費が高くなる可能性があるということです。

このように設計料入札方式には問題点が少なくなく、さまざまな選定方式が生まれました。

②設計コンペティション（設計コンペ）方式

複数の設計者から設計案を募集し、そのなかから優秀な設計案を選ぶ方式です。設計者は課題に対して基本的な考え方やイメージ・アイデアというレベルを超えた、実現性の高い詳細な提案を求められます。構造や設備についても検討を行い、基本設計並みの密度の濃い提案書や平面図・立面図・断面図などの設計図、透視図や模型など、「完成予想図」を作成します。選定後は、基本的に当選案の通りに設計を進めることになります。

メリットとしては、「完成予想図」を審査するため、設計案の相違点が明確となり、審査しやすいことが挙げられます。歴史的に見れば、洋の東西を問わず、重要な建設事業において設計コンペ方式が採用されることが多くありました。たとえば、海外で有名なものではシドニーのオペラハウスやパリのポンピドゥー・センター、国内では東京都庁、関西国際空港旅客ターミナル、京都駅ビルなどがあたります。

しかし、デメリットもあります。設計者は求められる提案書や設計図が膨大な量となり、設計案をつくるだけで大きな負担となります。コンペに参加した設計者に参加費用が支払われることが多いのはこの理由によります。一方、建設主は課題に関する詳細な条件を示し、審査員としてしかるべき学識経験者や経験豊富な建築家などを集める必要があることから準備が大変です。また、「完成予想図」を選んだわけですから、設計途中での方針変更が難しくなります。

このように、さまざまなデメリットから1990年代以降の病院建築において設計コンペが開催されることはほとんどありませんでした。

③設計プロポーザル方式

設計者選定で現在もっとも広く採用されている方式です。設計コンペが「設計案」そのものを選ぶのに対して、設計プロポーザルは設計者という「人」を選びます。設計者は課題に対する考え方や建物のイメージを簡易な提案書（数枚程度）にまとめ、設計者自らがプレゼンテーションをします。提案書とプレゼンテーションの両方で審査し、設計者が選ばれます。

設計プロポーザル方式は、設計料の多寡のみで選ばれる設計料入札の問題、発注者・設計者双方に負担が大きすぎる設計コンペの問題を解決できる点において大きなメリットがあります。また、あくまで「人」を選んでいますので、設計途中で新病院づくりの方針が大きく変わった場合でも柔軟に設計に反映させることができます。その結果、提案した建物のイメージが設計途中で大きく変わることもありますが、設計者と建築主がよきパートナーとして協働作業で進められることは、病院づくりの大きなメリットになります。

一方、選定後に建物の姿や形の変更が可能であることは、デメリットにもつながります。規模が次第に大きくなったり、医療機能が必要以上に増えるなど、予算が膨らんでいく可能性があるからです。そのため、設計デザインだけでなく、予算面も含めてプロジェクト全体を円滑に進める能力のある設計者＝病院建築家を選ぶことが重要となります。

④その他

その他としては、設計者と施工者を1つの協働者として、設計と施工を同時に提案させ、選ぶという方式があります。ＰＦＩ（Private Finance Initiative）方式やデザインビルド（ＤＢ）方式がこれにあたりますが、詳しくは次項で紹介します。

病院づくりの手順④
～施工者の正しい選び方～

病院は設備工事費の占める割合が高い

工事現場では、「〇〇建設」または「△△組」といった工事看板が掲げられています。さらによく見ると、「□□電気工事」などの設備工事業者の看板が並んでいることもあります。建設工事は、大きく分けて建築工事と設備工事の2つで成り立っています。

建築工事は、地面に杭を打ち、基礎をつくり、骨組みを組み、外装や内装を設えるなど、立体的な空間そのものをつくり上げる工事です。一方、設備工事は、電気工事（配線や照明など）、空調工事（給排気など）、衛生工事（給排水など）に分けられます。

さて、病院の場合、全体の工事のなかで、建築工事と設備工事の割合はどのようになっているでしょうか。実はオフィスなど他のビルディングタイプに比べ、病院は設備の占める割合が高くなっています。それは病院に適した機能的で衛生的な環境をつくり、医療機器の稼働を直接支えていることによります。その結果、費用面においても同様の傾向となり、総合病院の場合、建築工事費と設備工事費の割合は6対4または5・5対4・5と、7対3程度のオフィスに比べ半分近くを設備工事費が占めることになります。

また、病院は稼働し始めると、多くのエネルギーを消費します。光熱水費などのランニングコストを削減するためには、高性能な設備機器を導入することが望ましいのですが、これにより設備工事費の比重はますます高まります。そのため、よい建築工事業者だけでなく、よい設備工事業者を選ぶ視点が重要になります。

●――工事業者の種類とそれぞれの役割

建物の建設を行う工事業者は大きく分けて、①ゼネコン（総合請負業者）、②サブコン（建築下請業者）、③サブコン（設備工事業者）、④専門工事業者――の4種類があります。それぞれについて紹介します。

①ゼネコン（総合請負業者）

いわゆるゼネコンとは、ゼネラルコンストラクター（General Constructor）の略と勘違いされることが多いのですが、正しくはゼネラルコントラクター（General Contractor）の略で、総合請負業者または総合建設業を指します。建設工事一式を元請けとして受注し、工事計画を立て、工種ごとに必要な建材を発注したり、下請けの工事業者に工事を発注したりします。工事中は自らの手で実際に工事を行うことはなく、下請けのサブコンをコントロールし、工事全体の工程管理や品質管理を担います。受注額1兆円を超えるスーパーゼネコン5社（大林組、鹿島建設、大成建設、清水建設、竹中工務店）を筆頭に、多くのゼネコンが存在します。

世界的にゼネコンは建設工事のみを専業としていることが多いのですが、日本のゼネコンは建設工事以外の業務を行っているところも多く、施工部門だけでなく、設計部門、研究部門、不動産部門を抱え、土地探しから設計施工までを一式で請け負っています。これは日本のゼネコンの多くが宮大工など大工の集団を発祥としていることに起因しています。大工は古来より自ら「図抜」という設計図のようなものを描き、棟梁がさまざまな職人を手配しながら、住まいをつくり上げてきました。これに対して、西洋では早くから建築の設計を専門とする建築家の職能が発達したため、施工部門のみで成り立っているゼネコンがほとんどです。

②サブコン（建築下請業者）

サブコン（Subcontractor）とは、下請け・外注という意味です。建築工事では、大工、左官、とび・コンクリート、石、タイル、鋼構造物、鉄筋、板金、ガラス、塗装、防水、内装、建具などのさまざまな工種があります。元請けのゼネコンは、工種ごとにそれぞれのサブコンへ工事を発注します。さらに、下請けのサブコンから孫請けとなるサブコンへ、再下請けとして工事を発注することもあります。

③サブコン（設備工事業者）

日本では通常、サブコンというと設備工事業者を指すことがほとんどです。病院は一般的な建物に比べて設備費の割合が高いことは前述しましたが、医療機能を支える設備工事は大変重要です。

設備工事では、電気、電気通信、管、機械器具設置など、さまざまな工種があり、それぞれの工種ごとに専門の設備工事業者が存在します。一方、電力会社系のサブコンは電気工事だけではなく、衛生設備や空調設備など、管や機械工事も請け負っています。

④専門工事業者

病院建設では、特殊な室や設備の整備にあたって、高度な技術を有する専門工事業者がかかわります。たとえば、リニアックやMRIなどの放射線や電磁波の遮蔽工事、RI施設などの特殊排水処理設備、手術室の内装パネル、医療ガス設備などの工事は、専門工事業者がゼネコンや設備サブコンから一式で請負います。

●――建築・設備工事における発注方式の種類

さまざまな工事業者がかかわる病院建設では、建築工事と設備工事の発注をどのように組み合わせるかによって発注方式が分かれます。一般的に、①建築設備一括発注方式、②建築設備分離発注方式、③コストオン発注方式――の3つがあります（図表2-9）。

①建築設備一括発注方式（一括発注）

建設工事全体をゼネコンへ元請けとして発注し、建築工事はゼネコン、設備工事はゼネコンから設備サブコンへ下請けに出す方式です。元請けはゼネコン1社ですから、施工者を選ぶ際の手間は1度で終わります。設備工事もゼネコンがワンストップの窓口となりますので、打ち合わせや指示連絡の手間が省けます。民間施設の工事では、最も採用されるケースが多い方式です。

一方、ゼネコンと設備サブコンがどのような工事契約を交わしているかが不透明なため、ゼネコンの力が強く、設備サブコンに無理な価格で工事を押し付けている場合、設備サブコンはどうしても仕事の質を落とさざるを得ません。これは建築主にとって設備工事の質が不安定になるというデメリットになります。

②建築設備分離発注方式（分離発注）

主に国や自治体が発注する公共施設で採用されている方式です。建築工事はゼネコンへ発注し、設備工事は電気、空調、衛生などの工種別に設備サブコンへ発注します。建築主から設備サブコンへの直接発注ですから、一括発注方式のデメリットである設備工事の質が不安定という問題は解決します。

一方、分離発注方式ではいくつもの工種ごとに工事発注を行い、工事段階では多くの施工者ごとに指示や調整を行わなければなりません。なかには造成工事や外構工事などを含めて10以上の工事発注を行うケースもあり、一括発注方式よりも大きな手間が生じます。

表 2-9 ● 建築・設備工事におけるさまざまな発注方式の比較

発注方式	①一括発注	②分離発注	③コストオン発注
発注・契約方法	建築工事と各設備工事をゼネコン1社に発注・契約する	建築工事と各設備工事を個別に発注・契約する	建築工事と各設備工事を個別に発注するが、契約はゼネコン1社と行う
発注主	民間	公共	民間
受注者	ゼネコン	各施工者	ゼネコン
設備工事費の透明性	低い	高い	高い
発注時の手間	少ない	多い	多い
工事中の窓口	1つ	多い	1つ

③コストオン発注方式

一括発注方式と分離発注方式のメリットをあわせ持たせるように開発された方式です。分離発注方式と同じく建築や設備工事ごとに施工者選定を行い、契約は一括発注方式と同じくゼネコンと一括して締結します。

建築主は施工者選定後、各施工者とコストオン協定書を結び、統括管理費として設備工事費の数パーセントを上乗せ（コストオン）した金額をゼネコンに支払うことによって、ゼネコンが工事全体の統括管理業務（設備サブコンとの調整業務など）を担うことになります。一括発注方式では不透明であった設備サブコンの工事費が明解になるというメリットがあります。

ゼネコンがワンストップの窓口となり、各施工者との調整を行いながら工事を進めることから、一括発注方式と同様に、建築主にとって指示連絡などの負担が減るというメリットがあります。建築主は、その余力を本来、建築主が行うべき病院運営の検討や医療機器の選定などの業務にあてることもできます。

●――設計・施工業務における発注方式の種類

発注方式はさらに、設計と施工を誰が行うかという視点で、①設計施工分離発注方式、②設計施工一括発注方式、③ＥＣＩ方式、④ＰＦＩ方式、⑤ＶＦＭ方式――の５つの方式に分けられます（図表2-10）。

表2-10 ● 設計・施工業務におけるさまざまな発注方式の比較

発注方式	①分離	②一括（DB）	③ECI	④PFI	⑤VFM
概要	従来方式 設計内容に対して施工者が価格競争を行う	新方式 施工チームが実施設計・施工を一括して行う	新方式 設計早期に施工者が内定する	新方式 事業チームが設計・施工・維持管理を一括して行う	新新方式 分離・DB・ECIの欠点を解消する
基本設計	設計者	設計者	設計者	事業チームの設計者	設計者
実施設計	設計者	施工チームの設計者	設計者 施工者：協力	事業チームの設計者	設計者 施工者： 協力または協働
施工者決定時期	契約： 実施設計完了時	契約： 基本設計完了時 精算： 実施設計完了時	内定： 基本設計完了時 契約： 実施設計完了時	契約： 基本設計開始時 精算： 実施設計完了時	契約： 実施設計前半完了時 精算： 実施設計完了時
設計期間	標準	長い 基本設計完了後に施工者選定期間が必要	長い 基本設計完了後に施工予定者選定期間が必要	長い 基本設計開始前に事業者選定期間が必要	長い 実施設計前半完了後に施工者選定期間が必要
工事期間	標準	施工者提案により工期短縮の採用可能	施工者提案により工期短縮の採用可能	事業提案により工期短縮の採用可能	施工者提案により工期短縮の採用可能
施工者からの技術提案	なし	実施設計で技術提案の採用可能	実施設計で技術提案の採用可能	事業提案により技術提案の採用可能	実施設計後半で技術提案の採用可能
価格交渉の優位度	発注者が有利	契約時： 発注者が有利 精算時： 施工者が有利	内定時： 発注者が有利 契約時： 施工者が有利	契約時： 発注者が有利 精算時： 施工者が有利	発注者が有利
設計内容の透明性	透明性高い	透明性低い 施工者が実施設計を行うため	透明性高い	透明性低い 事業者が実施設計を行うため	透明性高い
実施設計完了時の工事費の調整	発注時に増減調整の可能性あり	精算時に増減調整の可能性あり	精算時に増減調整の可能性あり	精算時に増減調整の可能性あり	精算時に増減調整の可能性あり

①設計施工分離発注方式

設計は設計事務所、施工は施工会社が行うという最もオーソドックスな方式です。官庁工事、民間工事を問わず、過去何十年にわたり最も多く採用されてきました。設計事務所が基本設計と実施設計を行い、実施設計図を工事発注用の設計図として用いて、施工者を選定します。建築主の意図を反映した詳細な設計図によって工事発注を行いますから、工事中も設計内容がきちんと守られ、建物の品質が確保されます。また、同じ設計図によって、何社かの施工者が競争しますから、各社から見積りが出てきた場合は、比較しやすいというメリットもあります。「よい設計で安く発注」を行うことのできる理想的な方式です。

一方、建設物価が上昇している時期には、発注段階で施工者からの見積価格が高止まりして、設計を見直さざるを得ないという事態を引き起こす可能性があります。また、設計終了後に施工者を選定するため、施工者それぞれが持つコストダウンにつながる独自のノウハウや特殊な技術が設計に反映されないというデメリットもあります。

官庁工事では、発注内容の透明性が高く、建物の品質が確保しやすいこの方式が主流でした。ところが、2011年の東日本大震災後から建設物価が急上昇し、見積価格が予算を大きく超え、設計の見直しや予算の上乗せなどの対応に追われる混乱が多発しました。この時期の工事費はひと月刻みで数パーセント、2年程度かかる設計期間では数十パーセントも上昇していきました。そこで、少しでも早い時期に工事金額を確定させることで、予算に近い価格で工事契約が行えるという期待から、次に述べるように、初期に施工者を選定するECI方式やDB方式の導入が、官庁工事でも試みられるようになりました。

②設計施工一括発注方式（デザインビルド［DB］方式）

一部の民間工事で行われてきた方式ですが、官庁工事でも採用されることが増えてきました。DB方式にもさまざまなやり方がありますが、設計事務所が基本設計を行い、その後ゼネコンが実施設計と施工の両方を請け負うパターンが、比較的多く採用されています。契約は1つで済み、協議の窓口も1つですから、建築主にとっては「お任せ」に近くなり、指示や交渉がしやすくなります。早い段階で工事費が示されますので、建設物価が上昇している時期でも、建築主は建設以外の事業予算が組み立てやすくなります。

一方、問題点もあります。それは、施工会社であるゼネコンが実施設計を行いますから、自社の利益につながる設計内容になってしまう恐れがあることです。ゼネコンは、請け負った工事費から自分たちの利益を確保したうえで、残りを建設材料の購入やサブコンに分配していきますが、予算が厳しい場合は、設計内容や建設材料の質は下がり、サブコンは厳しい金額での契約を強いられるとも聞きます。でき上がった建物の見栄えは問題ないように見えても、建築や設備の耐久年数が低かったり、光熱費などのランニングコストが無駄に大きくなったりすることも考えられます。

さらに、基本設計の完了後に、詳細図がないなかでいったん契約を結びますから、基本設計図で見込まれていたかどうかあいまいな部分については、実施設計時に追加工事費として請求されます。コストを抑えてDB発注できて喜んだのも束の間、初期設計図の見解の相違から、多額の追加請求に困惑したとの話も聞きます。

いずれにせよ、DB方式を採用する場合は、設計や工事内容の透明性の確保、初期設計図についての見解の一致など、ゼネコンとの調整を上手に進める能力が求められます。

大阪府にある市立吹田市民病院はDB方式を採用し、基本設計は日建設計、実施設計と施工はゼネコンという体制でしたが、実施設計の監修業務と監理業務を基本設計者である日建設計が担ったことによって、各段階での透明性や品質が十分に確保できた例と言えます。

③ＥＣＩ方式

設計施工分離発注方式とＤＢ方式のそれぞれの欠点を補うために編み出された、比較的新しい発注方式です。ＥＣＩ（Early Contractor Involvement）方式では、設計事務所が行う基本設計が終わった段階で施工候補者となるゼネコンを選定します。これにより、設計内容と工事内容の透明性と品質が確保されます。ＤＢ方式と異なるのは、あくまで施工候補者を選ぶだけで、この段階で工事契約を結ぶことはありません。施工候補者となったゼネコンは設計事務所の基本設計に対して、ゼネコンのノウハウや特有の技術を活かしたＶＥ（Value Engineering）提案を行います。たとえば、あるゼネコンが構造の架構方式で特許を得ており、それを採用することによって構造部材の総量を減らすことができれば、全体の工事費を下げることにつながります。これによりゼネコンの特殊な技術が反映されないという設計施工分離発注方式の欠点を補うことができます。

よいことが多いように見えるＥＣＩ方式ですが、注意すべき点もいくつかあります。設計がある程度進んでからゼネコンの提案を設計に反映させるため設計期間が数か月程度長くなり、その分の業務費がかかります。また、基本設計終了時に選定されるのは施工候補者であるため実施設計終了後に改めてゼネコンが見積りを出し、そのうえで工事契約を行います。建設物価が上昇している時期では、実施設計中も物価は上がりますから、工事契約時に再び予算をオーバーし、さらなるＶＥを強いられるケースがあります。

ＥＣＩ方式を採用した病院には、愛知県の常滑市民病院があります。

④PFI方式

設計事務所やゼネコンが行う建設業務だけでなく、竣工後の施設の運営や維持管理業務までを行う事業者を選定する方式です。ＰＦＩ（Private Finance Initiative）とは、民間資本主導を意味します。大規模な公立病院で採用されることのある方式で、民間のノウハウを活用することによって、建設費だけでなく、運用費や維持管理費まで含めて数十年の総コストを抑えることが目的です。事業者には、多くの企業が参画します。

すべての業務を行う事業者を選定しますから、建築主は選定のための条件書づくりにおいて、かなりの労力を要します。そのため通常は、設計・施工・維持管理・運営の条件をまとめ、事業者選定の支援を行うコンサルタントが参画します。

東京都立多摩医療センターや神戸市立医療センター中央市民病院は、病院の建設・運営にＰＦＩ方式を採用しています。

⑤VFM方式

これまでにいくつかの病院の建設でＤＢ方式、ＥＣＩ方式が採用されてきましたが、「ゼネコンからのＶＥ提案が少なく価格が下がらない」「完成した建物の品質が確保されたかどうかあいまい」「少しの設計変更で多額の追加工事費を請求された」などの問題も生じています。そこで、日建設計が新たに提案するのが、このＶＦＭ（Value for Money）方式です。

この方式では、設計事務所が基本設計から実施設計の前半程度までを行い、ある程度の細かい仕様書や詳細図をもとにゼネコンから見積りをとります。これにより基本設計だけでは見積りにあいまいな部分が増え、工事費のブレが大きくなるという問題の解消が期待できます。

日建設計ではすでにいくつかのプロジェクトにおいてＶＦＭ方式での発注を経験しており、最近の医療施設の事例としては、倉敷中央病院予防医療プラザがあります。

さまざまな発注方式がありますが、これからの時代は従来の方式にこだわらず、建築主の建物に求める理想や建設物価の動向などによって、その都度、新たにつくり上げていくものだと考えます。そのためには、どの発注方式についても経験が豊富で、その利点欠点を熟知しており、建設物価の動向を常に把握しているパートナーを選ぶことが肝要です。

設計図の役割とは
～設計の意図・概算工事費を読み取る～

設計図は設計者の意図を伝える重要なツール

19世紀に発明された感光式の複写技術は、原図と感光紙を重ね、紫外線による光学反応と現像液による化学反応を利用して、感光紙に原図の複写を正確に行うというものでした。青地に白い線で描写されたものが多く、そこから「青写真」と呼ばれるようになりました。少々ノスタルジックな響きのする言葉ですが、現在でも「街づくりの青写真」「人生設計の青写真」のように、未来を描くときの比喩として使われています。

複写技術はその後、改良を重ね、白地に青い線で描写できる青焼き（または青図）の技術が主流を占めるようになりました。コピー機と呼ばれるＰＰＣ複写機が主流になるまで、安価であること、大きなサイズの原図でも容易に複写できることから、青焼きは設計の現場で最近まで多用されてきました。このように設計図は、複写技術の進化とあわせて、青地に白い線から白地に青い線、そして黒い線へと見た目を変え続けてきましたが、昔も今も未来や夢を描くツールであることに変わりはありません。

そもそも、設計図は建築だけの世界で描かれるわけではありません。自動車や電気製品など、ものづくりの現場はもちろん、情報の世界ではプログラム、料理の世界ではレシピ、そして音楽の世界では楽譜が設計図にあたります。

ドイツロマン派の文豪ゲーテの時代から、「建築は凍れる音楽である」とたとえられてきました。これは建築が醸し出す佇まいに音楽的なリズムやハーモニーが感じられることから、建築と音楽はよく似ているというものです。作曲家は自らのイメージした楽曲を五線譜に音符を書き記すことで楽譜を構成していきます。この楽譜は作曲家の意図を演奏家へ伝える設計図です。複数の楽器が共演するオーケストラでは、楽器ごとにパートの楽譜が書き記されます。建築においても工種や部位ごとに多様な設計図を描いていきますので、よく似ています。

実際に演奏する場面になると、指揮者が楽譜に込められた作曲家の思いを丹念に読み取り、音の強弱や長短、音色など、音の出し方について楽器ごとに細かい指示を与えていきます。作曲家がすでに他界していても楽譜を介することによって、その思いを指揮者や演奏者が受け継ぐことができるのです。建築においても、建物を施工する段階になって、施工者が設計図の意図を十分に読み込むことによって、建築家の意図を建築という形に昇華させていきます。

このように設計図は、どのような分野においても設計する人の意図や、つくり上げるための情報を伝える重要なツールと言えます。

建築における設計図の役割は3つある

建築において設計図を描く目的は大きく分けて、①建築主とのコミュニケーションツール、②施工段階でのコミュニケーションツール、③建設費を算定するためのツール――の3つがあります。

①建築主とのコミュニケーションツール

空間の機能や完成イメージを示して、建築主へ設計の意図を伝えます。設計図は、建物の完成した姿を表していますが、間取り図は、空間の大きさや使い勝手などの建物の機能、外装や内装の図は、外観や内部空間のイメージを示すことができます。

最近では、よりわかりやすく設計の意図を伝えるために、二次元の図だけでなく、三次元のコンピュータグラフィックスやアニメーションを用いることも増えました。建築家の意図をあらかじめわかりやすく示すことが、設計図の役割の1つです。

②施工段階でのコミュニケーションツール

設計者は、施工段階において設計図をもとにして、設計の意図や特に配慮すべき点などを施工者や監理者に伝える「設計意図伝達業務」を行います。

施工者は、設計図に示された工種や部位別の情報を施工図作成や工事に役立てます。実はどんなに詳細な設計図があっても、それだけで工事を行うことはできません。工事が始まると、施工者はまず設計図をもとに工事の手順を考え、工種や部位別に膨大な数の施工図を作成します。たとえば、鉄骨であれば鉄骨の部材を詳細に描いた製作図、内装であれば間仕切りの詳細な位置や厚みを示す平面詳細図などです。

次に、設備サブコンはその施工図をもとに設備の施工図を作成し、参画する多くのメーカーは一枚一枚の扉の材料や金具の詳細を描いた建具図など、工種別にさまざまな施工図を作成します。これらの施工図や製作図が整って、初めて工事を進めることができるのです。

一方、施工段階では、監理者（建設工事では建築士による工事監理が義務）が、工事内容と設計図を照らし合わせ、設計図の通りに施工されているかを確認する「監理業務」を行います。監理者は、設計者と協働しながら、さまざまな施工図や製作図を見て、設計図に記載された意図や情報が正確に反映されているかどうかを確認します。

③建設費を算定するためのツール

建築材料の量やグレードを示して建設費を算定します。建設事業にとっては大変重要な役割です。設計図のなかで示されている建物の大きさにより、床や屋根や壁の材料の量がわかり、使用する材料が石なのかタイルなのかにより、材料のグレードがわかります。これらの情報を総合すると、全体の工事金額が算定できます。

設計段階で設計者の算定する工事費は、設計内容が予算に見合っているかの確認に用い、発注段階で施工者が算定する工事費は、実際に工事を請け負う金額を示すものとなります。

●――建築主が理解しやすいように設計図を翻訳する

さまざまな目的で描かれる設計図を建築になじみのない方が読み取るのは大変難しいことと思います。

図面は記号満載でちんぷんかんぷん、部分的に拡大した詳細図は、どこの部位かもよくわかりません。間取りが描かれていて一見わかりやすそうに見える平面図でも、何百分の1かに縮小されていますから、その部屋が大きいのか小さいのか実感が湧きません。医学の知識のない者がレントゲンやエコーの画像を見ても、臓器の区別や病巣の見分けがつかないことと似ています。

ところが、病院をつくるとなったときには、否応なしに平面図と向き合うことになります。建築主と病院建築家が会話する際は、設計図が重要なコミュニケーションツールとなることは前述の通りです。設計の内容を承認してゴーサインを出すときも、それは設計図そのものを承認するということを意味します。設計図の内容をある程度は理解できないと、病院建築家とのコミュニケーションが不十分となり、建物完成後に想像と違ったものになってしまったということになりかねません。

それでは、建築の図面を初めて読むときに、どんなことに気をつけたらよいでしょうか。そして、その図面をもとに、工事費まで読み取るにはどうしたらよいでしょうか。ここで、病院建築家のもう1つの役割が出てきます。それは設計図の翻訳者、通訳者としての役割です。

たとえば、間取りについて打ち合わせを行うときは、平面図に少し手を加えていきます。まず、平面図の縮尺を100分の1とします。これによって1センチメートルが実際の1メートルとなり、200分の1や50分の1などの縮尺よりは、読み取りやすくなります。次に、間取りに関する情報以外の余計なものを抜きます。たとえば、通り芯（柱ごとに描く寸法線）を消し、専門的な記号も消すことによって、すっきりした平面図となります。

室内に家具などの備品を記載すると、部屋の大きさを実感していただくのに役立ちます。たとえば、面談室に4人掛けの椅子と机を記載するだけで、その部屋が4人までは座れる大きさであることがわかります。また、病室にベッドや床頭台などを配置することによって、ベッドサイドに車いすが入れる十分なスペースがあるかどうかをイメージしやすくなります。このように設計図に手を加え、翻訳してわかりやすくした図をお見せし、間取りや部屋の大きさなどを説明しながら確認していただきます。

ロビーや廊下などは3次元でデータ化し立体画像で示すことによって、空間のイメージが把握しやすくなります。これまでの設計ツールは2次元中心で、3次元のビジュアルデータをつくるには、設計図とは別に新たなデータを作成する必要がありました。その分、手間や時間が余分にかかっていましたが、技術の進化は速いもので、ここ数年はBIM（Building Information Modeling）と呼ばれる新しい設計ツールが主流となってきました。

BIMは、設計情報を集約したデータベースのようなもので、必要に応じて2次元の設計図や3次元の立体画像を取り出すことができます。人が廊下を歩くような視点で空間をアニメーションで見せることもできるため、設計図をより理解しやすく説明できるようになっています。

●——設計図を見れば概算工事費がわかる

設計図は工事費を算定するためのツールであることは前述の通りですが、実際に工事費を積み上げる積算という作業では、設計図から読み取れるさまざまな情報を工種や部位ごとに取り出し、それぞれの材料の量や個数を算出して、1つひとつの材料単価などを掛け合わせながら全体の工事費を集計していきます。

大規模な建物になると、何週間もかかるような膨大な作業になります。

この作業はかなり専門的な作業ですので、さすがに建築主にはできません。病院建築家に翻訳してもらうしかありません。車を買うとき、車の性能や仕様の一覧表から車の値段を読み取るのが困難であるのとよく似ています。

病院建築家は、設計の初期段階でも、過去に経験した類似病院の実績と新しい設計内容を照らしあわせて、工事費の概算金額を示すことができます。そして、設計の進行とともに確定する設計内容のグレードにあわせて、概算の工事費を修正していきます。設計図を工事費に翻訳することも、病院建築家の重要な役割であり、この技術を十分に活用していただきたいと思います。

病院建築のデザイン論
～病院のデザインをひもとく～

デザインは問題解決の手法である

病院建築のデザインをひと言で語るのは、なかなか難しいことです。第1章で述べたように、本来、デザインとは見た目の良し悪しではなく、問題解決の手法のことです。問題自体がプロジェクトによって千差万別で、その解決方法もそれぞれ千差万別ですから、どのプロジェクトにも通用するオーソドックスなデザインがあるわけではありません。また、デザインは問題解決の過程で生じるものでもあり、デザインをひもといてもデザインの「種」のようなものが出てくるわけではありません。

しかし、病院として完成したプロジェクトのデザインをひもといていくと、何がしかデザインを支えているもの、デザインの要素のようなものが見えてきます。ここでは、これまでの病院設計の経験を踏まえながら、少し硬いお話にはなりますが、病院建築のデザインについて、深掘りしてご説明します。

華美な空間、豊かな空間について

病院の設計を開始すると、「華美」を避け、「機能本位」にするようにと、指示をいただくことがよくあります。もちろん、限られた予算を背景としてのご要望であることは十分理解できますし、私たち病院建築家も華美なものを設計するつもりはもともとありません。しかし、ただ単に無味乾燥なものを設計するつもりもなく、予算を最大限に活かしながら、機能的な空間、豊かな空間を実現しようと努力していきます。華美であること、装飾的であることは、豊かであることと似ているようで異なります。

ゴシック様式、ルネサンス様式、バロック様式という言葉を一度は耳にしたことがあるのではないでしょうか。これらは、ギリシャ・ローマの古典様式に源を発し、窓まわりや柱の装飾などが特徴的な、昔ながらの建築スタイルです。現在では、一見すると装飾過多のように見えてしまいますが、そのデザインをひもとくと、当時の最新技術を駆使しながら、その時代に求められた建築を実現していったことがわかります。

たとえば、ゴシック建築の教会は、天に昇るような上昇感を表すために、当時では驚くべき高さの柱を身廊（中心の廊下）に並べ、縦横比が3倍以上になるような縦長の大空間をつくっていきました。しかし、長い柱を建てるだけでは、柱はふらふらと倒れ、屋根は支えられず、建物が成り立ちません。そこで、新しい技術が生まれました。柱からつながる細い骨のような「リブ」でアーチをつくり、屋根を載せます。さらに、柱の外側には袖壁「バットレス」を並べ、柱が倒れないように支えました。このようにさまざまな問題を解決しながら、天に昇るように感じる大空間を実現したのです。そして、リブやバットレスの織り成す構造美が、ゴシック建築のデザインを強く印象づけるものになりました。

一方、このようなデザインが繰り返し用いられるようになると、次第に様式的な装飾として見られていきます。そして、街全体が様式的な建築で覆われていくようになります。世紀末ウィーンの建築家アドルフ・ロースは、「装飾は罪悪である」という有名な言葉を残しています。その言葉通り、荘厳なバロック様式の王宮に面して、様式的な装飾を一切排除したビルディング（ロース・ハウス）をつくりました。当時、装飾のない建物は存在しなかったので、かなりの物議を醸し、その後のモダニズム建築に大きな影響を与えていくことになります。ただ、彼は装飾を全否定したわけではありません。意味のない飾りはいらないと言っているのです。実際に訪ねてみると、ロース・ハウスは決して無味乾燥な建物ではなく、吟味された材料・ディテール・色彩、よく練られた空間構成によって、シンプルながらとても豊かな空間に仕上がっていました。

近代建築の歴史は、過剰な装飾を廃した機能本位の建築をデザインする歴史といっても過言ではありません。しかし、機能本位に徹するあまり、ただの殺風景な箱、無味乾燥な建築となってしまっているものが、少なからず見受けられるのも事実です。装飾的でもなく、殺風景でもない、豊かな建築、豊かな空間とはいったいどのようなものでしょうか。

●――建築における空間構成とは何か

「皆さん、写真はモノクロです。空間構成がよくわかります。色仕掛けに騙されてはいけませんよ」

これは、前述した建築家の林昌二が、建築雑誌に載った写真を見ている若い設計スタッフに話しかけたときの言葉です（『近代建築』２０１７年11月号［近代建築社］、中谷正人氏の連載「現代建築ヤブニラミVol.31」より）。フルカラーの建築写真を見ると、色彩に目を惑わされ、空間の良し悪しがわかりにくくなってしまいます。そのため、白黒の濃淡・陰影のみで空間構成を示しているモノクロ写真のほうが、建築の空間そのものをしっかり把握できるという意図でしょう。言い換えると、建築の良し悪しは、目に映る色や形などの仕上げや形態だけではなく、そこに隠されて備わっている空間の基本的な構成こそが重要であると言えます。

さて、空間構成は、なかなかわかりにくい概念です。そもそも空間自体がわかりにくいと思います。空間の概念は物理や数学など、さまざまな自然科学の分野で定義されてきました。一方、人間が生活する空間＝建築の空間は、単なる物理的な空間という概念を超え、哲学の分野において哲学者（マルティン・ハイデガー、O・F・ボルノーなど）の重要なテーマとなり、それを応用して建築論の分野においても建築理論家（クリスチャン・ノルベルク＝シュルツなど）の研究テーマとなってきました。

一般的に、建築の空間とは、壁や天井に囲まれた何もないスペースです。何もない（正確には空気のみ）のですから、空間そのものが見えているわけではありません。私たちはある場所が壁や天井などによって仕切られ、その仕切りに光があたって目に映ることによって、初めてその空間を認識できるのです。見えないはずの空間を構成していくことは、建築デザインの重要なプロセスです。開放感を高めたいなら天井を高くする、落ち着いた雰囲気を出したいなら奥行を深くするなど。その空間と他の空間をつなぐために扉を設け、人が移動する動線を組み立てていきます。このように、空間を構成することは、空間を豊かにし、機能的にしていくための重要な要素なのです。

病院建築のデザインをひもとく

では、病院建築においては、どのようなデザインのプロセスを経て、豊かな空間をつくり上げていくのでしょうか。

私たちが病院建築をイメージしたとき、白色のイメージを抱く人は多いと思います。真っ白な外観、真っ白な廊下、真っ白なベッドシーツなど、外装からインテリアまで、白色が好まれてきました。白色は清潔感を連想させ、衛生的な環境が求められる病院にふさわしいとされてきたのでしょう。

ところが、病院にアメニティという概念が持ち込まれたあたりから、華やいだ色合いの病院が増えました。石や天然木、金属などの高価な材料を用いて、「ホテルのような」病院が増えました。確かに、カラフルな色使いで設えると、雰囲気のよい病院がつくれそうです。しかし、見た目の華やかさだけで、豊かな空間がつくれるのでしょうか。

もうおわかりだと思いますが、豊かな空間、豊かな病院建築をつくるために必要なのは、華やかな装飾や色使いではありません。次に挙げる５つのデザイン要素を踏まえ、着実に段階を踏みながらデザインしていくことと考えます。

病院建築における５つのデザイン要素

病院建築のデザインをひもといていくと、そのプロセスはいろいろな要素で成り立っていることがわかります。骨格や空間構成から、諸室のレイアウトや家具・医療機器の配置にいたるまで、その要素は次の5つに集約されます。

①プラットフォーム（Platform）……建物の骨格（基幹動線、基幹設備など）
②コンポジション（Composition）……建物の構成（ボリューム構成、空間構成など）
③レイアウト（Layout）……平面の構成（部門ゾーニング、諸室配置など）
④フィットアウト（Fit-out）……内装・設備の装備（内装仕上、家具、設備機器など）
⑤キットアウト（Kit-out）……機器の装備（医療機器、看護備品など）

このうち、③レイアウト、④フィットアウト、⑤キットアウトは、視覚的にもわかりやすいデザイン要素かと思います。

③レイアウトは、基本計画や基本設計前半において、手術、救急、検査などの各部門をどの階のどのあたりに置くかのゾーニング計画、その部門内にどの部屋をどのような順番で配置するかの「間取り」の検討を行います。建物の輪郭のなかに、必要な機能を据え、具体的に間取りを組み立てていく重要なデザイン要素です。

④フィットアウトは、基本設計後半や実施設計において、内装仕上げの色や材料、扉の配置や開き勝手、手洗いやトイレなどの衛生設備、エアコンや換気などの空調設備、照明や通信などの電気設備を、諸室のなかに組み込んでいく検討を行います。また、待合の椅子やスタッフステーションのカウンターなど、家具をどのように配置していくかも検討します。建物が実際に使えるようにしていくために、より具体的な機能を整えていく重要なデザイン要素です。

⑤キットアウトは、基本設計後半から工事段階にかけて、検査機器、撮影機器などの医療機器、ベッドや床頭台などの看護備品、機器・備品の配置を検討していきます。諸室の大きさや設備仕様を定めるために、レイアウトやフィットアウトと並行して検討を行います。また、工事段階では、最終的に選定された機器・備品によってレイアウト、フィットアウトの検証を行います。実際に、医療を行うための具体的な機能を整える重要なデザイン要素です。

さて、残りの①プラットフォーム、②コンポジションです。この2つは、③レイアウト、④フィットアウト、⑤キットアウトに比べて、大きな骨組みや構成を扱うため、なかなかわかりにくい要素でありますが、実は建物の良し悪しに結びつく最も重要なデザイン要素です。

①プラットフォームは、基本構想や基本計画などの初期段階におけるデザイン要素です。この言葉は、ビジネスやITの世界で用いられることが多くなりましたが、本来の意味は文字通り「土台」や「基盤」を示します。病院建築においても、この土台づくり、基盤づくりがとても重要です。敷地のなかの建物の位置、建物の重要な骨格となる構造、幹線動線、基幹設備の構成と配置を検討します。さまざま諸条件が定まっていない段階での、大きな骨格づくりのデザイン要素ですので、病院建築家の知見を活かしていくことが必須となります。

②コンポジションは、基本構想や基本計画において、外来棟、中央診療棟、病棟などの建物の大きなボリューム＝「棟」の構成の検討を行います。さらに、空間に豊かさを与えていくための、さまざまな検討を行います。たとえば、自然を建物に取り込むために中庭や屋上庭園の配置、景色の映る大きなガラス面の配置などを、快適な待ち環境をつくるために待合ロビー空間のプロポーションや奥行などを、躍動感あ

ふれる環境をつくるためにエレベーターロビーに動線の要所となる吹抜けの配置などを検討します。建物の外形を定めるとともに、空間の構成を定めて、豊かさを備えていく重要なデザイン要素です。

①プラットフォームや②コンポジションの検討が不十分であると、やたら廊下の長い病院、開放感のない息の詰まるような病院、将来の拡張性のない病院となってしまいます。③レイアウト、④フィットアウト、⑤キットアウトの検討が不十分であると、無味乾燥なインテリアの病院、使い勝手の悪い病院、光熱費を浪費する病院となってしまいます。

私たち病院建築家は、これらの病院建築のデザインの流れをすべて把握し、豊かな空間を目指して設計を進めます。デザイン要素をベースにしながら、諸条件を丁寧に読み解き、建築というカタチに組み立て、課題解決のためのアイデアも投入しながら、デザインを進めていきます。見た目やカタチの良し悪しだけではなく、基本的な骨格や仕組み、人や物の円滑な流れ、心地よさや躍動感、さらには病院それぞれの個性や品格までをデザインすることが、病院建築家の役割であると考えます。

無駄を省く
～各部門の特性にあわせた設計・配置～

病院は究極の複合ビルである

病院建築家の立場から病院全体を見ると、病院は「究極の複合ビル」であると思っています。病棟はホテルや住宅に近い空間であり、誤解を恐れずに言うと、「見守り」という言葉を「監視」に置き換えれば刑務所のように見通しをよくすることが求められます。しかし、病院が刑務所と根本的に異なるのは、患者さん側も見守られたいと思っている点です。

診療部門は検査機器や放射線機器などをいつでも最新に置き換える必要があるため、「研究所」あるいは「リサーチ＆ディベロップメント（Ｒ＆Ｄ）」とも言えます。シールドが必要なエリアは大げさに言えば「原子力施設」のようですし、霊安室は人の気持ちを和らげるという意味では「宗教施設」のようでもあります。給食部門や薬剤部門、ＳＰＤ（Supply Processing Distribution）などは物流施設のような機能的な動線と優れたロジスティクスが実現できるレイアウトでなければなりません。

従来の病院設計では、これらの部門のつながりをパズルのように解き明かし、エレベーターの位置などを効率的に配置し、立体的に組み合わせてきました。しかし、建設物価の高騰や高価な免震構造の一般化などを受け、建築物にすべての部門を同じように入れるという考え方を見直す動きが出始めています。

病院の機能は、本来必要な医療機能とそれを支える機能に分けることができます。極論を言えば、前者は免震構造に入れ、それ以外はもっと安価な建物に入れる、もしくはアウトソーシングして建物のなかには置かないという選択肢があってもいいと思います。

仮に病院という建物をテナントビルに置き換え、部門ごとに家賃を払っていると考えたらどうでしょうか。できるだけ借りる部分を小さくしようと思いませんか。こう考えてみると、いま運営されている病院はどのような家賃をお支払いになっているでしょうか。

不採算部門を別棟に配置し、コストを削減

複合施設である病院はどの機能も必要不可欠です。その一方で、利益を生まない部門や不採算の部門があったりします。たとえば、給食部門がなかったら病院は成り立ちませんが、給食部門で利益を生んでいる病院は少ないのではないでしょうか。そうであるならば、給食部門はできるだけ赤字を小さくする必要があります。

福島県郡山市にある星総合病院では、建設時に星北斗理事長のお考えで給食部門や物流部門を別棟に置き、別棟の建設コストはできるだけ安くしました。長野県佐久市にある佐久総合病院では、多くの関連施設が分散しているため、新たに佐久医療センターを建設する際、敷地の一角にグループ施設の給食を賄うセントラルキッチンを建設されました。複数の施設を抱える事業主はキッチンを集約することで少人数での運営、無人化を進め、給食部門の収支を改善することも可能です。ある給食コンサルタントから聞いた

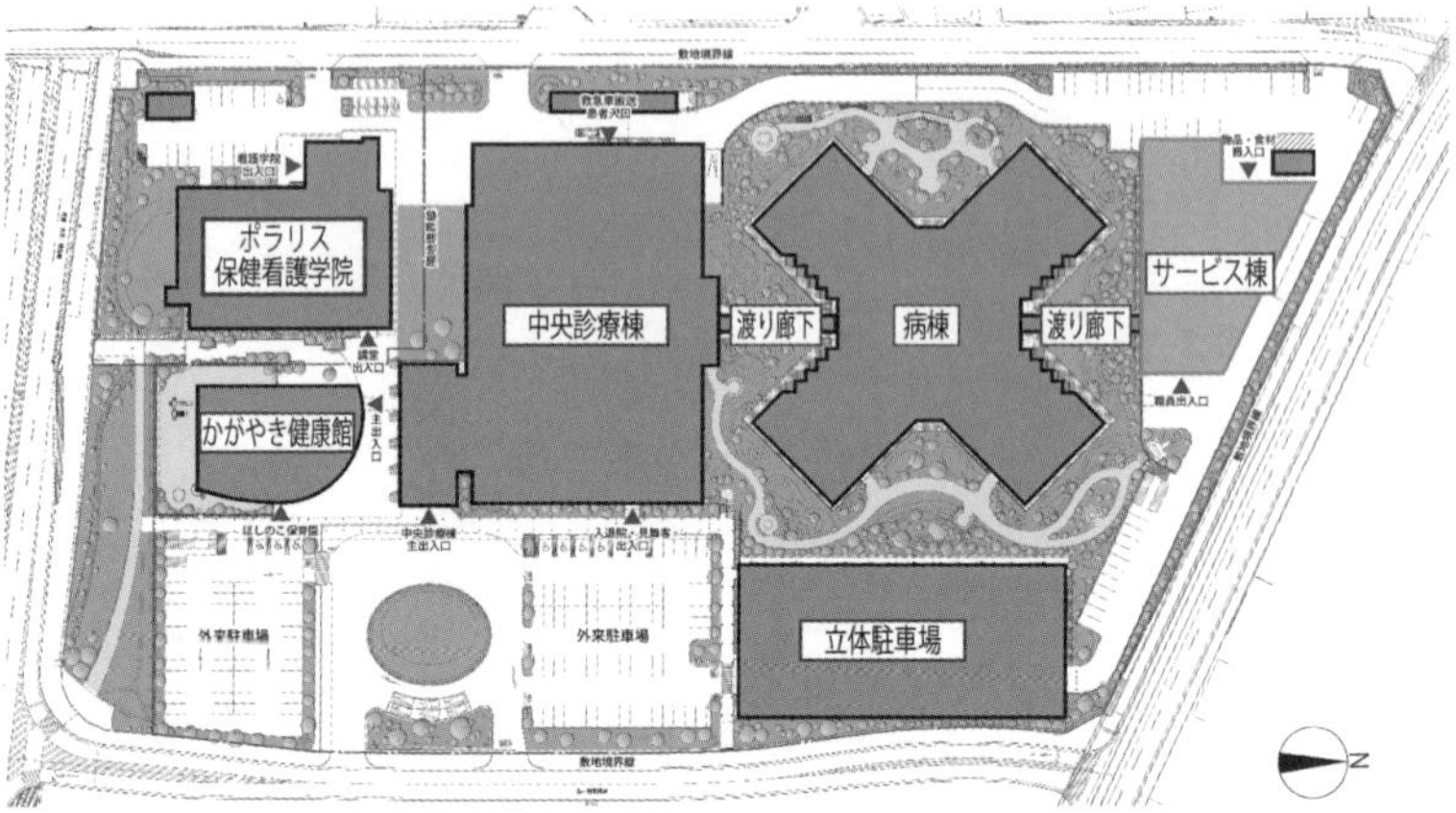

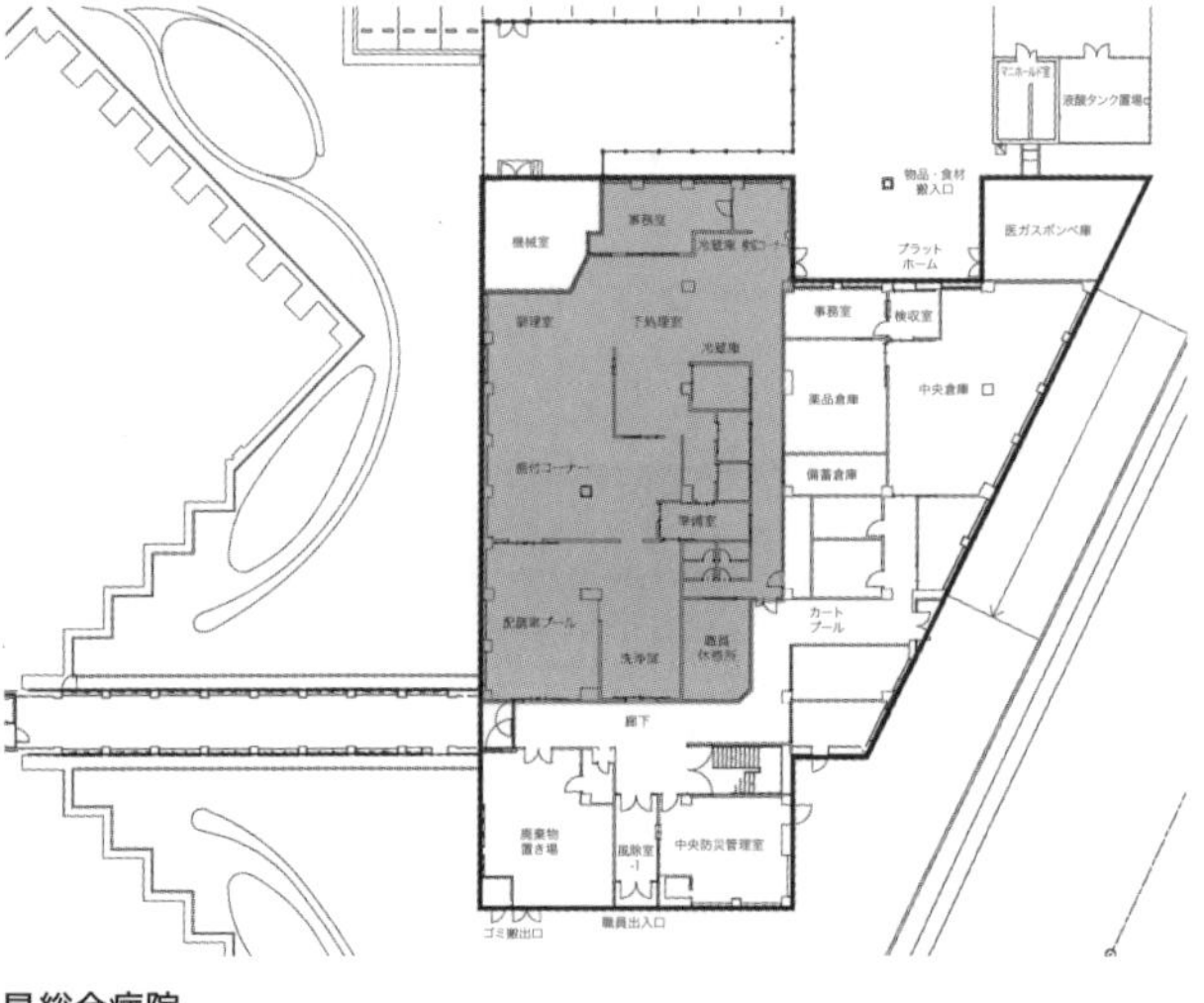

星総合病院
配置図。右上が給食部門や物流部門が入るサービス棟（上）
サービス棟平面図（下）

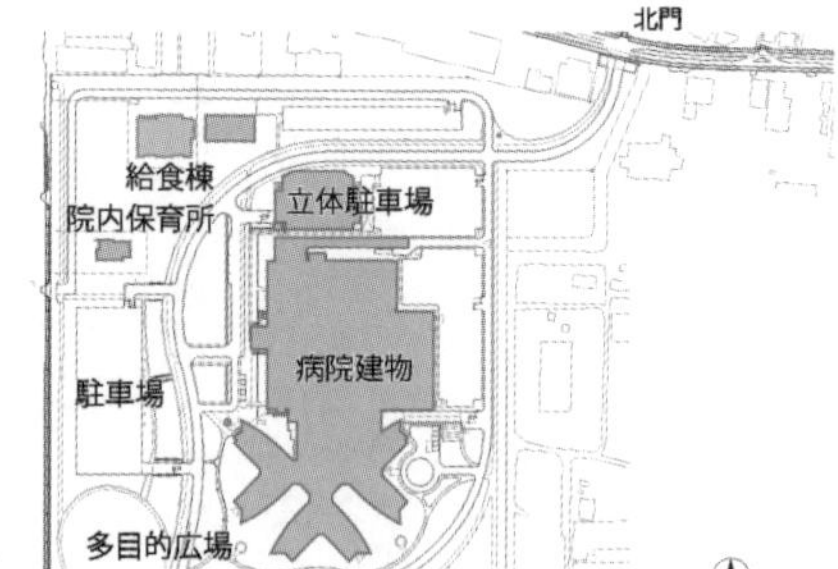

佐久総合病院 佐久医療センター
配置図。左上の給食棟にセントラルキッチンが入る

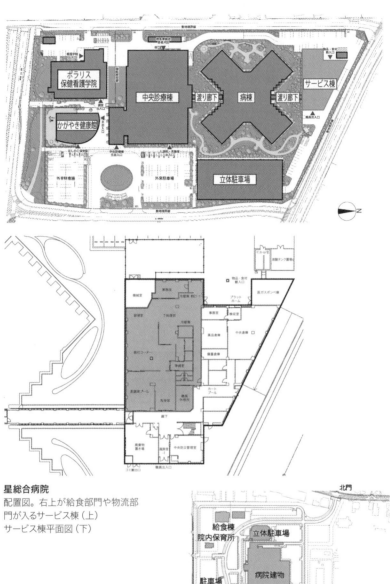

話によると、120床強程度の病院を持つ法人が、いくつかの関連福祉施設の厨房を無人化して自前のセントラルキッチンとしたことで、給食部門が黒字になった事例もあるようです。

基本計画の段階で十分な検討が必要

病院設計の際、給食部門の責任者から厨房面積が狭いので広くするように要望されるケースが少なからずあります。病院経営者は給食部門に対して関心が高くないのか、特に意見はありません。基本計画の段階であれば、給食部門についてビジネスモデルのコンセプトを見直し、診療部門や病棟などにより多くの面積を振り分けるなど提案することも可能ですが、すでに設計者から意見を申し上げる段階ではないことが多く、残念に思うことがあります。

現在建設中のある大学病院では、SPDを建設コストのかかる免震構造の本体建物ではなく、本体と隣接した場所に安価な建物をつくり、更衣室などと一緒に配置しました。実は別棟にすると外壁率が高くなり建設コストが割高になる可能性がありますが、比較検討した結果、本件の場合はメリットがあることが検証されました。

採算性やアウトソーシングのメリットを検討することは、設計者の不得意な分野であり、運営者からの投げかけによって初めて建築的なアドバイスができます。基本計画段階の検討事項で、私たちが手出しできない部分についても十分ご検討いただきたいと思います。

第3章

病院のつくり方II

~未来への設計図~

医療ニーズを意識した病院づくり
～潜在ニーズをどのように設計に反映させるか～

「ウォンツ」から「ニーズ」をひもとく

病院建築家は、病院を設計する建築家です。建築主の求める医療ニーズを的確に捉え、それを設計に反映させることが任務です。医療ニーズとはよく耳にする言葉ですが、そもそもニーズとは何でしょうか。

ニーズという言葉は、もともとはマーケティング用語で、何か足りないことに関しての「需要」や「必要性」を示しています。それに対してウォンツという言葉がありますが、これはニーズから生じる具体的な「欲求」や「要望」を示しています。さらにニーズには、すでにあらわになっている顕在ニーズ、まだあらわになっていない潜在ニーズがあります。

医療の現場では、患者さんのウォンツから、本当のところのニーズを探っていくことが日常的に行われています。たとえば、頭痛薬がほしいというウォンツを示す患者さんがいたら、頭痛がひどくて早く治したいという顕在ニーズのあることがわかります。さらに話を聞いていくと、頭痛の原因は慢性的な睡眠不足で、「ゆっくりと熟睡したい」という潜在ニーズがわかってきます。患者さんは、多忙による睡眠不足は当然だと思っていたので、睡眠を改善したいという潜在ニーズに気づいていませんでした。医者とのやりとりのなかで自分が本当に望んでいることは、頭痛薬ではなく質の高い睡眠だったということに気づき、気持ちも楽になっていきます。本当のニーズは、患者さんの一時的な欲求そのものではなく、その欲求をひもとくことによって、初めて突き止められることが多いのではないでしょうか。

一方で、病院建築家の場合はどうでしょうか。実は、病院の設計では、医療者と同じように医療ニーズをひもとく作業を行っています。

●——医療ニーズを反映した設計

医療ニーズをひもとく作業は、①医療技術の進化や医療制度の変化、②患者さんや医療者からの要望——の大きく2つのタイプに分けられます。

①医療技術の進化や医療制度の変化

医療技術の進化や医療制度の変化に伴うニーズを設計に組み込んでいくことになります。顕在ニーズは示されていますが、それを本質的に理解したうえで、いかに具体的な形に反映させるかが課題になります。

医療法の改正や診療報酬改定で新たに登場した病床種別・施設基準には、病室面積や廊下幅を増やすことによって、ひとまずの対応を行うことができます。新しい基準に従うだけであれば容易に設計できると思われるかもしれませんが、ただ単に基準に従うだけでは、本当のニーズを見誤ってしまう可能性があります。病院建築家としては、新たな制度が生まれるにあたって意図されたことにまでさかのぼって、設計を進める必要があると考えます。

たとえば、療養環境加算の施設基準として、「1床当たりの平均床面積が8平方メートル以上である病室」があり、床面積を増やすというのはウォンツにあたるでしょう。このニーズはベッドまわりに十分なスペースを確保し、患者さんに快適な環境を提供するとともに、看護や医療行為を行いやすくしたいということです。病院建築家はここからさらに深掘りしていきます。患者さんが快適で看護もしやすいというニーズから次のようなことに思いを巡らせます。患者さんがより快適に療養できるように隣設するベッドとの間に家具を設けてプライバシー感を高める、天井を向いて寝る患者さんがまぶしくないように照明は間接照明として、読書灯も操作しやすいものにする、看護しやすいように医療ガスの配置を調整する、グローブや手指消毒液を使いやすい位置に配置するなど。単にスペースを広げるだけでない、きめ細やかな配慮をニーズから読み取っていくのです。

②患者さんや医療者からの要望

病院建築家は、医療者からの要望や医療者を通しての患者さんからの要望を受け、設計に組み込んでいくことになります。もちろん、病院建築家も患者の1人ですから、多くの患者さんを代弁しています。ウォンツは示されていますが、そこから本質的なニーズを突き止め、いかに適切な形に反映させるかが課題になります。

設計が始まると、まずは病院経営者やそこで働く医療者から意見や要望を聞く「ヒアリング」を行います。新しい病院のつくりやありように関して、関係する方々のさまざまな思いや具体的なウォンツを確認していきます。

たとえば、給食搬送の専用エレベーターが2台ほしいというウォンツが出てきたとします。理由を聞くと、「他の搬送と同じエレベーターにすると、給食搬送が滞ってしまう」「冷めないように一度に多くの給食搬送車を病棟に運びたい」「清汚管理上、食べものを運ぶエレベーターとその他のものを運ぶエレベーターは分けたい」とのことでした。しかし、要望通りに専用エレベーターを設けて設計を進めると、給食搬送時間以外は使用されないエレベーターができてしまうばかりか、各階でその分のスペースが占有され、医療のスペースが削られて建設コストも増加してしまいます。

ここでのニーズをひもといていくと、「タイムリーかつ清潔な状態で患者さんへ給食を届けたい」ということがわかります。そこで、まず専用エレベーターの代わりに、共用の搬送エレベーター数台をひとまとまりに設け、そこに近接させて栄養部門を配置します。搬送エレベーターは搬送車2台が入る大型のものを設けます。朝、昼、晩の給食搬送のピーク時には、搬送エレベーターのうち何台かを給食優先で運用します。さらに、給食搬送車はしっかりと密閉すること、各所で出る不潔物をしっかりとパッキングして搬送することを徹底していただくことによって、清汚管理を十分に図るようにしました。ニーズをひもとくことによって、給食の適時搬送、清汚管理、そして、スペースと建設費の節約を同時に満たすことができるのです。

もう1つの例として、ヒアリングである医療部門から部門のなかにカンファレンスのスペースがほしいとの要望が出ました。カンファレンス室となると、それなりの人数が入るスペースが必要です。新病院では、カンファレンスや会議室は共用のスペースに集約して設けることになっていると説明しても、自分たちがいつでも自由に使えるように「個別に必要だ」と譲りません。よくよく話を聞くと、「忙しいときも職場を離れずに、短い時間でもよいから患者さんから見えないところで休憩したい」という潜在ニーズが見えてきました。患者さんのスペースが優先される医療部門内には、スタッフ専用の休憩スペースを設けてはならないという先入観から、業務にも使えるカンファレンス室という名目であればよいのではというウォンツとなったようです。そこで、休憩したいというニーズのために小さいながらも快適なリフレッシュコーナーを部門内に設け、業務としてのカンファレンスは共用の会議室で行うという方向で整理したことで、ようやく納得していただきました。

このように病院建築家は、施設基準のつじつま合わせや表面的なウォンツをもとにした設計ではなく、医療ニーズを捉え、ひもとき、深く理解したうえで、最も適切な形に反映することを日常的に行っています。その意味では、ニーズを形にする翻訳家とも言えるのかもしれません。

さらに、病院建築家は、まだ見えていない未来の医療ニーズ、病院建築のニーズに対しても向き合っていく必要があると考えます。まだ見えていない将来のニーズですから、ひもとくことも大変です。これについては本章の最後のほうで述べたいと思います。

建築家が考える患者アメニティ
～患者満足度を高める病院建築～

患者アメニティが求められる背景

患者本位の思想や患者アメニティの概念に基づいた療養環境の改善が患者サービスにおいて重要であるという考え方は、今でこそ医療の世界で常識のようになっていますが、その始まりは１９９０年代に遡り、ここ30年くらいで浸透してきました。ちょうど、聖路加国際病院が１９９２年にオープンし、すべての病室が個室という、それまでの日本では考えられなかった画期的な病棟が誕生し、医療界の話題をさらった頃です。

１９８５年に第一次医療法改正が行われるまで、日本の医療供給体制は病院数や病床数を増やすという「量的拡大」が進められていました。同じ病院をつくるにしても、より多くのベッドを確保することが求められましたから、８床室や10床室が設けられ、患者さんは狭隘な病棟で入院生活を送らざるを得ない状況でした。その頃の総合病院の床面積は１床当たり30平方メートル程度で、現在の同機能の病院（80〜１００平方メートル）に比べると３分の１程度の床面積しかなかったと言えます。

一方で、この時代は、医療技術の進化に伴って、病院の機能面も進化を続けました。１９８１年にオープンした旧神戸中央市民病院（設計：伊藤喜三郎建築研究所、日建設計）を代表として、近代的な医療環境が整備され、合理的な施設構成や搬送設備の導入などによって、高機能な病院が誕生しています。

80年代後半に入ると、医療供給体制は「量的拡大」から「質的向上」へと舵を切りました。病院の近代化はより進んだものの、患者さんにとっての快適な療養環境という点では、多くの病院がまだまだ不十分な状態でした。床面積でも改善が図られつつありましたが、1床当たり50〜60平方メートル程度の病院が多く、限られたスペースのなかで、療養環境の改善は後回しにせざるを得なかったのだと考えられます。

1994年度診療報酬改定では、療養環境の改善に向けて大きな契機となった画期的な評価方法が導入されました。入院基本料の算定において、「療養環境加算」が新たに設けられたのです。簡潔に言うと、病室1床当たり面積は8平方メートル以上（差額病室は除く）、多床室は4床までという施設基準を満たすことによって、診療報酬にボーナスが与えられる仕組みです。このインセンティブによって、90年代後半からは病棟の面積が拡大し、その後は1床当たり10平方メートルを超える病棟を持つ病院も誕生しています。例としては2002年オープンの古賀病院21があります。

さらに、患者本位の医療や看護という視点が重視され、療養環境の改善に対する患者さんからのニーズも高まるにつれ、病棟だけでなく病院全体において療養環境の改善の必要性が医療者に意識されるようになります。そうしたなか、病院建築家は、単なる療養環境の改善だけでなく、患者さんの快適性をより高めるアメニティについて、さまざまな提案を行ってきました。

質の高い患者アメニティを実現する3つの要素

アメニティとは、総合的な概念で、「環境の快適さ」という意味ですが、快適さを与える要素が1つあるだけではアメニティとは呼べず、多くの要素が複合的に働き合って、好ましく感じられる質のよい環境をつくっていることを指します。病院におけるアメニティは、環境をつくり上げていく基本的な要素によって、大きく次の3つに分類できると考えます。

①空間の構成

十分な面積を確保すること、患者さんの「居場所」を確保することが重要です。たとえば、病棟では、ベッドまわりを広くするとともに、景色のよいデイルームに十分なスペースを確保します。外来では、待合スペースと通過動線となる廊下を明確に分離し、落ち着いた待合環境を整えます。中央ロビーをはじめ、各所のロビーや廊下端部のコーナーには外光が入るように構成し、心が安らぎ緑に触れあえる環境を整えます。

②空間の設え

総合的な快適さにつながるインテリアデザインの導入や設備機器の整備が重要です。たとえば、病室では、間接照明やロッカーなどの設備によって、穏やかで使いやすいベッドまわりに整えます。外来では、穏やかな色彩と照明、目的地へたどり着くためのわかりやすいサイン、適切に温度管理できる空調などをバランスよく快適に整えます。

③空間の性質

空間の構成、空間の設えという目に見える2つのアメニティ要素に加え、空間の性質という目に見えない要素も重要と考えます。病院建築における空間の性質とは、「安全と安心」「セキュリティとプライバシー」「安らぎと刺激」などのことです。

安全と安心とは、清潔で感染などの心配がないこと、床がフラットで転倒に対して備えがあること、車いすや杖でも安全に過ごせることなどによって、安心感が高まる環境です。

セキュリティとプライバシーとは、誰もが自由に行けるパブリックエリアと、医療が行われるプライベートエリアを明確に分離し、適切なセキュリティラインを設けることによって、患者さんのプライバシーをしっかり守る環境です。

安らぎと刺激とは、空間の構成と設えにおいて、空間の力が患者さんの回復に少しでも役立つために、心地よい安らぎと心地よい刺激をバランスよく五感へ与え、患者さんの持つ本来の自然治癒力を高める環境です。これは、特に精神科の医療施設にとって有効と考えられており、一般病院においても同様だと考えます。

患者アメニティの先進事例

ベッドまわりのアメニティを取り入れた病院の事例としては、先に挙げた聖路加国際病院が挙げられます。ベッドの向きを廊下に対して斜めに配置することによって、ベッドに横たわったまま窓が見やすく、

りんくう総合医療センター
すっきりとしたベッドサイドデザイン

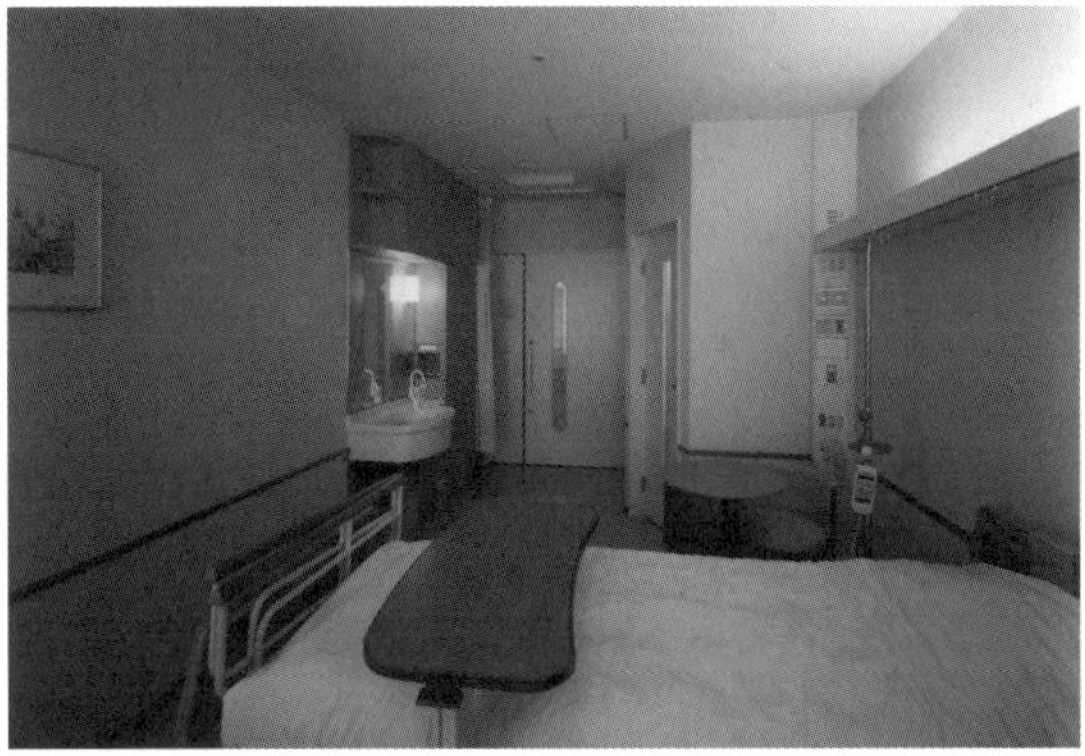

岡山県精神科医療センター
各階から出られるステップガーデン（左）、個人の空間を明確にする仕切り家具（右）

廊下からは患者の顔が見やすくなっています。シャワー付きのトイレも全室に設けられており、テレビも天井から吊るして見やすくするという工夫が施されています。

また、１９９６年オープンのりんくう総合医療センターにおいては、ベッドまわりのすべての設備配置を見直し、再構築しました。たとえば、患者さんの頭上にあった医療ガスは縦型にしてロッカーに組み込むなど整理し、すっきりしたベッドサイドデザインを実現しました。

自然の力を初めてアメニティに取り込んだのは、１９８７年オープンの盛岡赤十字病院です。廊下沿いにできるだけたくさんの光庭を設け、そこからの自然の光や風によって、大変気持ちがよい環境をつくり上げています。自然の光や風が入ると、照明や空調が抑えられ、ランニングコストの軽減にもつながります。

安らぎと刺激を積極的にアメニティに取り込んだのは、2004年オープンの岡山県精神科医療センターです。病室内で個人の空間を明確にする仕切り家具、屋外化した病棟廊下や各階から出られるステップガーデンなどによって、空間的な構成、設え、性質のすべてが患者さんの回復に役立つ環境を実現しました。

●──時代のニーズに合わせて進化するアメニティ

作家の遠藤周作は、1996年に亡くなりましたが、彼が生前に入院を繰り返した際に、当時の医療サービスの冷たさを実感し、「患者中心の医療を」「心温かな病院を」という医療や病院についての問いかけを行い続けました。遠藤周作が、時を超えて現在の病院に入院したとしたら、彼にとって今の医療サービス、病院のアメニティはどのように映るでしょうか。やはり、まだまだ発展途上だと思われるでしょうか。

繰り返しますが、アメニティとは、複合的な快適さを示す概念です。患者さんや家族から求められる病院のアメニティは、そのときどきに完成するようなものではなく、常に時代や患者さんのニーズに応じて変化していくものでしょう。

たとえば、高級ホテルの世界では、これまでのように吹き抜けのある大空間のロビーに面してチェックインカウンターを設けるのではなく、できるだけ宿泊客のプライベート感を高めるようにこじんまりとした落ち着いた空間にカウンターを設けることが増えてきました。なかには、チェックインカウンターさえなく、宿泊室内でチェックインを行うホテルもあります。日本の旅館のようなおもてなしの仕組みが、高級ホテルのアメニティを変えつつあります。

病院の世界においても、新しい病院をつくって終わりではなく、患者本位の温かい目線で素直な気持ちに立ち返り、アメニティ自体を常に新しいものに更新していく姿勢が重要であると考えます。

地域を意識した病院づくり①
～地域の特性をどのように捉えるか～

北九州総合病院を中心とした街づくり

福岡県北九州市は、交通、産業、環境、医療というさまざまな面で、先進性を備えるユニークな街です。九州の玄関口に位置し、面する関門海峡は玄界灘と日向灘を結んで、東シナ海、日本海、瀬戸内海、太平洋の4つの海に通じること、長崎街道をはじめとする九州の五街道の起点となることから、古より重要な交通の要所でした。

中国大陸に近く、背後に筑豊炭鉱を控えるという地の利を生かし、八幡製鉄所が稼働すると、富国強兵政策を支える拠点となり、その後も4大工業地帯の1つを担う産業都市として発展してきました。

一方で、高度経済成長期には深刻な公害が発生しました。工場からの排気による大気汚染、排水による海洋汚染など、環境面、健康面で多くの問題が生じました。公害問題の解決に、早い段階から取り組み続けたことから、今や「世界の環境都市」を名乗るほど、先進的な環境都市に変貌を遂げようとしています。

さらに、炭鉱や工場が数多く集積し、炭鉱事故などの労働災害が多発したことから、大規模な病院がいくつも整備され、時代のニーズに応じた医療が試みられてきました。たとえば、日本のリハビリテーションは九州労災病院が発祥です。小倉記念病院では日本で初めて心臓カテーテル治療が導入されるなど、新しい医療が実践されてきた先進的な医療都市でもあるのです。

このような背景のなかで、環境と健康をテーマとした新街区の要に病院を整備し、医療と環境の相乗効果を街づくりに取り入れ、「先進的」という「伝統」を実践しているのが、北九州市の城野新街区とその玄関口に建つ北九州総合病院です。

●――医療と環境が相乗効果を発揮する

北九州市では、これまでにゼロエミッション住宅（環境負荷を極力小さくするように設計された住宅）など、環境面で先進的な試みを行った住宅地が開発されてきました。JR城野駅の北側に広がる、陸上自衛隊駐屯地の跡地では、環境、子育て、高齢者というキーワードに基づく新街区が計画され、その新街区の玄関口にあたる位置に、新街区の顔として誕生したのが北九州総合病院です。

これまでの大規模な住宅地開発では、はじめに開発の中心部や玄関口に商業施設を設け、そこから住宅の開発を進めることが定石で、医療施設、特に大規模な総合病院は騒音や渋滞の原因とされ、迷惑施設として扱われることが多く、新街区の中心に設けられることはありませんでした。せいぜい、診療所サイズの医療施設が商業施設の一角か、コミュニティ施設の隣に設けられるくらいです。ところが、近年は健康意識の高まり、高齢化の急速な進行に伴い、身近なところに頼れる医療施設が求められる時代となり、街の開発においても大病院の受け入れが歓迎されています。

JR城野駅から北に広がる新街区の開発では、駅から新街区をつなぐペデストリアンデッキ（上空の歩行者通路）が建設され、そこから新街区を貫く「エコモール」と呼ばれる幹線の遊歩道が伸び、それを軸として集合住宅や戸建住宅、商業施設や集会施設が広がっています。北九州総合病院は、新街区の玄関口

JR 城野駅から北九州総合病院へつながるペデストリアンデッキ

に最初に進出することから、①環境に対する新しい提案、②地域コミュニティに対する貢献——が求められました。

①環境に対する新しい提案

環境への配慮として、新街区内の施設と住宅の間で、エネルギーの相互融通ができるように、スマートネットワークを提案し、いつでも導入できるように設備対応を行っています。さらには、環境負荷を減らすため、免震層内の空間を利用して取り入れた外気を予冷予熱するクールヒート、屋上に設置した太陽光発電や屋上緑化など、さまざまな環境提案を行ったことで、「省CO_2推進事業」として採用されました。

②地域コミュニティに対する貢献

地域コミュニティへの貢献として、幹線歩道のエコモールに面して、地域住民が利用しやすいレストランやコンビニを設け、利便性とにぎわい感を高めていま

駅と住宅をつなぐ場所にある南生協病院は街の活性化に役立っている

す。また、講堂を1階玄関横に設け、患者さんだけでなく地域住民も自由に参加できる健康講話などが企画されています。住宅地から駅への往復時に、病院の横を必ず通ることから、住民の健康意識を高め、安心感を高めています。

エコモールを挟んで、北九州総合病院と向かい合う位置には、その後、複合施設が建設され、調剤薬局、クリニック、カフェなどが入居し、病院の医療活動を補完しています。

このように、城野新街区における北九州総合病院のプロジェクトでは、医療と環境が相乗効果を発揮する取り組みがなされただけでなく、商業→住宅→医療から、医療→住宅→商業へ街づくりの流れを大きく変えました。これからの日本の街づくりにおいて、1つのモデルケースになったと言えます。

同様に、街づくりに大きく貢献した事例としては、愛知県名古屋市の南生協病院があります。病院が新街区の駅前に誕生し、駅から住宅地を結ぶ動線上に病院のエントランスロビーを設け、ここを通り抜けられるようにし、通り抜け動線上にパン屋などの商店を設けることによって、街づくりの重要な役割を果たしています。

地域を意識した病院づくり②
～街全体が１つの医療福祉保健施設へ～

●――佐久総合病院を中心とした街づくり

日本の農村医療の草分けとして知られる佐久総合病院は、「農民とともに」を合言葉に地域医療を実践し続けてきた特徴のある病院で、「二足のわらじ」というスローガンに示されるように第一線の医療から専門医療までを包括的に担ってきました。２０１４年には長野県佐久市の臼田地区にあった８２１床の総合病院を２つに分ける病院再構築プロジェクトが実現し、「病院完結型」から「地域完結型」へ医療体制の転換を図りました。具体的には一般医療・地域医療を担う佐久総合病院本院と高度専門医療・救急医療を担う佐久医療センターに分割するという前例を見ないものでした。

もともとの病院があった臼田地区には同じ佐久総合病院が母体である高齢者施設や看護専門学校、農村保健研修センターなどが点在し、街全体が１つの医療福祉保健施設のように機能していました。そして住民の多くは何らかの形で佐久総合病院とかかわっていて、門前町を形成していたと言えます。建物の老朽化、狭隘化の解消のためには移転新築、または現地建替えという手段をとるのが一般的ですが、前述のようなことも踏まえ、すでに形成された門前町を残したままの分割移転という方法がとられました。

分割した２つの病院は、それぞれ明確に役割分担をしています。移転するほうは高度専門医療・救急医

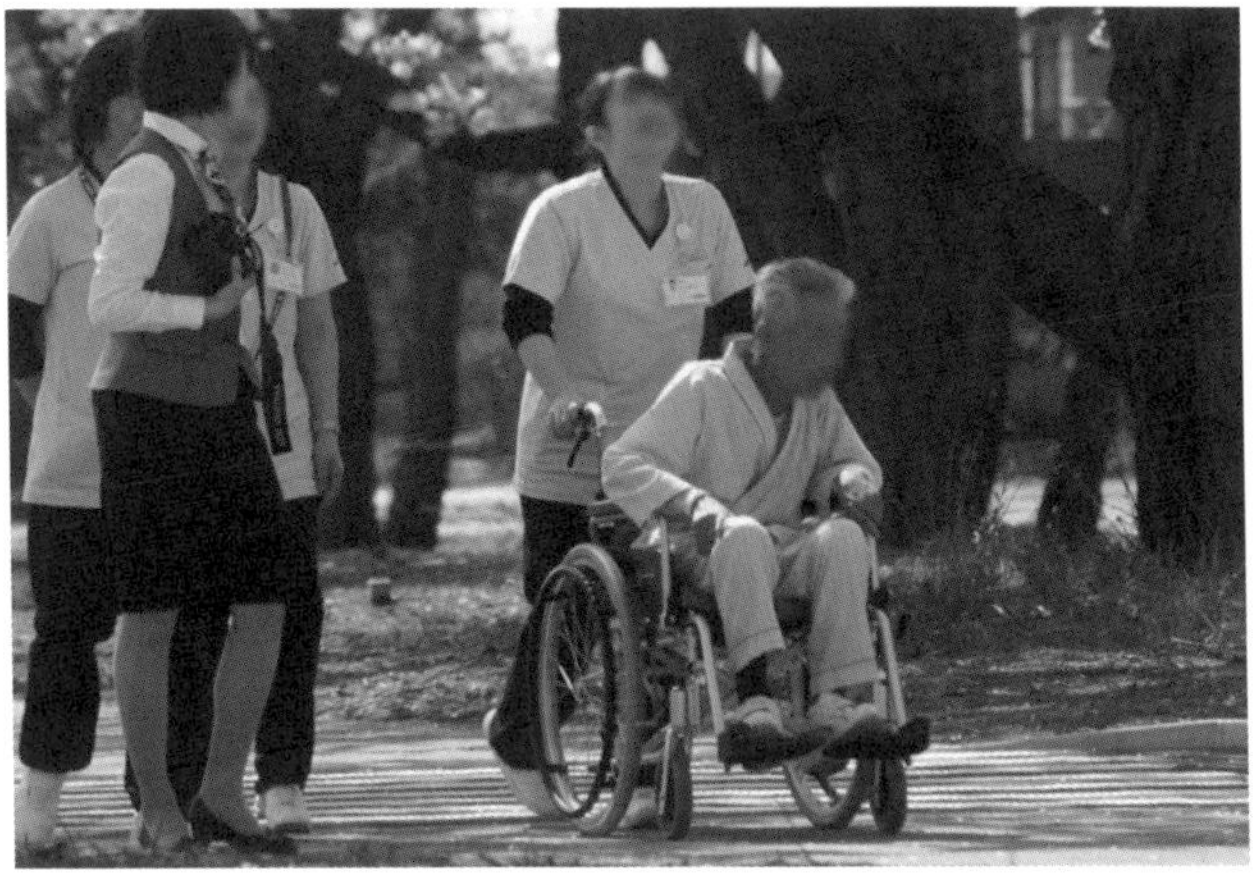

佐久総合病院の敷地は地域の憩いの場となっている

療に特化させた病院、残るほうは一般医療・地域医療に特化させた病院としました。さらに移転するほうを地域にある他の医療施設と連携させて、地域完結型医療体制を構築するという秀逸な計画です。これにより、地域全体を見ると、すでにある医療資源を有効に活用する医療クラスターができ上がりました。これは「医療」「福祉」「保健」を中心とする街づくりを同時に行ったことになります。

地域住民に憩いの場を提供

新しい医療センターの移転先は、もともとは工場があった場所で、17ヘクタールの広大な敷地です。道路に面した場所には桜並木があり、敷地内にはヒマラヤスギが多く育つ緑豊かな環境で、近隣にとっては憩いの場所でもありました。この桜並木を残すだけでなく、さらに新しい桜並木をランドスケープに取り込み新たな憩いの場を提供しています。また、設計段階において中心的な役割を担われた医師の強い思いとして、高度急性期医療を提供する施設だからこそ「健康」を意識できるような

岩手医科大学附属病院は街の中心地から郊外へ移転。大学キャンパスを含む新たな街となった

ランニングコースと運動器具を敷地内に配置して近隣の方に気軽に使ってもらいたいという要望がありました。実際に実現してみると近隣の方々のジョギング姿や入院患者さんが付き添いの方やスタッフに車いすを押してもらって散歩を楽しんでいる姿が自然と目に入ってきます。

岩手医科大学附属病院の街づくりを意識した移転計画

盛岡の中心市街地から大学および附属病院の大部分の機能を郊外の矢巾町へ移転する計画において、ＪＲ矢巾駅からキャンパスへのアクセスおよび県道との接点を大事にしながら、街づくりの一環としてのキャンパス整備を行いました。街づくりを意識した外観、誰でも利用できる商業施設をキャンパス内につくること、患者さんや家族のためのホテルの誘致など、１０００床の特定機能病院としての役割だけでなく、地域住民のためのメディカルセンターを目指しています。

建築家が考える働き方改革①
～働く場のムリ・ムダ・ムラを減らす工夫～

建築の工夫により働く効率を高める

現在、あらゆる産業・分野で働き方改革が叫ばれています。病院の組織はヒトが高密度で集まって働く労働集約型であるとともに、医療行為の手順などは厳密なルールに則っていることから、抜本的な業務改善が導入しにくい分野でもあります。

これまで日本の医療は、医療者の高い志によって支えられ、成り立っていたと言っても過言ではありません。特に病院勤務の医療者の多くは、患者さんの治療のために過度な超過勤務を行い、休日にもかかわらず院内会議への参加が要請され、その激務の隙間で自己研鑽や学会活動を行っています。一方で、医師には医師法により、正当な理由がなければ患者さんの診療の求めを拒んではならないという応召義務が課せられています。過剰な業務による弊害は後を絶たず、医療過誤を引き起こしたり、医療者自身の健康を蝕むことになっています。さらに、地方では医療者が慢性的に不足しており、休みたくても休めず、どんどん医療者が辞めていき、病院が閉鎖に追い込まれるという悪循環も起こっています。

病院経営者にとっては、働き方改革を実現するためには、より多くの医療者を雇用しなければならず、経営を逼迫するのではないかという懸念がある一方、現場の医療者にとっては、「早く帰れ」「明日は休め」

と言われても担当の患者さんを見捨てるわけにはいかず、相変わらずサービス業務が続いてしまうのではないかという懸念があります。しかし、医療者が疲弊していくなかで、働き方改革への取り組みは待ったなしで迫られており、医療者の満足度を高めながら、医療業務の効率化を図る方策が求められています。

では、病院建築家は、医療者の働き方改革の実現のために、どのような提案ができるでしょうか。1つは働く効率を高める工夫、もう1つは働く意欲を高める工夫を提案することができると考えます。後者については次項で述べます。ここでは働く効率を高める工夫を紹介します。

●医療者の動線を単純かつ短縮化する

「働く」は「人が動く」と書きます。建築の設計技術の基本の1つは、動線＝人の動く経路や範囲を読み解き、整理して建築計画に反映させることです。

病院の動線はとても複雑です。人だけではなく、薬剤、検体、給食、ベッドなど、多くのモノの搬送の動線も加わります。人の動線に限っても、医療者、患者さんや家族、外部からの訪問者など、多岐にわたります。病院は、数あるビルディングタイプのなかでも、最も動線の種類の多い施設ではないでしょうか。

したがって、病院建築家の役割は、人の動きのムリ・ムダ・ムラを洗い出し、建築計画の工夫によって、病院の動線を改善することであると考えます。

特に、医療者の業務では、デスクワークの占める割合は少なく、「動く」ことそのものが業務になります。医療者の動きを減らし、移動にかかる業務時間を減らすことができれば、業務の効率化につながります。それだけでなく、わかりやすい動き、ムダのない動きは、働く環境にゆとりを生み出し、医療者の満足度を高めるとともに、医療ミスを減らすことにもつながります。

医療者の動線を改善するための解決方法には、①動線を専用化する、②動線を単純化する、③動線を短縮化する、④スペースを共用化する——の4つがあると考えられます。

①動線の専用化で、医療者の動きを効率化した事例

近年、病院の外来では、診察室の背後にスタッフ専用の通路を設けることが多くなっています。専用通路で複数の診察室、処置室、診察受付をつなぐことによって、看護師が診察室の背後で移動しやすくなり、外来の業務全般の効率化が図られます。

ICUにおいては、佐久総合病院佐久医療センターで専用動線化が試みられました。一般的なICUでは、ICUベッドがスタッフステーションを囲むように並び、スタッフと患者家族は同じ内部通路を使っています。佐久医療センターでは、ICUベッドの外周にお見舞い用の通路を設け、患者家族は外側からICUに直接入ります。内側はスタッフ専用のエリアとなり、スタッフステーションに接してICUベッドが並びます。スタッフ動線の専用化によって、迅速な医療と業務の効率化を実現しました。

②動線の単純化で、医療者の動きを効率化した事例

関連する医療機能の隣接・近接配置によって、業務の効率化を図ることができます。たとえば、救急患者の動線は、初療→放射線→手術→ICUという一連の流れになることが多いのですが、これらの機能が院内に点在していると、患者さんを搬送するスタッフに多くの負担がかかります。

先ほどの佐久医療センターでは、救急関連の部門を同じフロアに水平に連結して配置し、救急患者を円滑に搬送できるようにしました。兵庫県立尼崎総合医療センターでは、救急関連部門を救急用エレベーターで上下に連結して配置することによって、救急患者を円滑に搬送できるようにしています。いずれも、関連部門の隣接・近接配置によって動線を単純化し、患者搬送にかかるスタッフの負担を軽減することによって、業務の効率化に貢献しています。

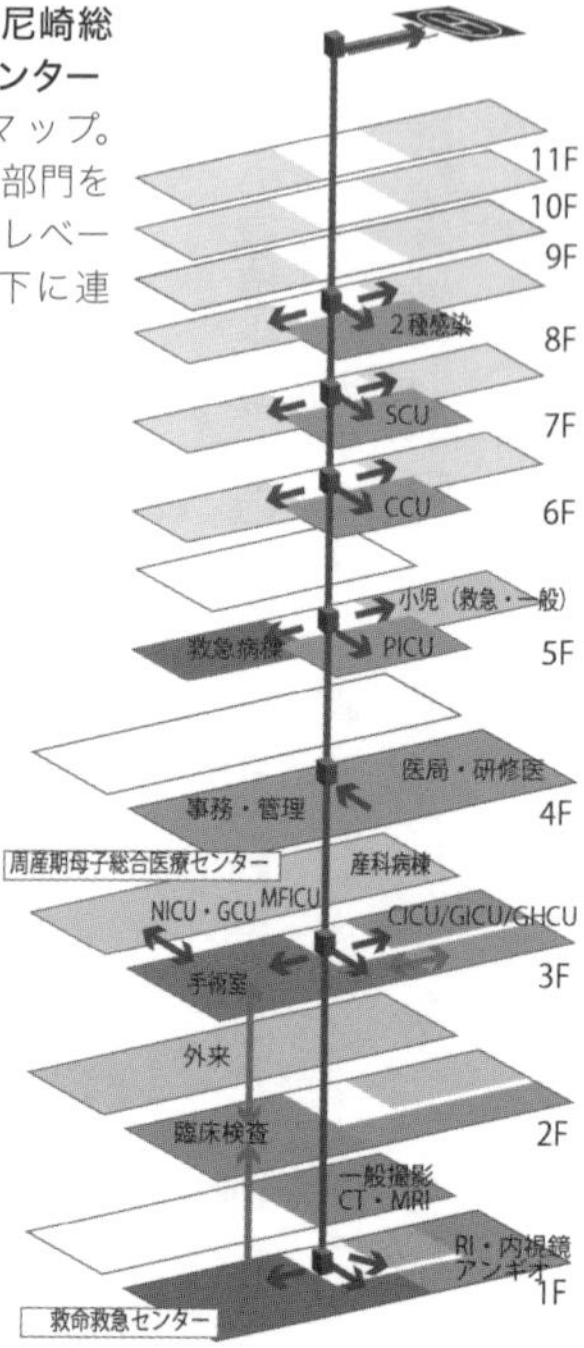

兵庫県立尼崎総合医療センター
フロアマップ。救急関連部門を救急用エレベーターで上下に連結配置

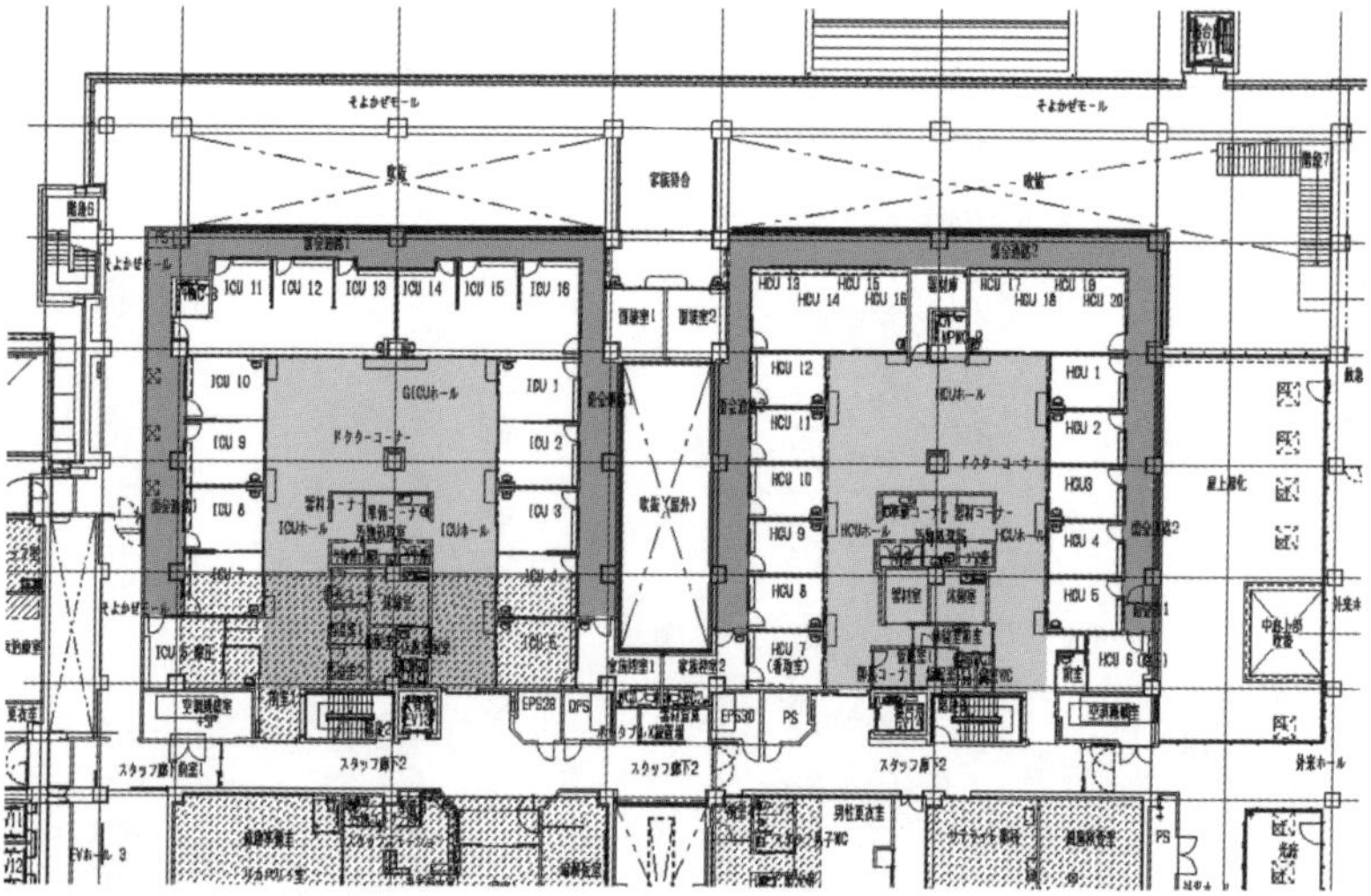

佐久総合病院 佐久医療センター
ICU 平面図。外周にお見舞い用の通路、内側をスタッフ専用エリアとし、業務の効率化を図っている

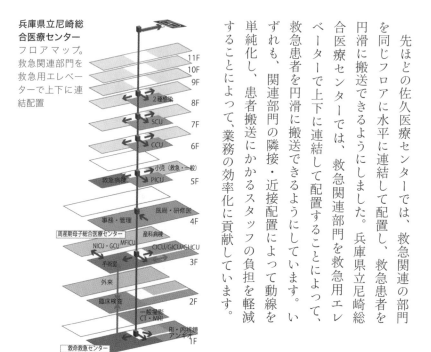

③動線の短縮化で、医療者の動きを効率化した事例

看護業務の効率化は、昔から現在に至るまで病院の大きなテーマです。病棟では効率化を追求する試みが続けられ、幾多の病棟形が生み出されてきました。旧来型の一般的な病棟形では、一直線上の廊下に沿って病室が並べられているため、廊下が長くなり看護動線も長くなります。看護動線が長くなれば、病室とスタッフステーションを往復する移動時間が増え、看護業務を行う時間が割かれ、結果として超過勤務につながっていたとも考えられます。看護動線の短縮は、病棟の業務効率化にとって重要な課題です。

久留米大学医療センターでは、看護動線をできるだけ短縮する試みを行いました。4床室と個室を重ね合わせながら交互に並べるアコーディオン型の病床配置、スタッフステーションを囲むように病室を並べるナーシングホール型の病床配置とすることによって、1看護単位50床でありながら、大変短い看護動線を実現しました。星総合病院では、1ユニット（30床）のほぼすべての病室がスタッフステーションに面するように、ステーションを囲むようにコの字に病床配置することによって、動線短縮を図り、効率的なベッドサイド看護の環境をつくりました。

④スペースの共用化で、医療者の動きを効率化した事例

病棟では、スタッフステーションのバックスペースに、器材、物品、薬剤、リネン、休憩、カンファレンスなどのさまざまな諸室があります。通常は、1病棟ごとに分散して設けることの多いこれらの諸室を、2病棟で集約して設け、共同利用することによって、スペースの効率化だけでなく、業務の効率化も図ることができます。

徳島赤十字病院では、2つのスタッフステーションをスタッフ専用エリアでつなぎ、バックスペースの共用化によって、業務の効率化を図りました。鳥取県立中央病院では、2つのステーションの一体化をより進めた2 in 1病棟を提案しています。いずれもバックスペースの専用化・共用化によって、ステーション内のセキュリティが高まり、安心して働くことのできる環境を整えています。

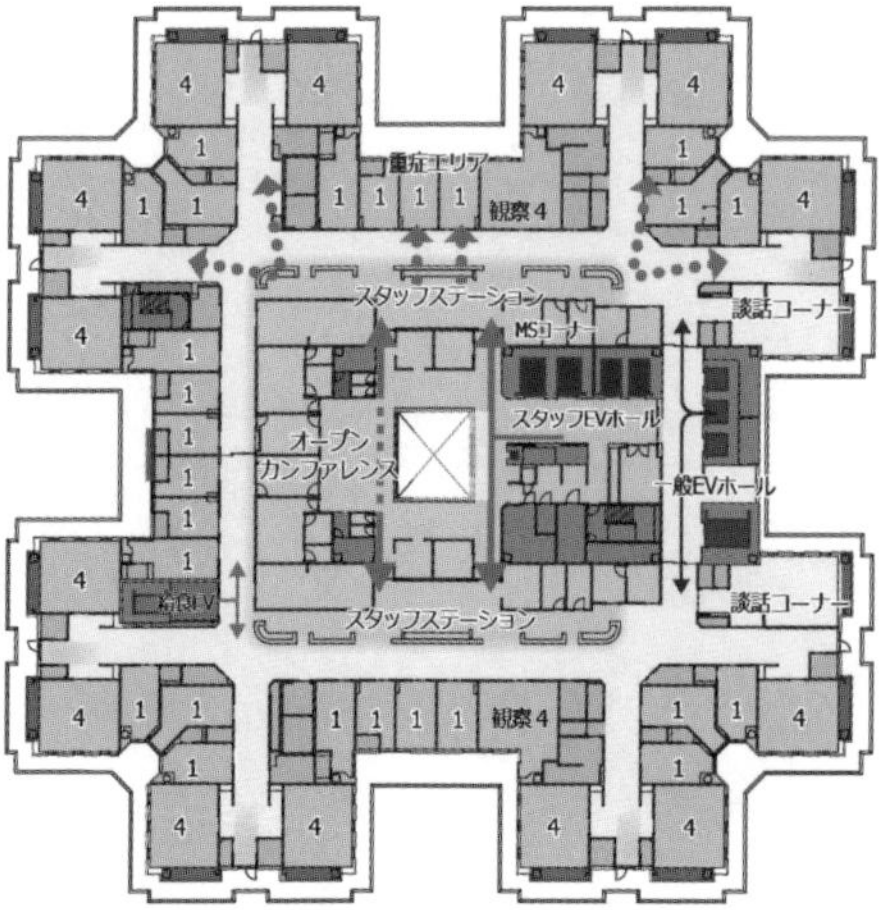

鳥取県立中央病院
2 in 1病棟でバックスペースを共有化

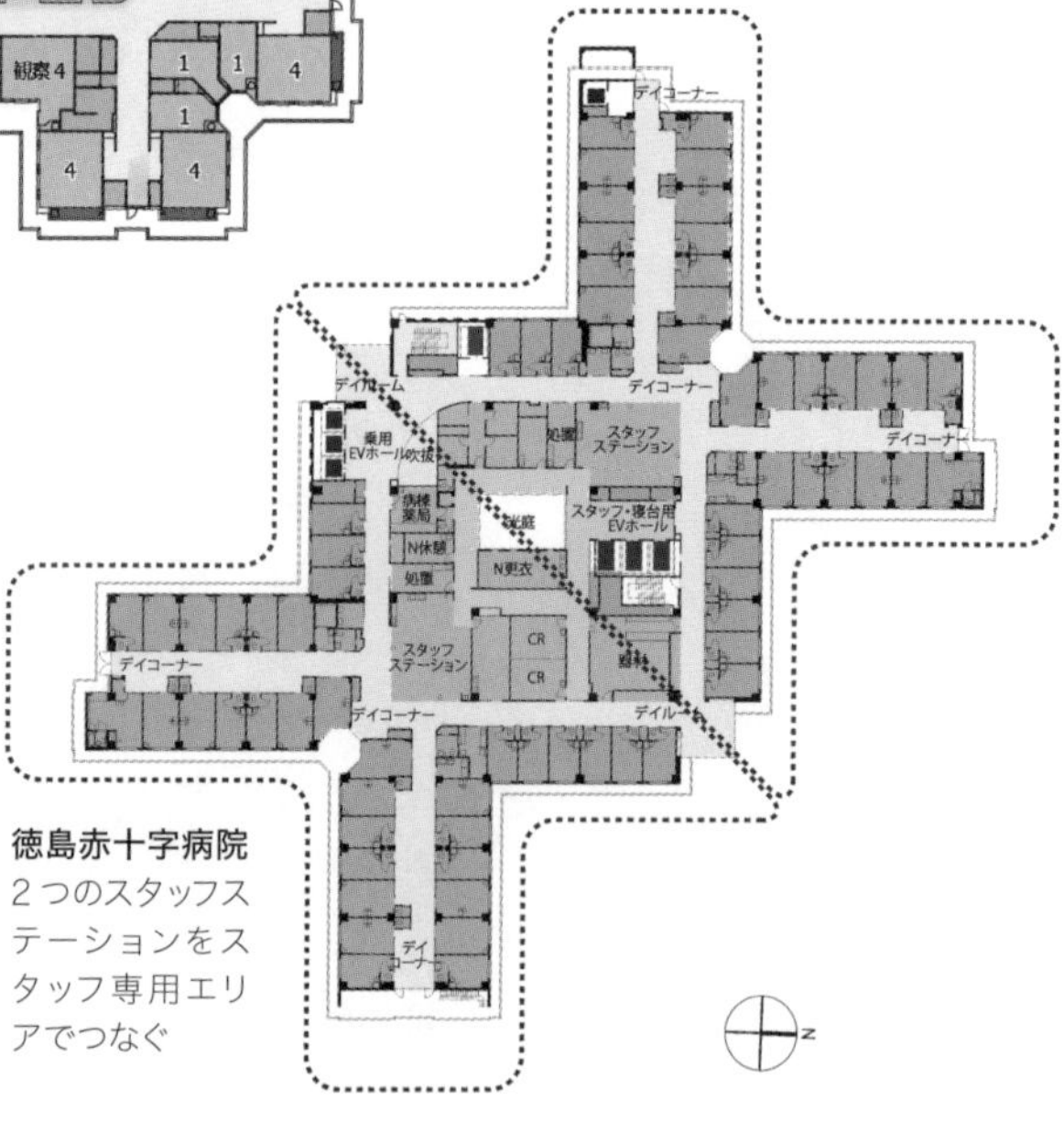

徳島赤十字病院
2つのスタッフステーションをスタッフ専用エリアでつなぐ

建築家が考える働き方改革②
～労働意欲を高める「スタッフ・コモンズ」～

働く場として見た場合の病院が抱える課題

前項では、病院の働き方改革において病院建築家がお手伝いできるのは、働く効率を高める工夫と働く意欲を高める工夫の2つだと述べました。ここでは2つ目の働く意欲を高める工夫について紹介します。

病院を働く場という視点で見た場合、病院は一般企業のオフィスと比べて、大きく異なる点があります。それは、オフィスワーカーが1日の大半を同じスペースで過ごしているのに対し、病院の職員は1日の大半を患者さんのいる最前線の「現場」で過ごしていることです。そして、その「現場」では、医師、看護師、薬剤師、コメディカル、事務など、多様な専門性を持つ職員が同時に働いています。

医療者は、「現場」で業務を行ったのち、医局などの執務スペース＝オフィスに戻っていきます。薬剤や検査、リハビリ部門などでは、部門内に専用のオフィスが設けられることもあります。このように医療者のオフィスは、それぞれの職種ごとに閉じられていて、しかも分散して配置されているため、オフィス内で多職種間のコミュニケーションがとれず、スペースの有効活用という点からも問題が多いと思われます。ここに病院の働く場を大きく改善する余地があります。

さらに、病院は次のような職員のための「場」の不足の問題も抱えています。

- 「憩う場」の不足：長時間働いているにもかかわらず、現場は患者さん優先のため、医療者がゆっくり休憩する場がない
- 「交わる場」の不足：現場では多様な専門職が連携して働いているが、現場以外では職種を超えたコミュニケーションの場がない
- 「集う場」の不足：会議室の数が限られていて、予約なしでも自由に使えるグループミーティングスペースがない
- 「学ぶ場」の不足：看護職をはじめ、医療者全員に個人の机がなく、学会準備や自己研鑽のために自学自習するスペースがない

従来は、患者さんの環境づくりが最優先されてきたため、職員のための「場」は十分に整えられてきませんでした。ここにも、働く場を大きく改善する余地があります。

病院という特殊な働く場のなかで、働く意欲を高めるために、２つの先進的な概念が役立ちます。１つはオフィスでの「ワークプレイス」、もう１つは大学での「ラーニング・コモンズ」です。

ワークプレイスの改善による働き方改革

オフィスワークの世界では、働く場である「ワークプレイス」が進化を続けています。グーグルやアップルなどの本社オフィスの映像をどこかで観たことはないでしょうか。降り注ぐ光と豊かな緑、高い天井と見通しのよいデスクスペース、横たわって仕事のできるソファスペース、カフェのようなミーティング

スペースなど、見た目も斬新です。従来の固定的なオフィススペースを新しいアイデアやデザインで組み替えることによって、「ワークプレイス」として進化させたものです。

「ワークプレイス」の概念は、職場環境の改善だけでなく、コミュニケーションやモチベーションの向上、さらには創造力や生産性の向上に結びつけようとするもので、日本でも採用する企業が増えてきました。また、業務への集中力が高まることによって、ミスの軽減や過剰な残業への抑制につながり、オフィスワーカーの働き方改革の改善にも役立っています。

医療の世界でも働き方改革が求められていますが、この「ワークプレイス」の概念の導入によって、医療者のオフィスは、より働きやすい環境へ進化でき、働く意欲の向上につながると考えます。

「スタッフ・コモンズ」という新しい空間

近年、日本の大学において「ラーニング・コモンズ」という仕組みが導入されつつあります。これは、学内の中心に設けられた多目的な学習支援のためのオープンスペースです。

従来の図書館の機能だけでなく、学生の交流、自学自習、情報共有、グループ活動など多岐にわたる機能やスペースが備えられ、教室での授業や実習がないときは、自由に活用できることによって、学生の学習意欲を高め、交流を促すことに役立っています。

また、同様のコモンズは、前述したオフィスの「ワークプレイス」や研究所などにも採り入れられています。働く場の中心に自然と人が集まりやすいオープンスペースを設けることによって、他部署の職員や専門の異なる研究者の交流を促し、新たな発想やモチベーションの向上につながることが期待されています。

病院では、職員の「憩う場」「交わる場」「集う場」「学ぶ場」が不足していると前述しました。院内にこれらの機能を集約した「スタッフ・コモンズ」を設けることによって、多様な専門職全員が自由に利用できる場が生まれます。職場を離れ、安心してリフレッシュすることによって、ミスの軽減による医療過誤の防止や集中力の向上による業務の効率化へつながります。多職種の交流の活性化、自由に使えるミーティングや自己研鑽スペースなどによって、スキルアップやモチベーションの向上へ、さらには働き方改革にも貢献します。

建築家が考える働き方改革③

～働く効率と意欲を高めた病院建築の好事例～

施設の中心に配置された「スタッフ・コモンズ」

ここまで、建築家が考える働き方改革として、働く効率を高める工夫と働く意欲を高める工夫について述べてきました。この2つの工夫が理想的な形で実現した好事例として、むつみホスピタルの試みについて紹介します。

むつみホスピタルは、徳島県徳島市にある283床の精神科病院です。施設の老朽化と狭隘化が進んだため、次の時代を見据えて建替えを行うことになりました。1期計画では外来や病棟の半分を建替え、2期計画で残りの病棟を建替えます。今回はこの1期計画の紹介です。

新病院の設計が開始され、しばらくすると建替計画の担当で現・理事長の井上秀之先生から、建替えに際しては職場環境の改善も優先されるべきとのテーマをいただきました。折しも、企業の過労死事件が大きな社会問題となり、医師の働き方に関しても改善が求められ始めた時期にあたります。

ここから、この職場環境の改善というテーマを達成するために、井上理事長と設計チームの協働によるチャレンジが始まります。設計チームからは、新しい概念「スタッフ・コモンズ」がテーマ達成に役立つとの提案を示し、了承をいただきました。設計チームにはインテリアデザインを担う日建スペースデザインが参画することになりました。

まずは、ヒントとなる類似施設の勉強から開始しました。先進的なオフィスにおける「ワークプレイス」の事例を集めて分析したり、ある大学の「ラーニング・コモンズ」を実際に訪問しながら、新時代に求められる働く場についての知見を深め、井上理事長と設計チームで共通認識を深めていきました。

同時に、働く効率を高めるという視点で、「スタッフ・コモンズ」が最も力を発揮するように、施設の骨格や構成を提案していきました。新病院は4階建てで、三方へウイングが伸びるブーメラン型の形状をしていますが、1階の外来・リハビリ、3〜4階の病棟が中間層となる2階の管理部門を上下に挟むような施設構成としました。通常、職員のオフィスは施設の片隅に追いやられることが多いのですが、「スタッフ・コモンズ」は建物の「へそ」の部分となる2階フロアの中心に据えました。さらに、スタッフ専用階段で、直下の外来処置室、直上の病棟スタッフステーションと直結させることによって、外来や病棟といった「現場」への移動の最短化を図り、移動時間の短縮によって働く効率を高めました。

斬新な仕掛けの数々が職員の満足度を高める

次に、働く意欲を高めるという視点で、「スタッフ・コモンズ」をどのようにつくるかについて検討を進めました。各部門の代表者とワークショップを2回開催し、働き方に関しての意見を集約しました。

1回目のテーマは「現病院の働き方の課題」です。「整理整頓：収納は整理上手⇕情報は整理下手」「コミュニケーション：部署内は活発⇕部署外は消極的」という現状の課題が挙がりました。

　2回目のテーマは「望ましい働き方」です。望ましい働き方として、「仕事にプライドを！」「癒されたい！」「もっと自由を！」「仲良くなりない！」という4つのキーワードを導き出し、働く場づくりのコンセプトとしました。

　コンセプトに沿って働く場の空間構成や内装計画、そして家具の配置計画を練っていきます。工事中も「スタッフ・コモンズ」における活動の具体的なイメージが次第に湧き上がり、それにあわせて何度もデザインのバージョンアップを図って、よりアクティブなスペースとなるように繰り返し調整を行いました。コモンズをつくるうえで、重要な要素の1つである什器や備品についても、よりアトラクティブなものを選定していきました。そして、でき上がったのが写真（次ページ）のような空間です。

　中央のカウンターを囲むように、多様でカラフルな家具がランダムに配置され、窓側には階段状の椅子も用意されています。写真左側にはカウンターがありますが、別名「お菓子カウンター」とも呼ばれ、常にお菓子や雑誌が置かれ、引き寄せられた職員同士で自然に会話が始まります。何か相談があるときは、会議室を確保するまでもなく、椅子やテーブルのどこかでミーティ

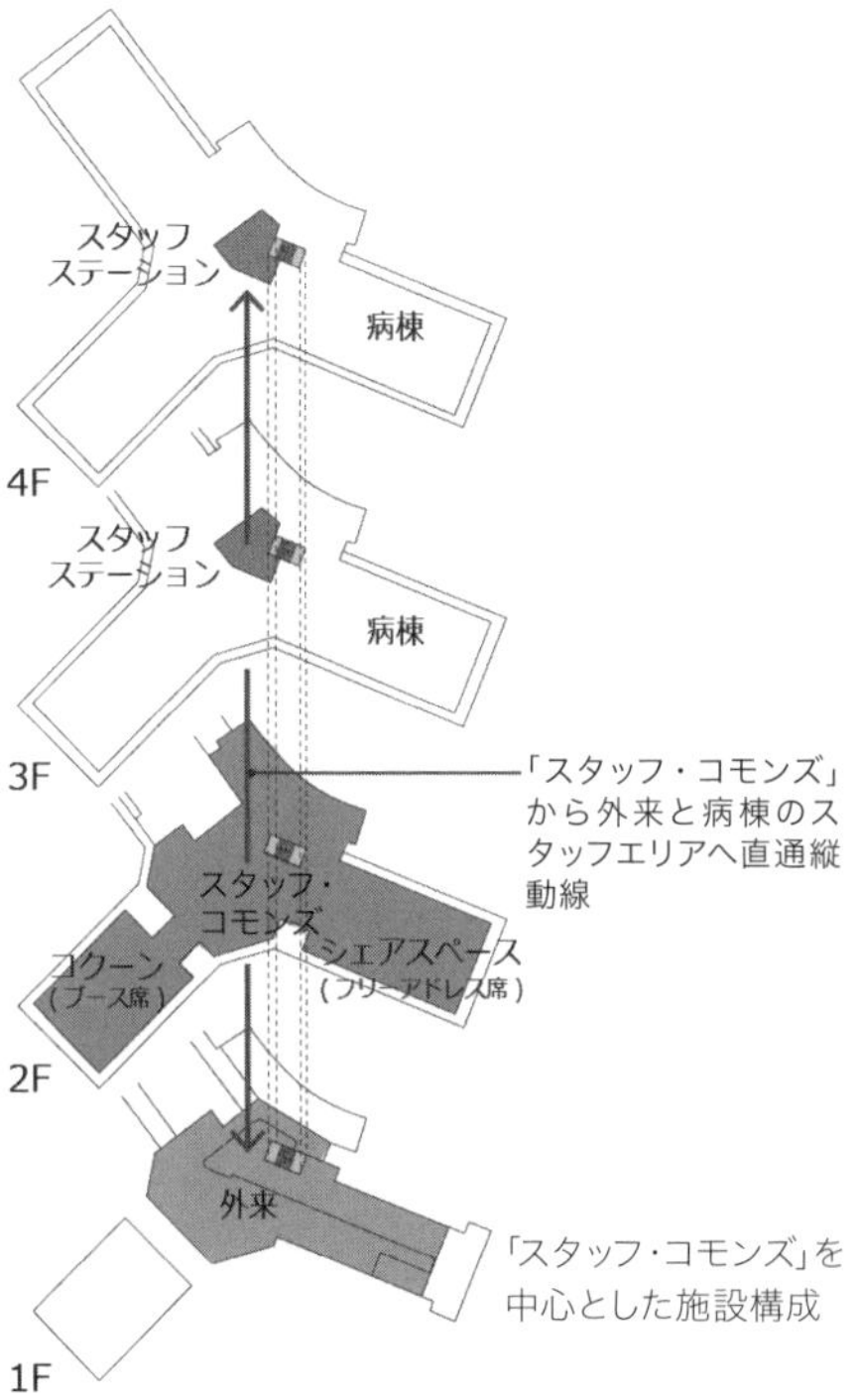

「スタッフ・コモンズ」を中心とした施設構成

むつみホスピタルのスタッフ・コモンズ

ングが始まります。毎朝すべての職員が揃って行われるミーティングでは、各々が好みの場所に座り、カウンター上部のスクリーンに向かって劇場のような雰囲気で開催されます。この他、コモンズの運営事務局であるパーソナル・サクセス室によるさまざまなイベントが定期的に開催され、職員の交流を深めています。また、医療機器メーカーによる説明会なども開催され、研修機能を果たしています。

医師、コメディカル、事務のワークプレイス、全職員の更衣室や図書室、上下階の外来処置室と病棟スタッフステーションがオープンにつながることによって、職員の動線の起点となり、情報発信ステーションとしての機能も果たしています。

こうして、職員の「憩う場」「交わる場」「集う場」「学ぶ場」となる「スタッフ・コモンズ」が誕生し、運用が開始されましたが、「スタッフ・コモンズ」はつくって終わりではありません。働き方のニーズや変化に応じて、その姿や仕組みは変化していくものと考えます。竣工後も職員の意識調査が継続して行われ、コミュニケーションやモチベーションの向上を目指して、さらなる改善や新たな仕掛けが試みられています。コモンズという新しい場づくり、そして使われ方の試行錯誤を続けていくことが、働き方改革の一助になっていくのではないでしょうか。

予測不能な災害への対応①
～BCPを意識した病院建築～

災害多発時代にどのように備えるか

わが国では災害に対して地震被害への対応が最大の関心事ですが、その他にも水害やパンデミック発生時にどうするかを想定しておく必要があります。まずは地震への対応について紹介します。

わが国を襲った大きな地震としては、１９９５年１月17日の阪神・淡路大震災、２０１１年３月11日の東日本大震災、２０１６年４月16日の熊本地震が記憶に新しいところです。日建設計がかかわった多くの建物も被災しました。これらの地震の際、特に病院では大きな揺れを軽減するための構造形式として普及・採用が進んでいた免震構造が大いに役立ちました。

建物は建築基準法という法律で構造に対してさまざまな規定がなされており、この法律に基づいて設計され、施工されていれば命を守ることができます。しかし、病院の場合は地震のあとも機能を１００％発揮できなければならないという使命があります。災害拠点病院であれば日頃の患者さんよりも多くの患者さんが押し寄せますから、むしろ１２０％くらいの機能を発揮することが要求されると言ってもいいでしょう。そのためにはさまざまな対応をあらかじめ建物に仕込んでおく必要があります。

まず、大切なのはライフラインの確保です。地域のインフラが壊れてしまうことを前提に対応しておく必要があります。たとえば、電気については自家発電機を持ち、最低3日間は持たせなければなりません。当然、その機械を動かすためにオイルタンクを備えオイルを備蓄しておきます。最近ではガスとオイルの両方を使える機械もあり、より信頼性を高める方向になってきています。

飲用とトイレなどに使用する水も不可欠です。飲用水は雑菌を繁殖させないために、受水槽に備蓄できる量が限られており（半日分）、ペットボトルやポリタンクでも備蓄は必要です。トイレなどの水は飲用水とは別に備蓄することができます。また、地下水が使える敷地では地下水を利用することも一般的です。一方、使用した水の排水についても忘れてはなりません。最近のＢＣＰ（Business Continuity Plan：事業継続計画）対策では下水道が壊れて流せないことを想定して、建物の地下部分に緊急排水槽を設けておくことが行われています。実際に緊急排水槽が使われた事例はまだありませんが、備えあれば憂いなしです。電気と水さえあれば建物としては何とか機能します。

次に、外部からの被災患者を受け入れるためには臨時の機能を発揮する必要があります。外来ロビーをトリアージスペースとして利用することが一般的ですが、さらにこのエリア、または外来待合に医療ガスのアウトレットを設けておき、ここを臨時のケアスペースとして利用できるようにしておきます。

●――東日本大震災から学んだ教訓

東日本大震災では石巻赤十字病院が地域で唯一機能した病院であり、そこで起きた出来事から多くのことを学びました。これについては多くの書籍が刊行されていますので詳しくは述べませんが、教訓として

東日本大震災時、石巻赤十字病院におけるトリアージの様子

東日本大震災時の大庇の様子

挙げられる重要な事象としてはエレベーターの停止により給食をはじめ物品の搬送を人海戦術で階段を使って行われたことです。一方、多くの患者さんがヘリコプターで搬送され無事離着陸できたのは、ヘリポートが地上に設置してあったためでした。また、災害時に訪れるのは被災してけがをした患者さんだけではありません。日常的に処方薬を必要とする患者さんや透析患者さんも大勢来訪しますが、具体的な対応策を設計としては考えていませんでした。しかし、病院側では震災の2年前から地域の透析施設が集まり、災害時の対応を考えられていたということです。それ以外の想定外の来院者の対応としては外部の大庇が機能したのですが、不幸にも寒い時期だったので対応する職員の防寒が問題となりました。こういった出来事を教訓に、設計者はBCPに対しても、病院の方にさまざまなケーススタディを想定していただき、それぞれの事象に対するソリューションを仕込んでおくことが求められていると痛感しました。

地震以外にも火災や水害、パンデミックなど、さまざまな災害が発生する可能性があります。これらに対する解決策は、実は災害それぞれに対して個別に考える必要があると言えるのではないでしょうか。病院の運営側が想定される災害に対してBCPマニュアルを作成し、それに基づいた対応策を設計者がハードとして設計するしかないのです。

設計者には過去の事象を次に活かす姿勢を怠らず病院側へ積極的に提案する義務があり、ここに経験と意識の差が現れるかもしれません。また、想定外の事象が多くなる可能性もあることから、設計者任せではなく病院と設計者が力を合わせて考えておくことがよい結果を導くと思います。

予測不能な災害への対応②
～多発する水害にどう備えるか～

完璧を求めず、何を優先するかを総合的に判断する

前項ではＢＣＰ全般への心構えとして、主に地震被害への対応について述べました。気候変動の影響なのか、最近多発している大雨等による水害への対応について、本項では紹介します。
先に挙げた石巻赤十字病院では、東日本大震災の際、北上川を逆流してきた津波が病院周辺を浸水させたにもかかわらず、病院敷地だけはポツンと浸水から免れました。これは設計時に敷地の浸水履歴を調べて過去に２メートル以上の浸水があったことがわかったため、造成工事により３メートルのかさ上げをしたことによる効果です。つまり、過去に受けた災害の歴史を紐解いて同じことが起こり得るという前提で対策を講じる必要があるのです。

水害に対しては日常の機能を損なわない程度に地盤レベルを上げるのが最も効果的です。それ以上の水害に対しては入り口に防潮板《ぼうちょうばん》という板状の仕切りを立てることで、さらに１メートル程度の浸水対策が可能です。極論を言えば、１階は最低限のエントランスホールのみを配置して建物全体をピロティ状に持ち上げ、病院機能は２階以上からとするべきですが、このような計画では日常的に外来患者さんが集約する午前中にエレベーターやエスカレーターが混雑しますので、日常の使い勝手と災害時＝非日常に対する安

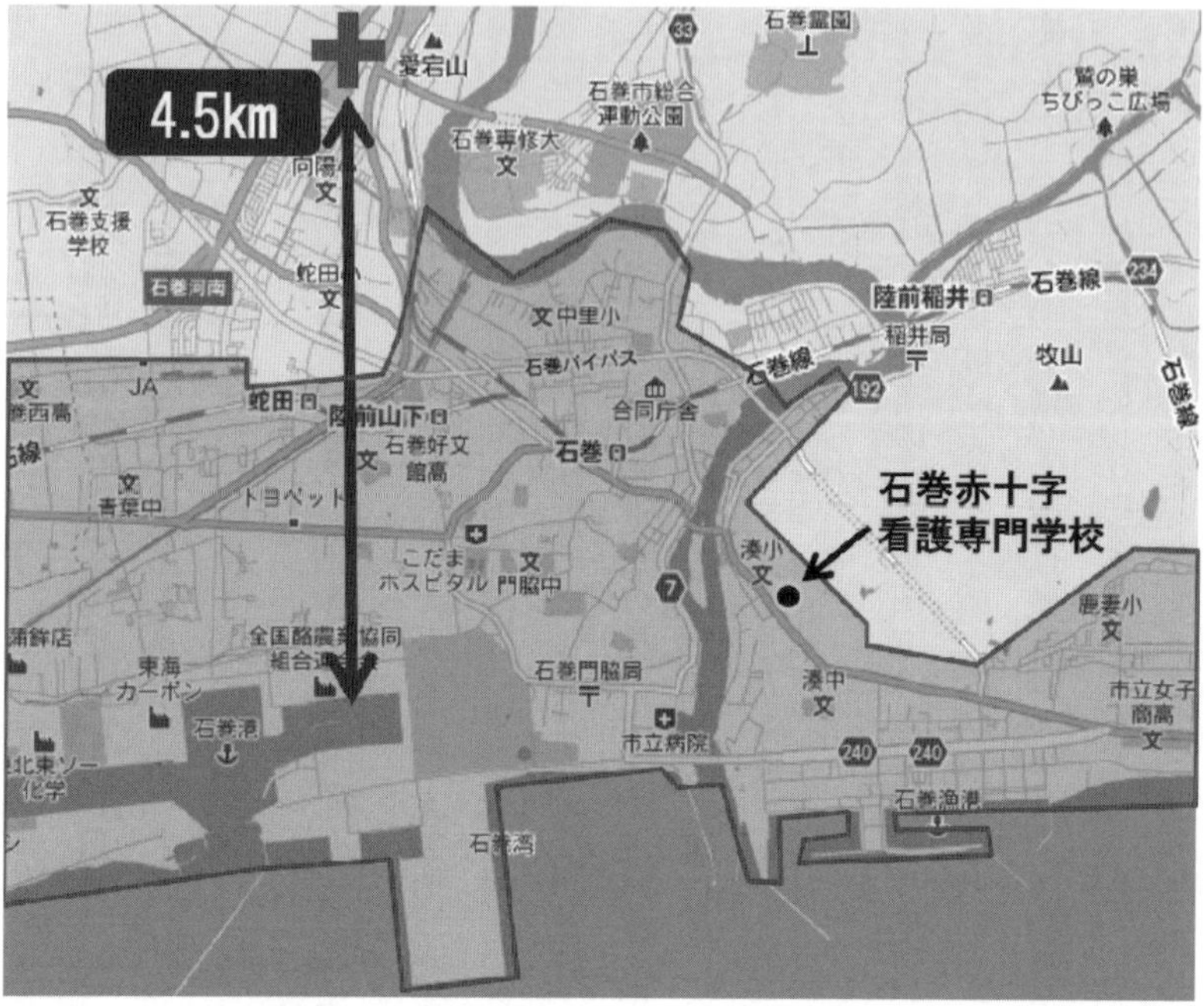

石巻赤十字病院周辺の浸水マップ　　津波範囲

全性の兼ね合いが大切です。しかし、最近では別の理由で外来を2階に集約する例もあるので、動線計画をうまく行いエレベーターなどの交通計算を検討することで可能な計画とも言えます。

感染対策も同様です。患者さんの使い勝手を犠牲にしてまで完璧を求めず、ある程度の妥協点を見いだすことを前提に設計することが一般的です。余談ですが、ある病院の計画段階の打ち合せにおいて、病室内に設置する患者さん用の洗面シンクを検討していた際、感染管理の担当看護師の方が「水はね防止の深型のシンクにすべきだ」と主張されました。これは車いすの患者さんが利用できないタイプで、「利便性が悪い」と反論したのですが、「患者さんには入院時にご理解いただくように説明するから」とおっしゃるのです。ちょっと考えさせられる出来事したが、結局は他の経営層の方々のご判断で患者さんの利便性を優先した薄型のシンクが設置されました。さらには病室内に病原となる深型のシンクは置かないほうがいいという考えも理に適ってはいます。病院ごとに方針は異なりますことは悪しからずお伝えしておきます。

話を水害対策に戻します。使い勝手とリスク回避の兼ね合いが大切と書きましたが、鳥取県立中央病院では、すぐ近くを流れる千代川の氾濫と津波との複合災害を想定し、リスク回避に重点を置いて1階をピロティ、医療機能はすべて2階として完全な水害対策を行っています。

部分的な機能を守るという考え方もあります。海のすぐ近くに敷地がある徳島赤十字病院では、1階に設置した高額放射線機器を守るために、地下鉄の駅にあるような分厚い鉄の扉を建物のなかに設置しています。これは放射線機器を2階以上に設置できない理由があって次善の策としての対応です。守るべき項目に優先順位を決めて、コストや使い勝手などとの兼ね合いを総合的に判断することが大切です。

電気室、受水槽はどのフロアに配置すべきか

放射線機器は外来や救急部門との関係で1階または2階に設置せざるを得ない場合でも、電気室は1、2階に置く必要はなく、水害対策においては建物上部に配置することが定石となっています。一方、飲用水を貯めておく受水槽については考えどころです。一般的には建物の外部に置きますが、建物の内部に置く場合は可能なかぎり上部の階に設置するとよいでしょう。さらに、副受水槽を設けるなどの工夫も考えられます。通常は雑用水用の受水槽から副受水槽に送るシステムとしておき、災害時には副受水槽を切り

離して飲用水として利用するシステムとするものです。また、地下階は水害に対して不利になりますので、設けないほうが無難です。被災後、敷地の周りが水に囲まれた場合は〝籠城〟することになり、食料や飲用水などの備蓄も考えておかなければなりません。これは地震でも同様です。

今後は避難勧告や避難命令が出たら、〝逃げる〟という選択肢も必要だと思います。火災のときの安全な避難ルートは事前に考えていても、水害に対する避難ルートは考えていないことが多いのではないでしょうか。ヘリコプター以外にボートで避難することを想定した場合、階と階の間に水面があるとどの窓からも出られないことになりますが、スロープ状の車路があれば役立ちます。2階に厨房や倉庫、あるいは救急部門を設置する計画では、車路としてスロープを設置することになりますが、このスロープがあればどのような水位（1〜2階の間なら）でもボートが寄り付くことが可能です。

徳島赤十字病院
高潮対策エリア
（平面図）

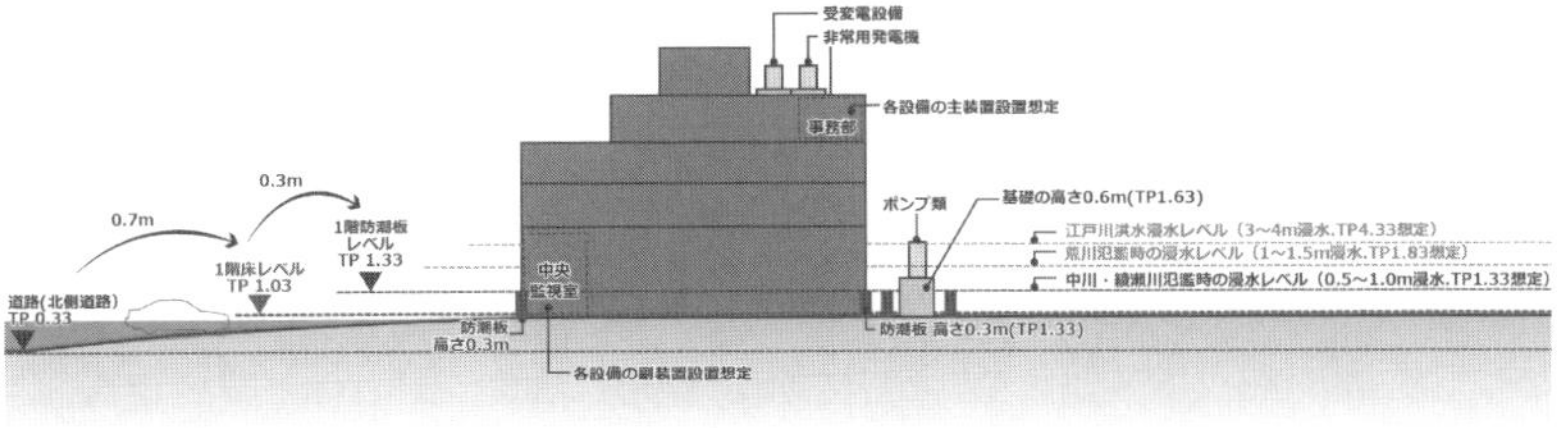

葛飾赤十字産院
日常の機能を損なわない水防レベルの考え方

佐久総合病院 佐久医療センター
全体俯瞰（上）、車路のある建物（下）

東北医科薬科大学病院
新病院棟の防潮板

建築の永続性①
~成長と変化を見据えたライフサイクルデザイン~

●病院が先進施設であり続けるために

竣工時点は最新であっても時間が経つと陳腐化してしまうつくりでは、先進的な医療施設とは言えません。人に健康寿命があるように、建物にも健康寿命があります。特に病院は先進的な機能を発揮できる時間が長いほど優れた建物だと言えるでしょう。病院の増築や建替えの理由としては、主に次の４つが挙げられます。

- 竣工後に病床数や診療科目に対するニーズが変わり、当初予期していなかった増築が繰り返された結果、動線が長くなるなど機能的な問題が生じる
- 医療の進歩に伴い大型機器の荷重や寸法に対応できなくなった
- 医療法改正や診療報酬改定に伴い、施設基準の廊下幅や面積を満たせなくなった
- 設備配管の老朽化による水漏れなど、不具合が多くなり、毎年の改修費用が嵩む

他にも理由はありますが、右記のような理由により、耐用年数が残っていても建替えを行うケースがあります。90年代から２０００年代あたりには建替えラッシュが見受けられました。

他のビルディングタイプにはあまりなく病院特有の現象としては、新たな医療機能を付加したり、古い

医療機能を取り除くことで、機能の新陳代謝が行われます。たとえば、抗がん剤治療を行う化学療法室などは私が設計を始めた頃には存在しなかった部屋ですが、最近ではがん治療を行ううえで重要な機能となりました。そのため古い病院では内部を改修して、そうした機能を配置するケースが多く見受けられます。また、放射線診断や治療のための最新機器、ロボット手術、ハイブリッド手術などを導入するために改修や増築などを行うこともあります。

こうした病院特有の事情を踏まえると、その建築・設計には医療の進歩に伴い形を変えながら進化する「成長と変化」を見据えたライフサイクルデザイン（ＬＣＤ）の視点が重要になります。増築が予想される部門には、あらかじめ増築スペースを確保し、廊下の突き当たりはオープンエンドにして、つなげられるような構造にしておくなど、フレキシビリティを最大限確保しておくことが有効です。

設計段階から将来の改修・増築に備える

病院に限らず建築物の宿命として、構造躯体の寿命が50〜60年あるのに対し、設備配管の寿命は15年程度、屋根の防水の寿命は設備配管と同程度かそれ以下となります。そのため、その改修工事は必然の出来事として想定しておかなければなりません。病院の場合、他の建築物と比べて難しいのは、診療を24時間365日継続しながらの改修となるため、特に改修のしやすさを工夫しておく必要があるところです。

かつて病院設計では、部門の機能を最優先させて部門構成を行い、部門内の諸室も機能最優先でレイアウトし、残ったスペースを探しながら無理をして設備を通すのが一般的でした。当然、上下階で設備シャフトがずれることは病院設計の世界では当然のこととしてまかり通っていました。ところが、このやり方だと、いざ改修や設備の更新をする際に改修を必要としない部門や部屋への影響が大きくなり、診療に支障をきたしてしまう問題が発生していました。そのような経験を踏まえて病院建築家は、設計段階ではやや制約になる部分が生じるとしても設備シャフトを規則正しく配置し、来るべき将来の改修や増築に備えることを強く推奨しています。この手法はコアを設けて柱を少なくし、自由度の高いスペースを確保するテナントを想定したオフィスや、設備の更新がしやすいように設備シャフトを規則正しく設置する構造を持つ研究所などにも用いられます。

ライフサイクルデザインの視点を意識して設計し、実際に想定通りの増築が行われた病院の典型的な事例を紹介します。

①盛岡赤十字病院（マスタープランに沿って竣工後、緩和ケア病棟を増築）

盛岡赤十字病院は外来棟、中央診療棟、病棟・サービス部門棟からなる分棟配置により、1987年に竣工しました。日建設計では当時から〝成長と変化〟を意識しながら、将来の増築を想定したオープンエンドの廊下と増築余地を残し、〝成長の軸〟を明確に持ったマスタープランを提案し、具体化していました。

そして実際に、1992年には放射線・リハビリ部門、2009年には緩和ケア病棟をマスタープランに沿って増築しました。私が担当したのは緩和ケア病棟の増築からですが、大先輩の病院建築家が残してくれたマスタープランに沿って提案できたので、話したことのない先輩と対話した気持ちで設計の継続性を実感しました。

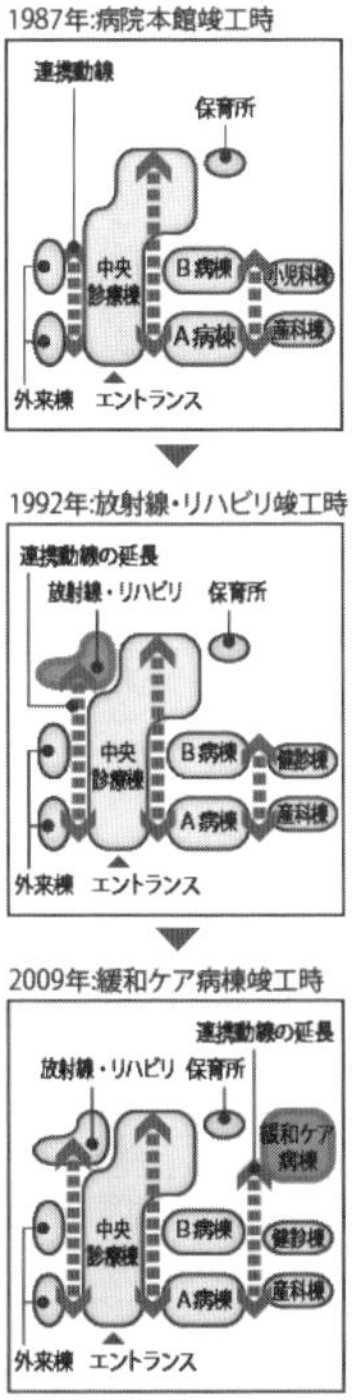

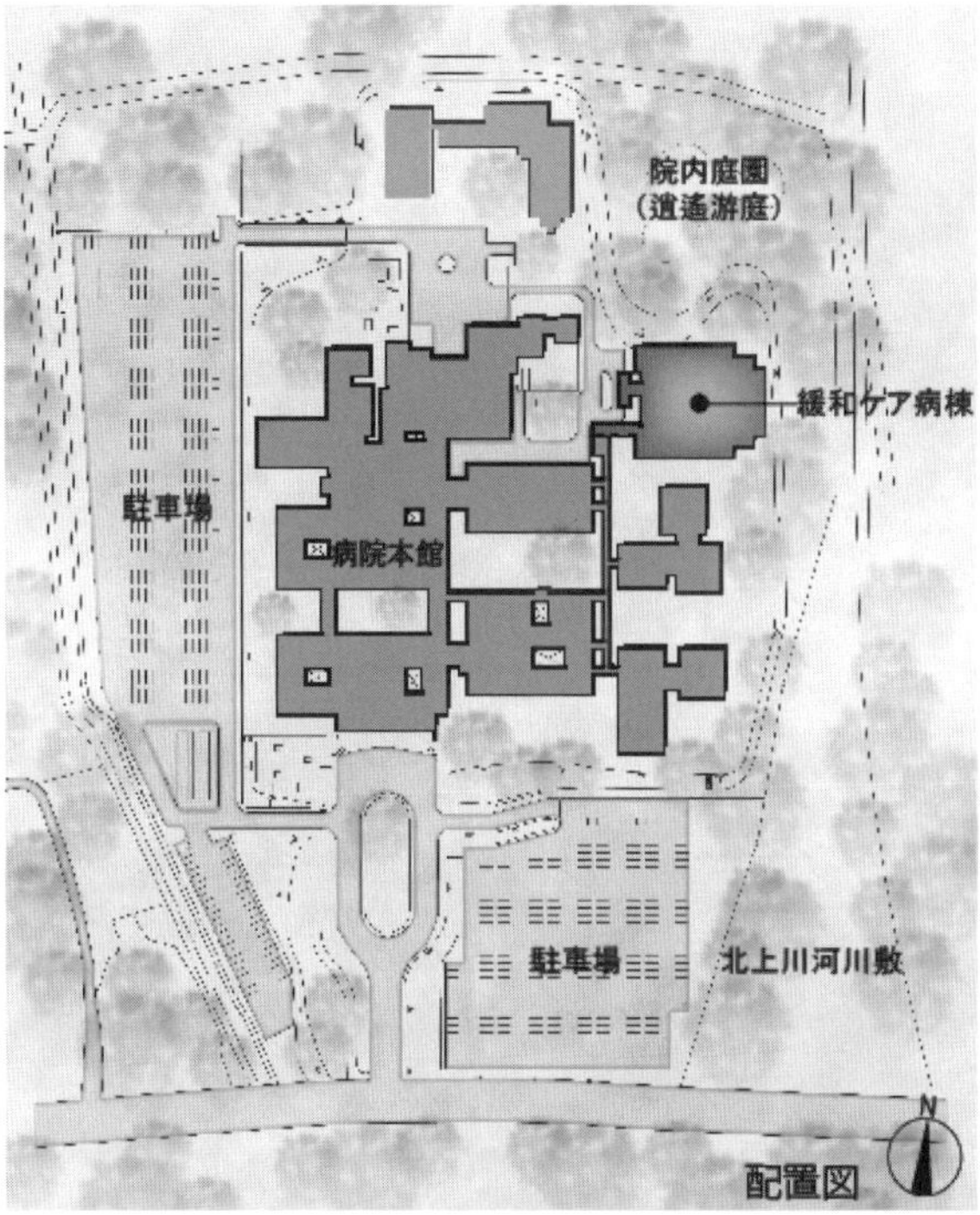

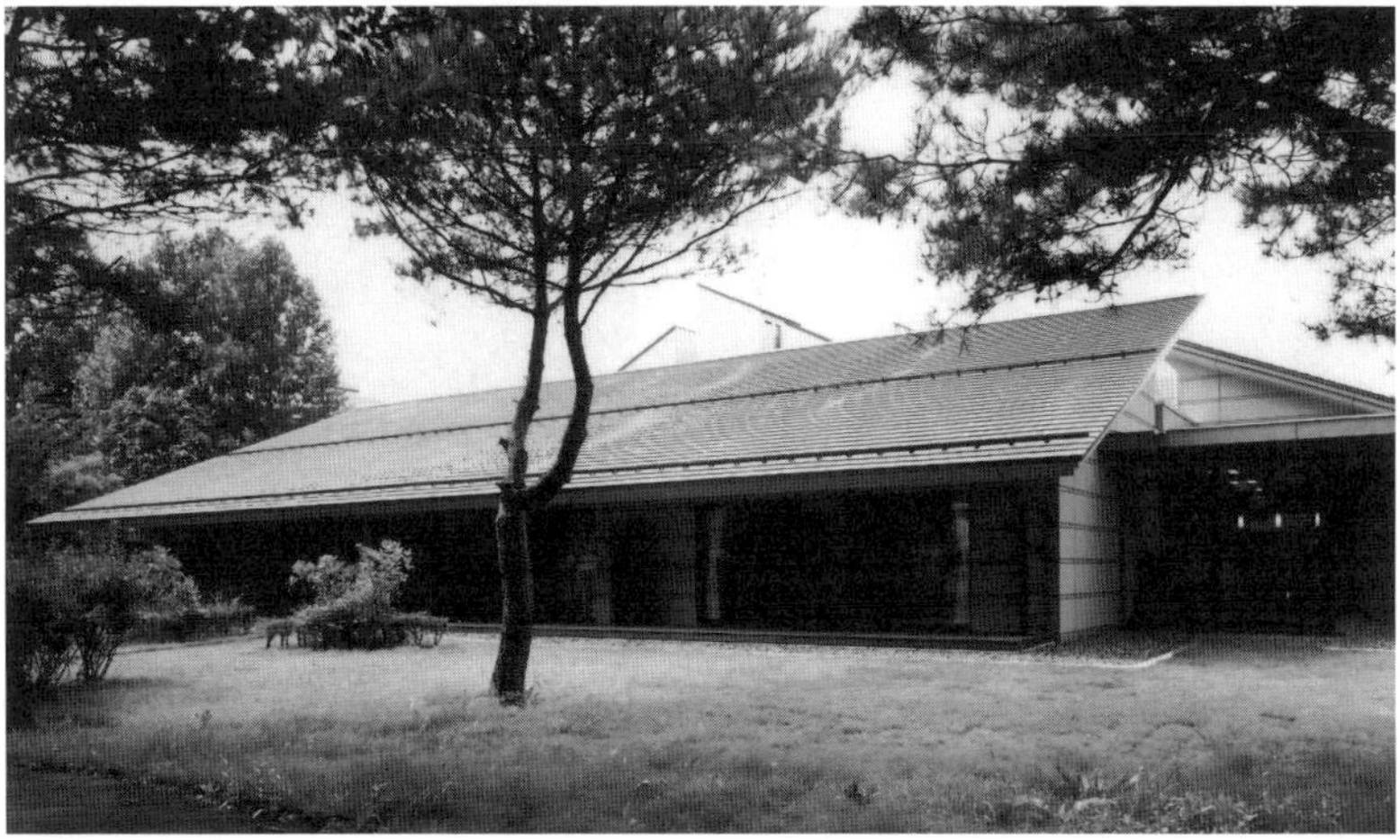

盛岡赤十字病院

計画コンセプト(左上)、配置図(右上)、北東外観(下)

②オランダの病院（Waterlandziekenhuis）
（マスタープランに沿って竣工後、パビリオンを増築）

中心にアトリウムを設け、そこにセンター型の病棟および外来をパビリオン形式として接続させた計画。この方式だとパビリオンの増築、入れ替えなどを行いやすく、他のパビリオンに影響が少なく工事ができます。

③佐久総合病院 佐久医療センター
（成長の軸と増築余地を確保して将来の改修に備える）

敷地は広いものの、20メートルの高さ制限があることから、水平に展開する必要がありました。そのため病棟は1フロア3看護単位とし、病室が対面しないように複雑な形状となっています。一方、中央診療や外来部門はフレキシビリティを高めるため、シンプルな矩形としました。

オランダの病院
アトリウム部（上）、模型写真（下）

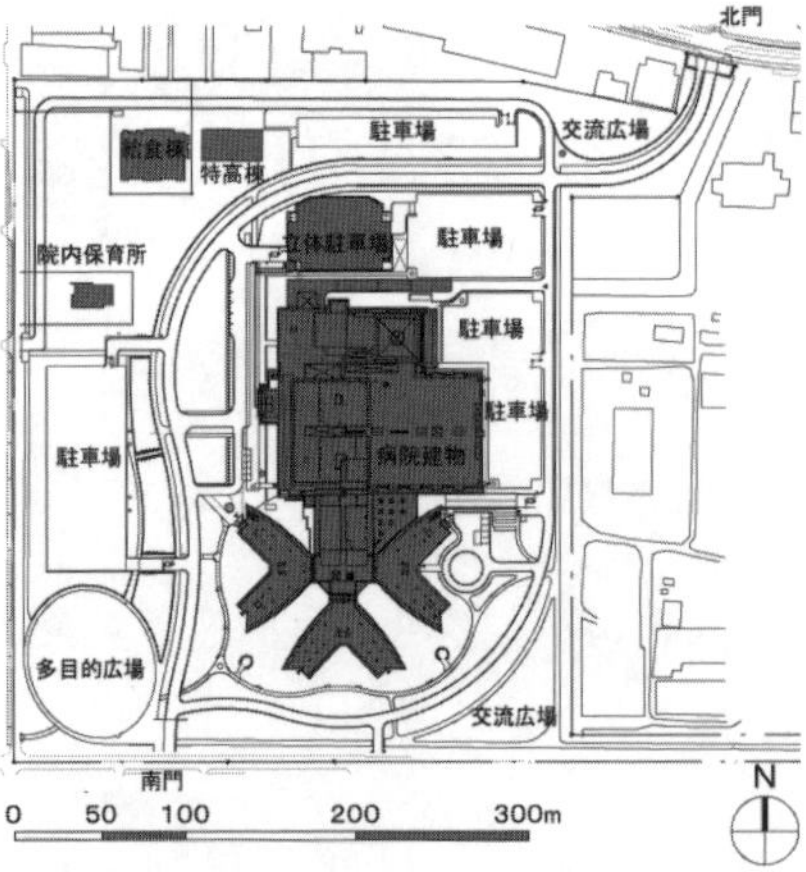

佐久総合病院 佐久医療センター
配置図

④愛育病院（限られた敷地を最大限利用した事例）

敷地条件が厳しく、将来の増築余地が確保できない場合にも、設備やＭＲＩなどの大型医療機器の更新をしやすくしておく工夫が必要です。愛育病院では高層部に特徴あるくびれのある病棟を載せ、低層部は外来や中央診療のフレキシビリティを高めるべく長方形の平面形状とし、柱も整然と並べる構造としました。その間をＩＳＳ（設備スペース）階として設備機器の更新をしやすくしています。

また、２階に設置したＭＲＩの将来的な更新のために外壁に大きな開口部を設けました。このような工夫により建物を長く機能させることができます。

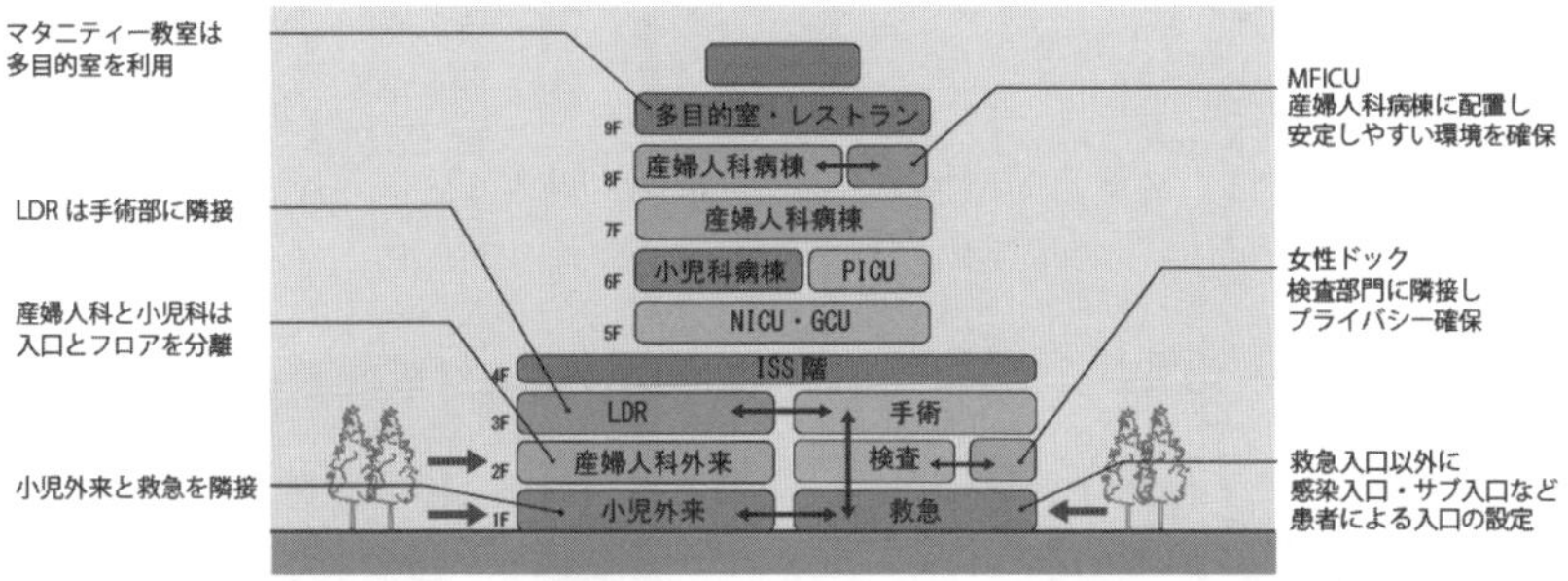

愛育病院
断面構成図（上）、MRI搬入口（左下）、外観（右下）

⑤船橋整形外科クリニック
（究極のフレキシビリティとしての柱のないリハビリ室）

2階のリハビリ室を16・5×61メートルの柱のない空間としました。「プロスポーツ選手のリハビリのために50メートル走ができる空間をつくりたい」という要望があり、これに着想を得て提案したものです。事務所ビルのように柱がないため、どのようなレイアウト変更にも対応可能です。

⑥国立病院機構 九州がんセンター
（設備シャフトを規則正しく配置して将来の改修に備えた事例）

設備シャフトを規則正しく設けると、設備配管やダクトのルートの無駄を省き適正化できます。このことは将来の設備配管やダクトの更新の際にも役立ちます。

低層部の一部を躯体のみ設置しておき、将来、屋内化すれば増築と同様の効果を得られます。

船橋整形外科クリニック
外観（上）、2階のリハビリ室（下）

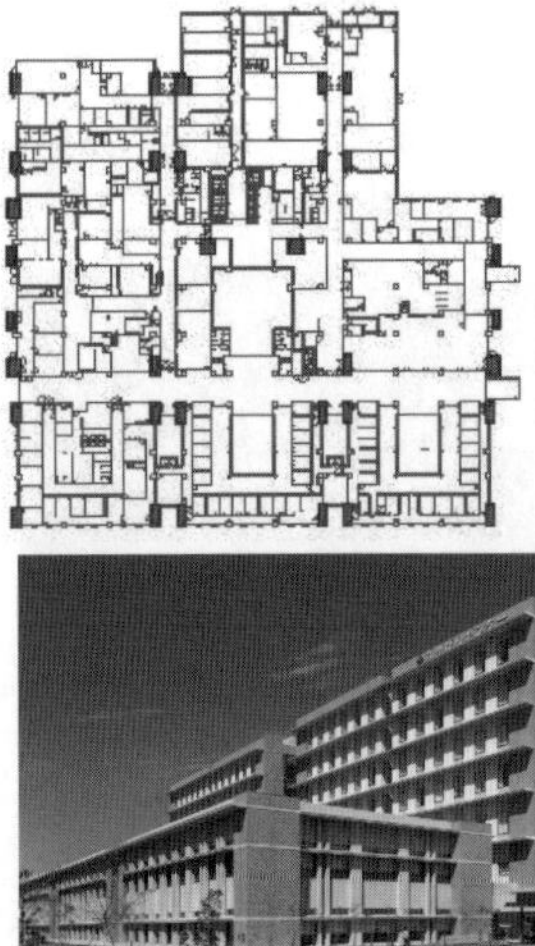

国立病院機構
九州がんセンター
規則正しい設備シャフト（平面図）（上）、外観（下）

⑦伊万里有田共立病院（病棟の4分の1ずつ改修し、医療収入減を最小に抑える工夫）

病棟の改修は、水廻りや病室のクロス張り替えのほか、設備シャフト内の配管の更新などが考えられます。配管の更新は、フロアごとというよりはエリアごとに閉鎖して行うことになります。そこで4分の1ごと閉鎖して改修することにより収入減を最小にできるフロアを実現しました。

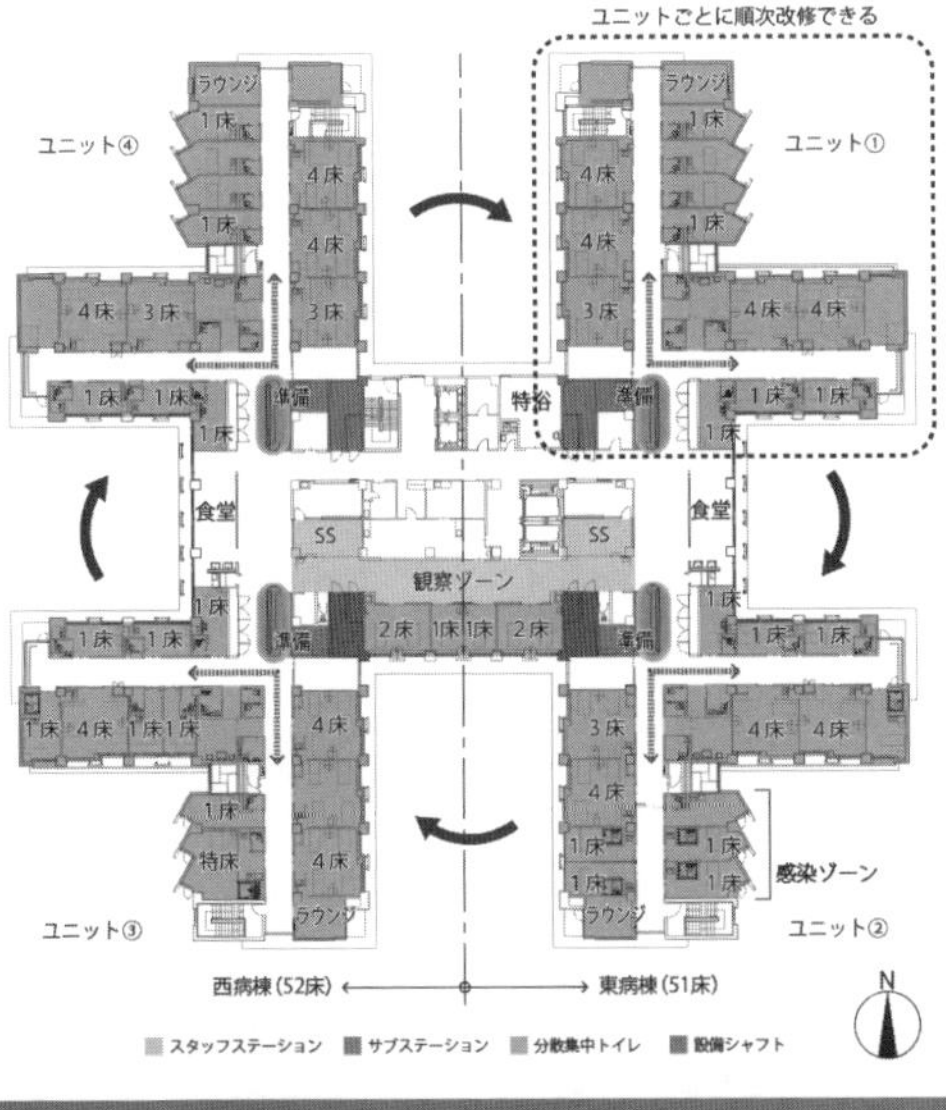

伊万里有田共立病院
病院棟平面図（上）、外観（下）

⑧オープンエンドを活用して増築した事例

最後に、あらかじめ増築を想定し、オープンエンドとしておいた廊下の突き当たりを活用して、実際に増築した事例として、東京女子医科大学八千代医療センター、石巻赤十字病院、徳島赤十字病院、地域医療推進機構（ＪＣＨＯ）九州病院（旧：九州厚生年金病院）の外観や配置図などを紹介します。

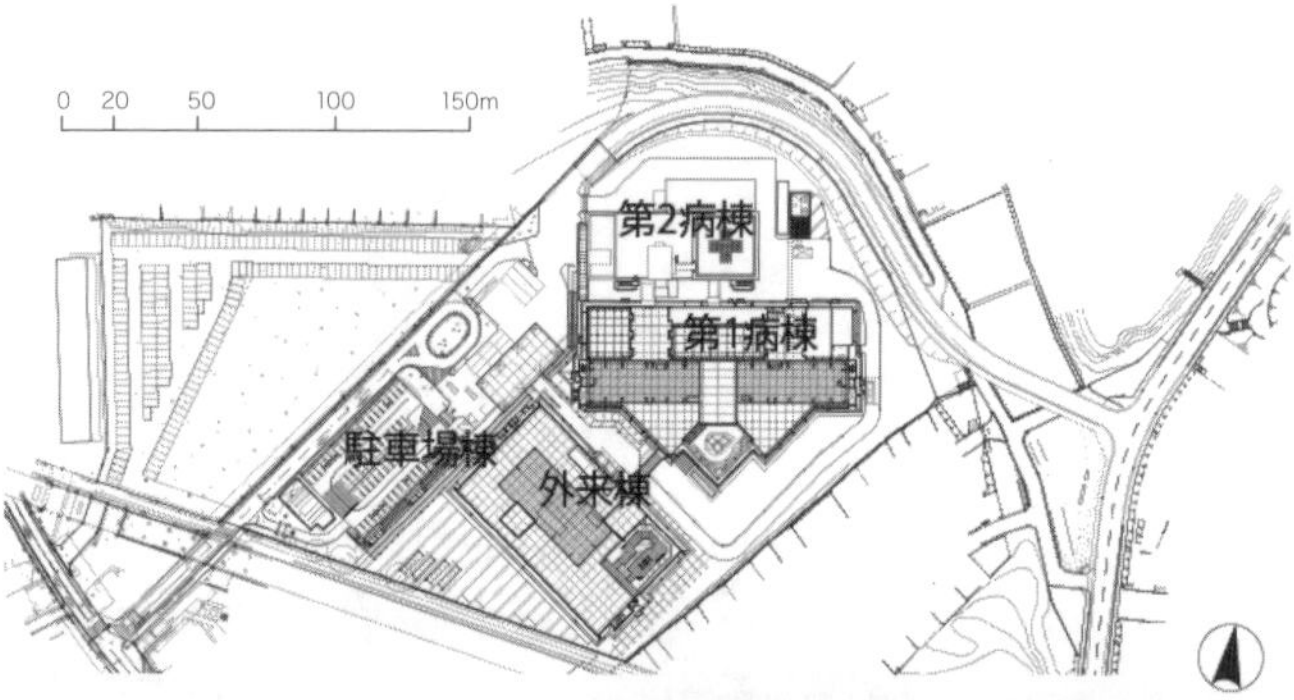

東京女子医科大学八千代医療センター
配置図（上）、外観（下）

石巻赤十字病院
鳥瞰（上）、外観（下）

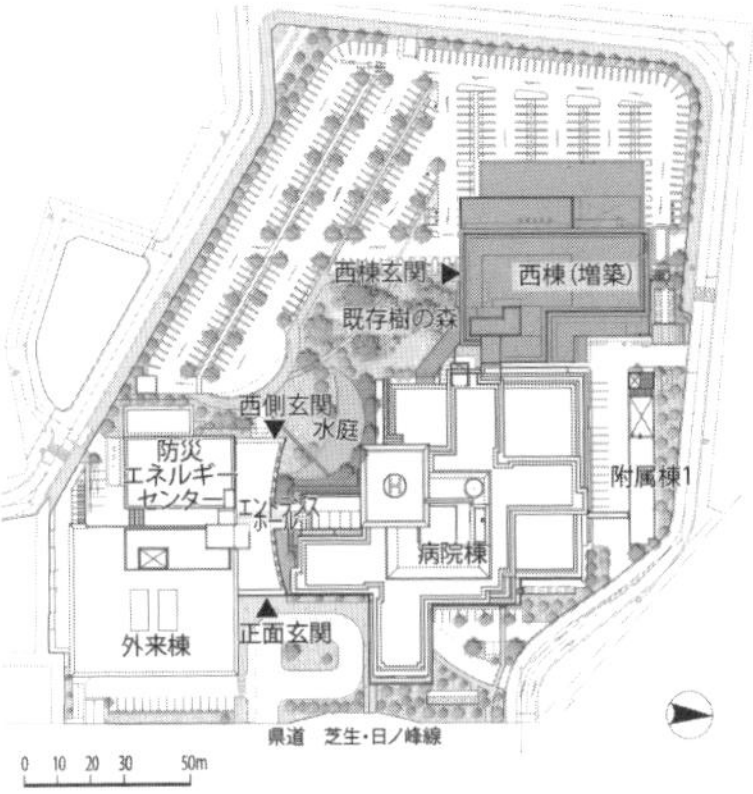

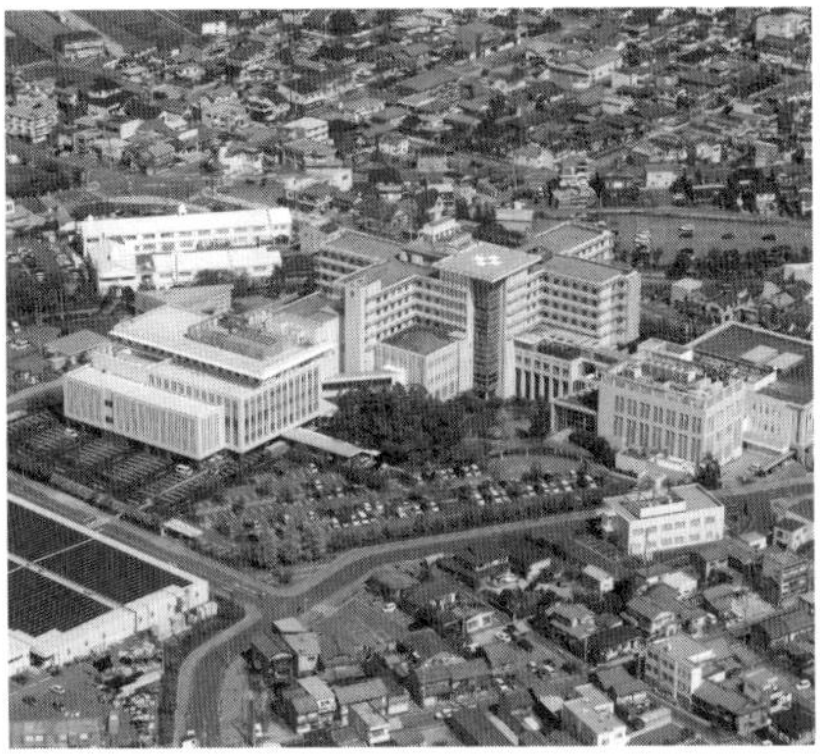

徳島赤十字病院
配置図（左）、外観（右）

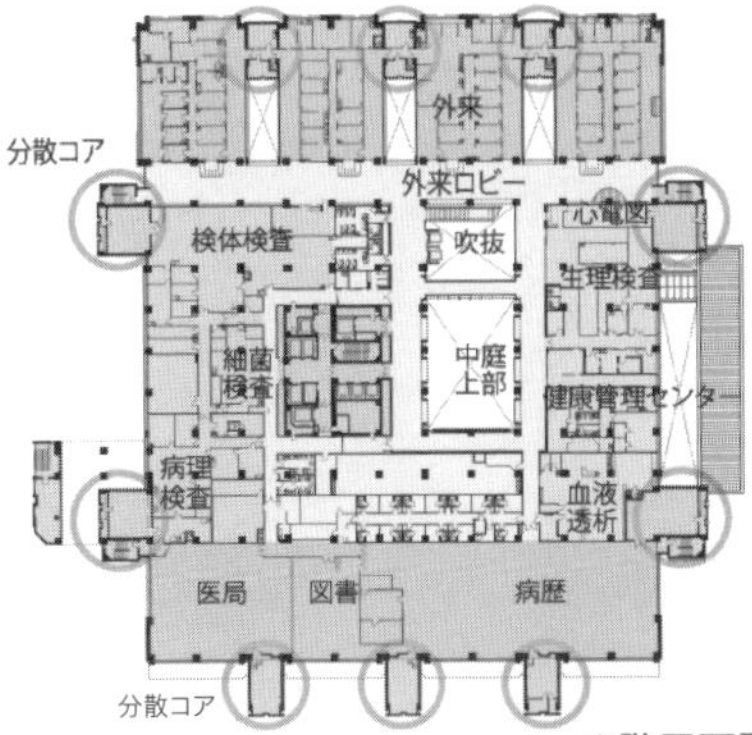

2階平面図

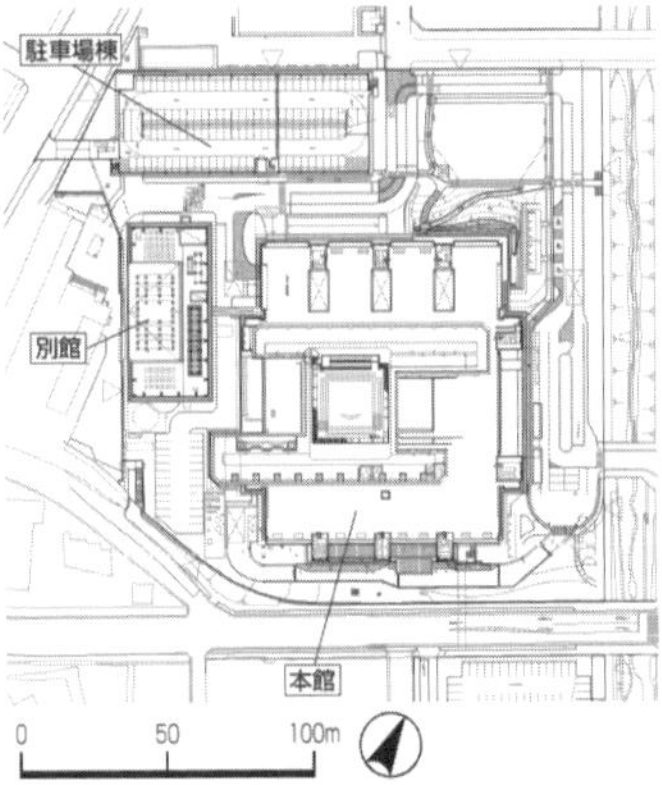

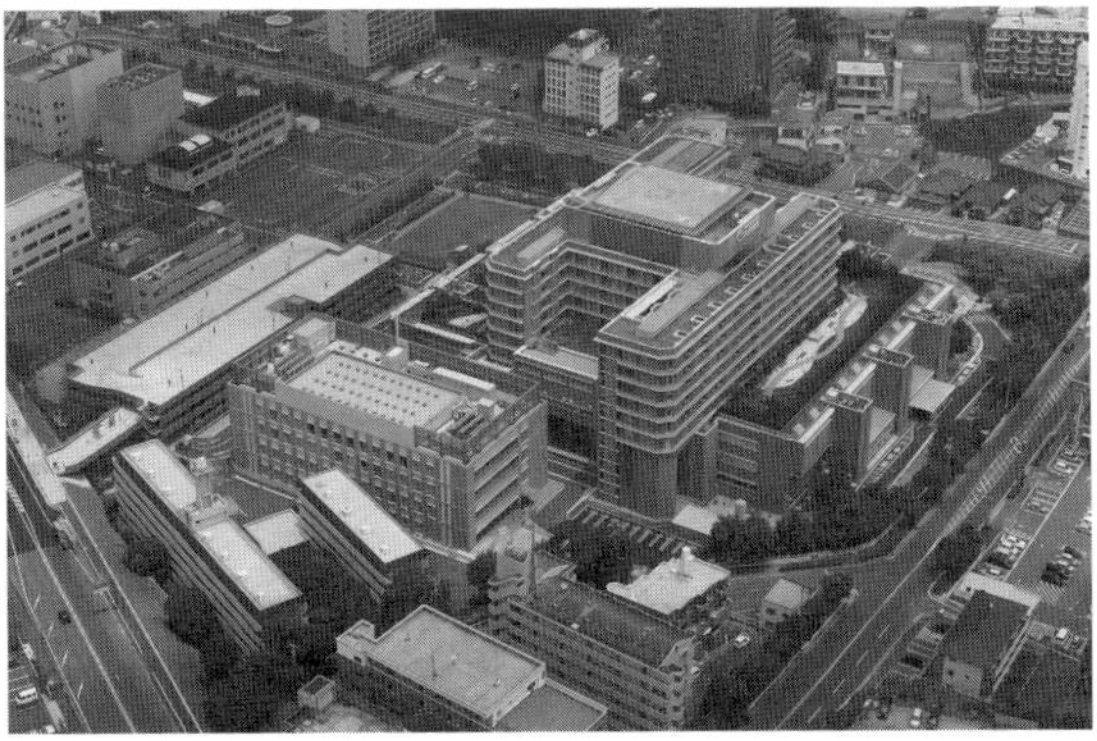

地域医療推進機構（JCHO）九州病院
規則的なシャフト（左上）、配置図（右上）、外観（下）

建築の永続性②

～現地建替えにはどのような視点が必要か～

現地建替えにおける制約とは

前項では、物理的な耐用年数に至っていなくても病院機能の視点から建替えざるを得ないケースが多いと述べました。建替えは、既存病院を運用しながら現地で行う場合、特別な注意が必要となります。本項では現地建替えにおける注意点をお伝えしたいと思います。

新築や移転新築の場合、将来の成長と変化への対応を見据えて病院機能を長く維持するためには、次のような視点に配慮した計画が必要です。

- 成長と変化に耐え得るマスタープラン
- 成長と変化に対応した建築計画
- 設備改修、大型医療機器更新のしやすさ
- 可能なかぎり、ゆとりある面積の確保

これらの視点が十分配慮された計画であれば、物理的耐用年数まで〝使える可能性〟があります。将来どのような変化があるのかは誰も予測できません。恵まれた更地での計画でさえ、〝使える可能性〟という表現に留まるのに、既存病院を運用しながら種地（敷地内にある空地）を利用して無理に建替えを行え

ば、長く使うための視点のうち、どれかを諦めざる得ないこともあるでしょう。そうなってしまっては建物が新しくなっただけの残念な計画となり、30年後、再び建替えの必要が生じてしまう悪循環に陥ります。

まずは現地建替えの問題点をいくつか挙げてみましょう。

- 既存病院を運営しながらの工事となるため、新病院計画に制約が生じる
- 患者動線の確保、患者・職員駐車場の確保が必要になる
- 工事が何段階にもわたって長期化し、その間の収益が減少する（病床数減や患者さんが離れていくなど）
- 工事中の騒音振動等に対する現病院への配慮が必要となる

現地建替えではこれらの制約を明確にしたうえで、それぞれの課題に対して解決策を見いだせるかどうかをチェックする必要があります。コストをかければ解決できることもあるでしょう。あるいは、どこまで許容できるかを覚悟するということなのかもしれません。

検討すべき課題とその解決策

現地建替えを検討する初期段階では、図表3-1に挙げた課題①～⑥をチェックすべきです。これらの問題の解決が必達であり、極論を言えば、これらのうちどれも解決できない場合は現地建替えを諦めるべきかもしれません。少々ショッキングな書き方をしましたが、図表3-1では少し丁寧にそれぞれの項目に対する解決策を紐解いていきます。

また、課題①～⑥のほかにも、段階工事による仮設対応とコスト増（実は工事費だけでなく監理費も増）

図表 3-1 ● 現地建替えの主な課題と解決策

	課題	課題に対する解決策
①	工事の手掛かりとなる種地が確保されているか?	敷地に目いっぱい建物が建設されている場合は、建物の一部を解体してでも種地を確保する必要がある。一部を解体するためには模様替えをしてでも必要な機能をどこかに詰め込むことになるが、敷地外に借家をして管理部門を移し、空き地をつくるなどして対応する。また、駐車場にプレハブを建てて利用するのも1つのアイデア。
②	工事中でも病院機能に必要な駐車台数が確保できるか?	病院では外来患者のために相応の駐車台数を確保しなければならない。これは機能維持のうえでも必要で、法律や条例で必要な台数が指定されていることもある。交渉次第では敷地外に分散して駐車場を見つける（隔地駐車）手段もあり得るが、患者の利便性の面ではマイナスとなる。駐車場がもともと平面である場合は一部を立体駐車場として台数をコンパクトに確保し、種地をつくり出す方法がある。
③	段階工事中の各フェーズにおいて病院機能が確保できるか?	課題①でも触れたが、段階工事を行う過程において建物の一部を解体する際、一時的になくなってしまう部門の代替地をきちんと確保する必要がある。俗にいう"玉突き工事"である。これについては設計者だけでは決められないことが多いため、運用について熟知している病院側の事務局が中心となって調整を行う。思い切って一時的に面積を縮小して運用するなどの対策を講じる。
④	段階工事中の各フェーズにおいて動線が成立するか?	工事が行われているすぐ横を患者やスタッフが通過するため、十分な安全対策は大前提であるが、工事中に新しくできる玄関や既存玄関が使えない状況が発生することは十分あり得る。そうした場合、仮設玄関を使うことになるが、病院機能を損なわない最低限のルートを確保する必要がある。やや遠回りになることはやむを得ないが、可能であれば完成後もサブエントランスとして使える出入り口を設け、改修工事を少なく済ませるとよい。
⑤	騒音振動に対してどの程度許容できるか?	現地建替えの場合、野戦病院のようになることはある程度、覚悟する必要がある。工事上の工夫で、できるだけ工事エリアとの境目に病室が配置されないように配慮する。また、騒音振動だけでなく眺望も損なう部屋が少なからず出てくる。そのため、工事中は差額ベッドの料金なども見直す必要があるかもしれない。また、騒音振動を我慢できない患者が別の病院に転院することもあり得るため、長期的に見て患者減も想定しておく。特に産科の場合は病気ではないことから、工事中の病院は敬遠されることがある。マイナス面を考慮した事業計画を立てるべきである。
⑥	新たなコンセプトとマスタープランの構築ができているか?	課題①～⑤のような困難な制約を何とかクリアして現地建替えの目途が立ったとしても、マスタープランとして見た場合、将来の成長と変化に対応できる優れたプランでなければ建替える意味がない。米国人作家レイモンド・チャンドラーの小説『プレイバック』に登場する私立探偵のセリフに「強くなければ生きていけない、やさしくなければ生きる資格がない」というものがあるが、病院建築においては「現地建替えはハードボイルドでなければできない、しかし夢と将来性が見えなければ意味がない」とでも言えるだろう。

といった課題がありますが、これについては残念ながらほとんど解決策がありません。一時的に病床数を減らして段階工事をシンプル化し、工期も縮減するなど犠牲を払う必要があります。既存建物をまたいで上空に大架構の建設物を建設するというアクロバティックな解決方法もありますが、コストは増大します。工事の長期化に伴うコスト増と収入減に対して、どこまでお金をかけられるかを天秤に測って決めていくことになります。次に、現地建替えの事例を紹介しま

す。

福岡赤十字病院では、広い敷地であるにもかかわらず、既設の病院施設や旧看護専門学校の諸施設が敷地にあふれんばかりに立ち並んでいました。種地となったのは、移転して役割を終えていた看護専門学校と看護師宿舎のスペースです。工事は5段階にわたる段階工事となりました。

千葉県がんセンターでは、月刊誌『新建築』1974年4月号の記事によれば、設計チーム（吉武泰水氏、浦良一氏、西野範夫氏、伊藤誠氏）による「病院建築のプロトタイプを求めて」という設計コンセプトのもと、成長と変化に永続的に対応できるマスタープランが計画されていたようです。しかし、当初は計画通り、成長と変化に対応する増築計画が進んでいたものの、設備機器や配管の老朽化により50年の使用年数をもって全面建替えとなりました。私はこの要因の1つは、手術管理棟を増築する際にオープンエンドの廊下としなかったことだと考えます。明確なオープンエンドとしておけば、さらにロングライフ化の可能性があったかもしれません。ただ、廊下の動線が長くなり、スタッフの移動の負担が限界にあったなど、複合的な要因も考えられます。

長崎原爆病院では、JR浦上駅の新駅舎と直結する街の新たな通り抜け空間、トリアージと将来の建替えに備える災害対応パブリックスペースの確保が課題でした。そこで、狭隘な敷地、限られた建替え余地を長所に転じる建築計画を立て、立体駐車場の移転から駐車場整備まで3期にわたる段階工事を実施しました。工事は約5年半を要しています。

第1段階では隣接地に立体駐車場を整備したあとに、既存立体駐車場を撤去しました。第2段階では新病院（1期）を新築し、病棟・外来・手術など病院の主要機能の運用を開始し、その後、既存病院を撤去しています。第3段階では新病院（2期）を新築し、玄関・事務など、残りの機能の運用を開始して、外構（平面駐車場）を整備しました。1期でほぼすべての施設を整えたことで、早期の医療機能の発揮に貢献しています。

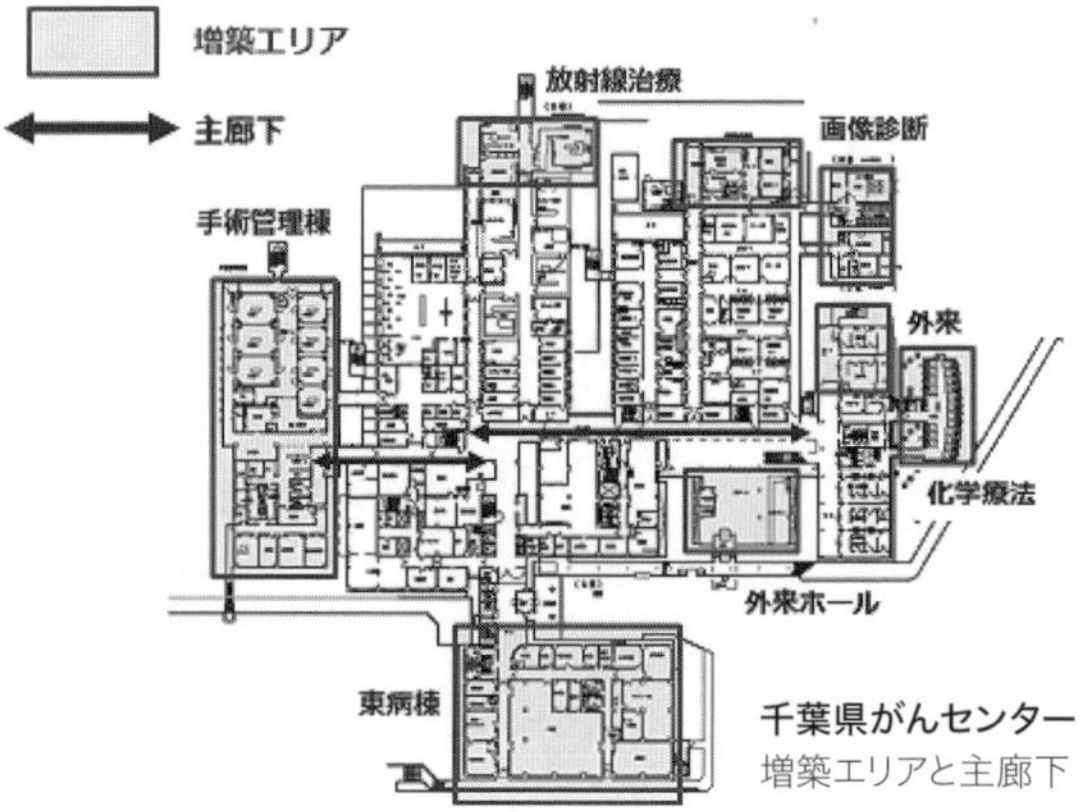

千葉県がんセンター
増築エリアと主廊下

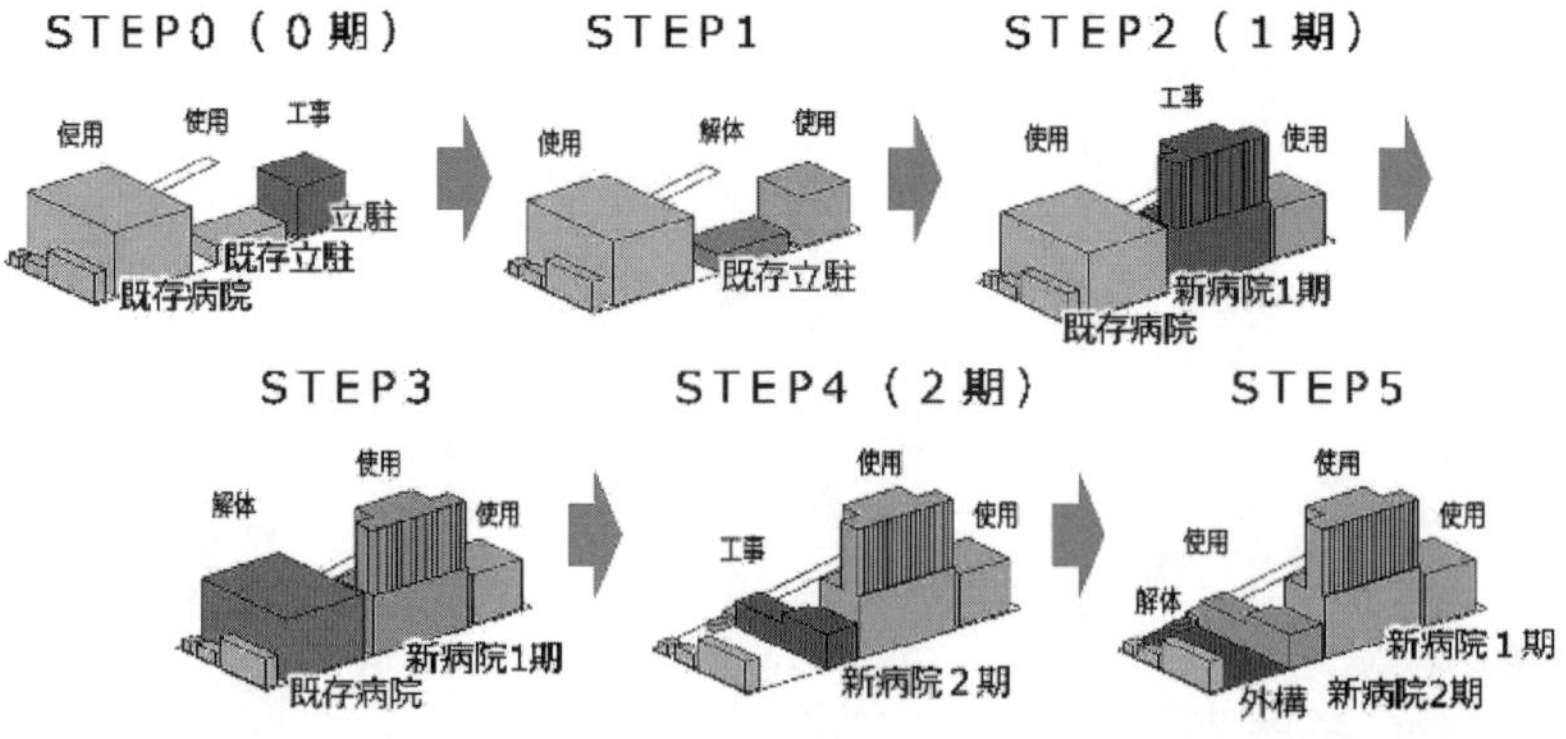

長崎原爆病院
段階工事のステップ

アイデンティティを高める
～建物は運用のイレモノ～

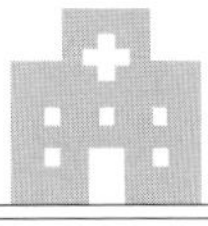

病院のブランディングと建築の関係

私は病院建築家として海外の病院を視察する機会に比較的恵まれており、多くのことを学ばせていただきました。アメリカで有名なジョンズホプキンス病院やメイヨークリニックもそのうちの1つです。両病院は毎年全米病院ランキングの1位、2位を競っているブランド病院ですが、そこで働く優秀な医師は意外にも決して超高給取りではないそうです。全米で1位、2位を競う病院で働ける名誉がスタッフを集めているということです。日本でも同様なことはあるのかもしれませんが、そこは誰からも直接聞いたことがないのでわかりません。

ブランディングは病院においても必要であり、ブランド力が高いほどより多くの患者さんを集め、収益を改善し、設備投資も行えるという好循環を促すのでしょう。本書でも一建築家の立場からビジネススキームのコンセプト、ビジネスモデルの構築について書かせていただいたのは、僭越だとはわかっているのですが、病院建築家としては避けて通れないことだからです。その延長にはブランディング、言い換えれば〝のれん〟というものをつくっていくことが病院事業にとって大きな目標ではないかと感じます。これはハードであるイレモノを新しくしなくてもできるのかもしれません。しかし、残念ながら過去の病院建築を見ると、竣工から30年、40年を過ぎた病院で、十分に使えるフレキシビリティが備わっている病院はあまりないと言っていいでしょう。日進月歩の医療の世界でブランディングを構築していくには、それなりのイレモノを伴う必要があるのではないでしょうか。

建設当初から将来を見据えてイレモノを大きくつくっておけばよいのですが、現実的には難しく、前項で書いたような方法で〝成長と変化〟に対応することになります。医療の世界では日々、技術革新が起こっており、たとえば、外科手術においてはロボット手術や内視鏡手術、ハイブリッド手術など新たな術式が主流となりつつあります。当然、ハード面でもそれらに対応する必要がありますが、新たな技術を多く取り入れ、実績を積み重ねることはブランディングにつながります。つまり、ブランディングとハードの関係は密接だと思うのです。また、ブランド力が高まれば患者さんが増加し、それに合わせてスタッフも増えていく可能性が広がります。

斬新なデザインで病院の特長をアピール

千葉県にある船橋整形外科病院の事例を紹介します。この病院はプロスポーツ選手も頼りにする専門病院で、その評判から多くの患者さんが集まっており、すでにブランド力は十分でした。外来はいつも夕方まで患者さんでごった返し、手狭になっていました。そこで、外来や検査およびリハビリ部門を切り離して別の敷地に新築し、その跡地で残った病院の機能を増強する計画を立てました。新たな敷地は既存病院に程近い角地でやや高台となっていたため、新築する建物が目立つ場所でした。そこで設計担当者として

船橋整形外科病院の外観（左）、リハビリ室（右）

は病院の一番の特長であるリハビリ室を目に見える形でアピールできる形態を提案しました。地下1階地上2階の低層建物ですが、病棟がないため、思い切った形態が可能だったのです。

2階のリハビリ室は体育館のような大空間とし、そこに柱は1本もありません。さらにコストセーブを考慮し、工場や倉庫で使う金属屋根材を思い切って採用し、西日を避けるために屋根をそのまま曲げて外壁としました。完成してみると近未来的なデザインが丘の上に建ち、評判となりました。

この事例では、〝病院〟という固定概念を外し、頭を柔らかくして提案したからこそ、この形ができました。ブランディングは医療の中身で勝負することはもちろんですが、デザイン面からもバックアップできます。そこに貢献することは、病院建築家として幸せなことです。日頃からデザインボキャブラリーを蓄積し、いざというときに発揮できるように爪を研いでおくよう心がけています。

病院デザインの理想とは
～病院の印象は病棟計画で決まる～

●――夢のあるデザインは事業主と病院建築家の願い

病院建築家というからにはよい病院をデザインするのが本来の仕事です。しかし、病院建設プロジェクトは多くの関係者が絡む複雑なビジネススキームであり、一般住宅のように一人のオーナーが好きな建築家を指名して仕事を依頼することができない世界です。そして、本書では、建築家を選定するのにはさまざまな手法があることをお伝えしてきました。「最新の医療機器をできるだけ多く導入したい」「建物にはお金をかけたくない」「デザインなどどうでもよい」という建築主は別として、建物を新しくする際には夢のあるデザインを実現したいという想いは、病院建築家だけでなく建築主も抱いていると思います。事業性を加味したうえで、建築としてもランドマークとなり、近隣から親しまれ、景観形成にも寄与できるよい建物を実現するためには、事業の仕組みをきちんと順を追って整えることが重要です。

私たちが過去経験してきた結果として、必要な登場人物を適材適所、適時に招聘してお膳立てすることが成功の秘訣であると痛切に感じています。私たちが蓄積してきたノウハウを持って腕を振るう場面がもっと多くあれば、もっと多くの建築主の方々に幸せを運ぶことができると臍《ほぞ》を噛む思いも多くしてきました。それはプロポーザルコンペで選定されなかったことだけでなく、参加する機会すら与えられなかった事業計画や、もっと早い段階で参加できたらと思えたケースなどです。前置きが長くなりましたが、よい病院デザインについて触れたいと思います。

目的地に快適にたどり着けるデザインとは?

病院らしいデザインとは何でしょうか。都市や郊外という立地が変わっても、その場所と建築の関係は大切であり、景観の一端を担っていることを意識しなければならないと別の項で書きました。それは主として外観やランドスケープについてのことですが、建物のエントランスに入ってからの印象なども来院者にとっては大事なことです。ひと昔前の病院の建替えではホテルのような吹き抜けや豪華なロビーをつくって、古い病院から一気にイメージチェンジを図る時期がありました。しかし、病院はホテルではなく病院らしくていいのではないでしょうか。

古い病院のステレオタイプは、玄関を入ると長椅子がズラッと並んでいて、受付や会計のカウンターがそのすぐ前にあり、多くの人が並んでいる風景かと思います。設計の打ち合わせに行くと同僚と待ち合わせする際に居場所がなくて困り、仕方なく外来の椅子に患者さんの邪魔にならないように肩身の狭い思いで座ることになります。このようになってしまうのは、限られた面積のなかに効率よく機能を詰め込む必要があったため、ロビーというパブリックスペースをつくることができず、玄関を入るといきなり総合待合スペースになってしまっていたからです。急性期病院であれば1床当たり80平方メートル以上あればきちんとロビーがつくれるはずです。

理想の病院デザインをひと言で言うと、病院来訪者が玄関庇にタクシーかバスで到着して降りたところから目的地に快適にたどり着ける〝デザイン〟だと思います。病院来訪者は患者さんだけではなく、私たちのように仕事の打ち合せに来る人々、見舞客、健診に訪れる（その時点では）健康な人などです。隣接する公園や敷地内の快適な外構の利用者がカフェやレストランを目的に来院する場合もあるでしょう。そうした人々がまず集まる玄関とエントランスホールはニュートラルかつ快適である必要があり、第1章で触れた「パブリックスペース」が大事なのです。病院は公共建築物に位置付けられるので、これは堂々と言ってもよいことだと思います。この視点で私は導入部のデザインについて、できれば外部の庭か中庭に面しており、自然光がふんだんに入る空間を心がけています。もっと言えば、緑（植栽または借景）が見えるほうがよいでしょう。

佐久総合病院佐久医療センターでは、建物本体と玄関大庇の間に奥行き約8メートルの植栽帯をつくり、緑のなかを通過して入るアプローチとしました。さらにクランクするように動線を設定した風除で緑を見せながら室内に入れるよう意図的にルート設定をしました。この手法は他の多くの病院でも取り入れています。また、エントランスホールにさまざまな機能を持たせ店舗などを配置することで賑わいのある空間を演出するなど、街並みのような雰囲気を持たせることも1つのアイデアです。これは欧米の病院ではよく見られる手法です。

では、目的地に容易にたどり着けるような病院デザインとはどのようなものでしょうか。来院者の目的地を大きく分けると事務受付、外来、検査、入院、救急、お見舞いになります。サインに頼らずにこれらの部門へ直感的に行けるような平面計画と空間構成が大事です。平面的には主軸が明確に通っていて、そ

海外の病院ではエントランスホールに店舗を設け、にぎわいを演出する

こに1つのかたまりとなったブロックがつながっている概念であれば、わかりやすいと思います。新聞の見出しが大見出し、中見出し、小見出しというように大局的に把握できるような構成となっているように病院の機能を構成すべきだと思います。サインもそのように計画すると行き先がわかりやすくなります。そもそも空間構成がそのようになっていなければサインも伴いません。

ここまでうまくデザインできていれば、あとは病院ごとにデザインコードを決めて、さまざまなバリエーションができます。色のテーマに沿って素材をうまく組み合わせれば、よい雰囲気の空間をいくらでもデザインできるのです。

利用者に愛される建物を生み出す工夫

病院デザインにおける病棟計画はテナントビルでいうと〝基準階〟にあたりますから、このデザインで病院全体の印象が変わると言っても過言ではありません。病棟の平面計画にはいくつかのパターンがあり、類型化されています。

病室自体もさまざまな工夫がありますが、やや出尽くした感があり、やはり類型化されています。前述のように最近では病棟のなかにスタッフのコミュニケーションを促す「コモンズ」という空間を取り入れる工夫も提案しています。

　病棟は病院全体の40％ほどの面積を占めており、通常目立つ場所に配置されますから建物の印象を支配する要素でもあり、デザインのしどころでもあります。しかし、テナントビルの基準階に該当するようにコアの位置、スタッフステーションの位置、病室の配列のパターンなどから考えていくと、今まで見たこともない斬新な形は出にくくなっているのが事実です。ここが私たち病院建築家の悩みです。既視感が出てしまうのです。これは病院建築の宿命とも言えるのですが、その敷地特有の条件や、先ほど挙げた玄関まわりのデ

足利赤十字病院
中庭に面したホスピタルモール（右）
玄関を入った正面に見える中庭（左）

佐久総合病院
佐久医療センター
玄関ホールを入ったサインボードに隠された総合待合（左上）
玄関ホールから見た2階植栽（左下）
玄関庇と建物本体の間の植栽帯（右）

ザイン、他の部門との関係を丁寧に読み解き1つひとつ工夫を凝らしていけば、他の病院とはひと味違うデザインが可能であると信じて設計をしています。

また、病院特有のディテール（細部デザイン）も必要とされており、ここを怠り標準的なデザインを組み合わせただけだと、陳腐で野暮ったい印象の空間となります。かといって商業ビルに使われるようなエッジの効いたクールなデザインを理屈もなく取り入れると使いにくいものになり、建物に傷がつくばかりか、利用者が痛い思いをすることになり、感心しないデザインと言えます。本格派の病院建築家は外観や空間に対して「威厳があり、利用者に愛され、飽きがこないデザイン」、ディテールに対しては「理にかなっており、優しく、同時に恰好のよいデザイン」を目指すべきです。

岩手医科大学附属病院
エントランスホールからメインモール（左）
平面図（右）

北播磨医療センター
２階中庭に緑が見え前面トップライトで明るいホスピタルモール（左）
玄関庇と建物本体の間の植栽帯（右）

南生協病院
賑わいのあるエントランスホール

医療施設4・0
～進化を続ける医療と病院建築～

●──ナイチンゲールと病院建築

近代的で衛生的な病院は第1章で述べた通り、１８７１年にフローレンス・ナイチンゲールの指揮のもとでつくられたロンドン聖トーマス病院の病棟、いわゆる「ナイチンゲール病棟」が発祥です。

ナイチンゲールは従事したクリミア戦争で、多くの兵士が戦いの傷ではなく、野戦病院内で発症した感染症によって亡くなっていくのを目の当たりにしました。ナイチンゲールは衛生環境の改善を試み、兵士の回復率を大きく改善した経験をもとに、１８５９年に世界初の看護の教科書とも言える『看護覚え書』と同時に、病院の建築や管理についても記載した『病院覚え書』を執筆します。そのなかでは、衛生的な環境を保つための工夫をはじめ、今の時代にも通じる病院建築の原点が記されています。

聖トーマス病院のナイチンゲール病棟は、彼女の思想を初めて具現化したもので、たとえば、病棟は適切な隣棟間隔で点在させ、十分な採光と換気が得られるパビリオン（分棟）式の構成としました。１つの病棟は、30床程度の大部屋の病室とし、窓や扉から適切な採光と換気、十分なベッド間隔を確保しています。さらに、病室の中心にナースステーションを置き、看護の目が行き届きやすくしたこと、病棟端部にサービス諸室を配置し、効率的な看護機能にも配慮したことなど、さまざまな工夫がなされています。感染症の原因や治療法が解明されていなかった時代であったにもかかわらず、感染症防止のための理にかなった試みが数多く取り入れられていたのです。ナイチンゲールに病院建築における先見の明があったことは大変驚きです。

ナイチンゲールの尽力によって19世紀末に始められた試みは、衛生環境を大きく変えたという点で、第一次病院革命と言えるでしょう。ここで誕生した病院は、看護機能を向上させる面でも改善が図られており、病院建築のプロトタイプとなりました。その後も、病院は医療の進化に合わせて変わり続けており、最近では、ＡＩ（人工知能）、ＩoＴ（モノのインターネット）、モビリティなどの技術の浸透によって、さらなる変容を遂げようとしています。未来の病院は、一体どのような姿になっていくのでしょうか。

テクノロジーの進化が医療・医学に与えた影響

さて、病院革命を述べる前に、病院革命に影響を与えてきた産業革命の変遷、そして医療革命の変遷を少しおさらいしておきます。

第一次産業革命は、18世紀半ばにイギリスで始まり、特に蒸気機関の発明によって、さまざまな工業化が進み、蒸気船や蒸気機関車の登場による交通革命も進みました。近代化の幕開けです。

第二次産業革命は、19世紀に始まり、電力利用や石油利用の発明が工業の大量生産化をけん引し、さまざまな分野で機械化も進展しました。ガソリンを用いた自動車もこの頃に誕生します。機械化の幕開けです。

20世紀から始まる第三次産業革命では、コンピューターが劇的な進化を遂げました。工業生産の自動化、インターネットの普及によって、あらゆる産業へ影響を与えました。デジタル化の幕開けです。

そして今、第四次産業革命が始まっています。「インダストリー4・0」とも呼ばれ、定義には諸説ありますが、AI、IoT、ロボティクス（ロボット工学）から、ナノテクノロジーやバイオテクノロジーに至るまで、あらゆる分野においての技術革新と考えられています。

医学・医療の世界でも革命は進んできました。伊関洋東京女子医科大学教授（当時）は、周術期の技術に関して、第一次医療革命は消毒や滅菌、第二次は顕微鏡手術や内視鏡手術による低侵襲治療の導入、第三次はX線CT装置やMRIによる術前／術中診断やナビゲーションを用いた情報誘導治療の導入であると分析しています。まさに、第一次は医療の近代化（＝衛生化）、第二次は医療の機械化、第三次は医療のデジタル化とも言えるでしょう。

また、現役医師の加藤浩晃氏は、著書『医療4・0　第4次産業革命時代の医療』（日経BP）のなかで、第四次産業革命は、「IoT、AI、ビッグデータ、ロボティクスなどの新技術を活用することで、産業構造だけでなく、生活や人との関わり方まで含めた事柄が根本的に変わる大改革」と考え、技術革新やテクノロジーが医療の現場に導入され、その予見される未来の医療を「医療4・0」と呼んでいます。

●——病院革命の変遷

それでは、病院はどのような革命の道を歩んできたのでしょうか。

第一次病院革命は、この章のはじめで述べたように、病院の近代化＝衛生化を推し進めたものです。この革命は、感染症による入院中の患者さんの死亡率の激減という大きな成果をもたらしました。適切な分棟構成による採光と換気という考え方は、近現代の病院建築にも受け継がれています。

日建設計でも１９５０年代から総合病院の設計を開始しましたが、１９８７年竣工の盛岡赤十字病院など、いくつかの病院において病棟や診療棟などを分棟して配置し、自然採光、自然換気を十分に取り入れた病院を提案しています。

第二次病院革命は、病院のシステム化だと言えるでしょう。空調や給排水などの機械設備システムの進化、エレベーターや気送管（エアシューター）などの搬送設備システムの進化、そして電子カルテをはじめとする情報システムの進化によって、病院は大きく姿を変えました。空調技術が進んだことで、病室以外の室は、採光・換気をとるために必要だった長細い形状にする必要がなくなりました。その結果、病院は縦横に大きな広がりを持つ建物へと巨大化していきます。

さらに、気送管や自走台車などの搬送設備が縦横無尽に走り、情報配線も張り巡らされることによって、病院の高密度化が進みました。１９８０年竣工の神戸中央市民病院（構造設計：日建設計）、１９９２年竣工の大阪市立大学附属病院など規模の大きな高度急性期病院では、これらの技術をふんだんに取り入れています。

第三次病院革命は、病院のアメニティ化です。これは「建築家が考える患者アメニティ」（１３９ページ）でも詳しく述べていますが、患者さんの回復のためには、病院の機能性を高めるだけではなく、患者さんが安心して療養に専念でき、患者さんの自然治癒力を促すような、患者さんのための快適な環境づくりが必要です。こうした考え方が重視されるようになり、アメニティ改善を前提として病院が構成されるようになりました。

2016年竣工の屋島総合病院では、通常は手前に外来の待合ロビー、奥に外来の診察エリアという構成を反転させ、外来の待合ロビーを最も明るく川と緑に面した外周側に配置し、患者アメニティを向上させました。また、2011年竣工の足利赤十字病院、2016年竣工の北九州総合病院では、すべての病室を個室で構成し、プライバシーと同時にアメニティの向上を図っています。

10年後、20年後の病院はこうなる

さて、「インダストリー4・0」や「医療4・0」の波を受け、第四次病院革命である「医療施設4・0」が本格的に始まる10年後、20年後の病院はどのようになっていくのでしょうか。現在進化中や構想中の新しいテクノロジーのなかから、未来の病院づくりに大きな影響を与えそうなものを取り出し、病院建築の姿や形がどのよう

屋島総合病院の大きな窓に面した明るいロビー

に変容していくかを予想してみます。

①e予約、e受付、e支払いの技術の進化⇓医事部門がなくなる

予約とカルテ発行、初診や再診の受付、各科の到着確認、医療費の計算・支払いなど、これまで各科の受付や医事部門が行っていた業務がすべてオンライン化、自動化されます。患者さんは、自宅や職場でのオンライン予約､来院時の個人端末（スマートフォンなど）や個人ＩＤカード（マイナンバーカードなど）で受付し、診療後は電子決済で支払います。レセプトの確認業務もＡＩにより完全に自動化されます。

②AI×ロボティクス技術の進化1⇓総合案内がなくなる

初診の患者さんと家族、見舞客などへの総合案内をＡＩロボットが担うようになります。すでにロボットが簡単な案内を行っている病院もありますが、廊下の分岐点やエレベーターの乗り場にはＡＩスピーカーが備えられ、行き先案内や誘導の役割も担うようになります。

③AI×ロボティクス技術の進化2⇓病棟スタッフステーションがなくなる

病棟巡回、体温・血圧の測定など看護のルーティン業務は、ＡＩロボットが行うようになります。さらに、ナースコールはシステムに組み込まれたＡＩが受け答えをするようになります。看護師の数は減り、大規模な看護拠点は不要となり、受け持ち患者さんの近くに看護師が分散して配置されます。

④モビリティ技術の進化1⇓供給部門がなくなる

薬剤、給食、医療材料、リネン、廃棄物の搬送は、自動運転の搬送ロボットが行うようになります。さらに、院外のサービス拠点から自動運転の搬送車による定時搬送が行われます。受け入れのサービスヤードでは、検収もＡＩにより自動化され、搬送車から搬送ロボットへの積み替えも自動化されます。

⑤モビリティ技術の進化2⇓スタッフ動線がなくなる

患者さんのベッドや車いすの搬送を自動運転の搬送ロボットが担うようになります。搬送ロボットは、患者さんや家族、他の物品搬送のロボットと混在しながらでも安全かつ円滑に移動できるため、スタッフや搬送の専用動線は必要なくなり、患者さん・スタッフ・ロボット共用の広々とした廊下が設けられます。

⑥センシング技術の進化⇓検体検査部門がなくなる

超微量の検体でも精密なセンシングができるようになります。たとえば、指先への小針による血液センシングとオンラインによるデータ解析により、すべての血液データが即座に判明します。尿や便でも同様の技術が進み、検体を搬送する必要がなくなります。検体データを分析・解析する機能は院外の検査機関が担うようになります。

⑦遠隔医療技術の進化1⇓外来部門がなくなる

患者さんと医師をオンライン映像や、ＭＲ（Mixed Reality：複合現実）映像で直接つないで、バイタルデータも送ることができるようになります。自宅でも職場でも、患者さんのいる場所を選ばずに診察が行われるようになり、外来部門はなくなります。来院しての検査や治療直前の診察機能が、各検査室や治療室に分散して配置される。

⑧遠隔医療技術の進化2⇓地方病院が縮小する

周術期医療の遠隔化が進みます。基幹病院にいる熟練医師がブースで操作をして、地方病院の手術室内のロボットアームを用いて遠隔手術を行います。ICUでは、現在普及し始めている遠隔ICUシステムが一般的となり、基幹病院は拠点（ハブ）としての機能が求められ、技術や人材の集約のために巨大化が進みます。人口減少が進展する地方病院は遠隔医療用のスペースを中心に構成され、病院の統廃合や縮小化が進みます。

⑨総合的な技術の進化1⇓総合病院がなくなる

基幹病院での技術や人材の集約化が進み、さらに高い専門性を求められるようになることで、専門に特化した基幹病院が増えます。モビリティの進化、自動運転によって患者搬送の負担が減るため、近隣の専門基幹病院がネットワークを組み、街全体で1つの総合病院機能を形成します。

⑩総合的な技術の進化2⇓病院機能が解体される

医療技術の進化、疾病構造の変化によって、病院は未来の医療に必要な機能のみで構成されるようになります。将来も残る機能は、外傷を中心とする急性期医療機能（救急、手術、ＩＣＵ）、それを支える機能（画像診断、生理検査、病棟）など。前述した医事、外来、検体検査、供給機能のほか、リハビリ、透析、外来化学療法、放射線治療などの機能も、院内に設けられなくなります。

⑪総合的な技術の進化3⇓病院のプラットフォームが進む

病院の備える機能は、取捨選択され、集約化、縮小化、分散化が進んでいきます。一方でさらなる技術革新によって、改修や更新の頻度は高まります。どのような新しい医療機能も稼働することのできる、極めて自由度の高い病院が必要となり、建物の骨格や基盤づくり＝プラットフォームをベースにした病院デザインが求められるようになります。

ここに挙げたテクノロジーが導き出す未来の病院の姿は、もちろん仮説です。かなり極端な例も掲げました。そんなことはあるはずないと、反論もあるでしょう。ましてや安全性が最優先され、制度の砦にしっかり守られてきた医療の世界です。これまでの病院建築は、大きな変化が起こりにくいことを想定したものだったと言えるでしょう。

また、病院革命として前述した、第一次の衛生化、第二次のシステム化、第三次のアメニティ化は完結したものではなく、それぞれが現在も続いている革命です。２０２０年に始まったコロナ禍においては、改めて感染管理の意味が問い直され、衛生化の基本に立ち返ることも生じました。アメニティ化の追求は今もなお病院建築の重要なテーマです。

このように、病院建築は、姿・形が劇的に変わることなく、ゆっくりと進化を続けてきたのです。一方で、超高齢化や地方の空洞化が進むなかで、貴重な医療資源や人材の「選択と集中」が進んでいないのも事実です。デンマークでは「スーパーホスピタル構想」が進行中で、社会保障制度の維持を目指して、全国40か所の公立病院が16か所の基幹病院に統合再編されます。社会保障制度の維持が困難視されている日本においても、「医療施設4・0」が起因となり、今後は大きな変化が生じるかもしれません。

病院は一度完成すると、数十年は使い続けられます。完成後もテクノロジーは進化を続け、産業を変え、医療を変え、そして病院建築を変えていきます。「医療施設4・0」を受けて、多くの病院は進化を余儀なくされるでしょう。だからこそ、病院建築家は未来の医療の姿を予測し続けながら、未来の病院の設計図を描き続けることが、使命ではないかと思います。

COVID－19があらわにした病院建築の3つの課題
～変わりつつある日常と医療機関への緊急支援～

感染症と闘う建築の基礎を築いたナイチンゲール

この本を執筆中の2020年に、新型コロナウイルス感染症（COVID－19）が世界中に拡散し、私たちの日常生活や経済活動に大きな影響を与えました。私たちは、患者さんを救うために懸命に闘う医療スタッフの姿に感動・感謝すると同時に、次第に蔓延していくCOVID－19を前に、自らを隔離状態に置くほか術がなく、改めて新興感染症へ恐怖の念を抱き続けた日々でした。

人類は、古代より何度となく知恵を絞りながら感染症を克服してきました。その知恵とは、現代においてはワクチンや治療薬の開発であり、近代においては衛生的な環境づくりでした。

衛生的な環境づくりを初めて建築に取り入れたのは、第1章で紹介したナイチンゲールです。彼女は感染症対策にとって、適切な「自然光」「換気」「ベッド間隔」の確保が重要であると確信していました（図表3－2）。これらはそれぞれ「殺菌」「減菌」「飛沫感染防止」につながります。200年近くも前、菌の存在が不確かだった時代に、彼女は感染防止の基本原理を直観的に把握していたのです。

コロナ禍では、これまで当たり前のようにできていた日常生活が急に制限され、さまざまな問題が顕在化していきました。私事で恐縮ですが、義母の住んでいる有料老人ホームが2020年2月半ばから面会

図表 3-2 ● ナイチンゲールが取り入れた感染対策の基本原理

●自然光 ●換気 ●ベッド間隔	→	●紫外線 ●空気の質 ●ディスタンス・ゾーニング	→	●殺菌（菌そのものを殺す） ●減菌（空気中の菌を減らす） ●飛沫感染の防止

禁止となりました。施設内でクラスターが発生すると、高齢者は重症化するリスクが高く、入所者の安全を守るために、面会の禁止はやむを得ないことでした。

義母は、数年前に患った脳出血の後遺症によって半身や発声に麻痺があり、その後の転倒事故をきっかけに、麻痺のない側の手や脚も不自由となっていました。車いすに乗るにも介助が必要などころか、自分でボタンを押して携帯電話をかけたり、テレビのリモコンを操作することもできなくなっていたのです。そこで、家族が毎日のように訪問しては、車いすに乗せ換え、テレビを見せたり、手指や発声の簡単なリハビリを行ったりしていました。何よりも、家族とのひとときが、義母の癒しとなり、リハビリへの励みになっていたようです。

ところが、面会禁止となったことで、急に顔を見ることも声を聞くこともできなくなりました。リハビリも行えないまま、ベッドに寝たきりになることが増え、ＡＤＬ（日常生活動作）の能力が次第に低下していきました。どうやったら義母と連絡が取れ、会話をしたり顔色をうかがったりできるのか、美空ひばりや相撲中継の好きな義母に、どうやったら音楽やテレビなどの楽しみを提供できるのか、家族は途方に暮れていました。

そのような状況のなか、「遠隔」という考え方が世の中に広がり始め、それにならってリモートで義母とコミュニケーションをとる方法を探っていきました。まず、ベッドの枕元に子供用の携帯電話を置いてもらいました。こちらから発信すると受信ボタンに触ることなく自動的に会話が始められる機能があります。これによって、いつでも義母の声を聞くことができるようになりました。しかし、まだ顔を見ることはできません。

次に、スマートスピーカーを枕元に置いてもらいました。カメラとディスプレイを備えたものです。ネット環境を整えるために、Wi-Fiルーターも準備しました。スマートスピーカーにオンラインでアクセスすると、カメラが自動的にオンになり、義母の姿を映し出してくれます。先程の携帯電話からスマートスピーカーに呼びかけると、ＡＩアシスタント機能がニュースや音楽を流してくれます。音楽アプリのオンライン操作によって、美空ひばりの歌曲集を次から次へ自動的に流すこともできます。リモートでも、いろいろなことができるようになり、義母も家族もうれしそうでした。

さらに、音声認識テレビをベッドの横に置いてもらいました。テレビへの呼びかけによって、電源のオンオフ、チャンネルの切り替え、音量の調整が自在にできる優れものです。相撲中継や大河ドラマを観る時間は義母のこの上ない楽しみのひとときとなりました。このようにして、老人ホームのスタッフの手をわずらわせることなく、義母と会話ができ、好きなテレビ番組や音楽を楽しめる環境ができ上がっていったのです。

これには私にとっても大きな発見となりました。最新のＩＴやＡＩ機器をオンラインでフル活用することによって、足を運んでいた頃よりも、頻繁にコミュニケーションができるようになったのです。自宅に居ながらでも、仕事場からでも、遠出をしていても、いつでも「つながる」安心感、朝起きておはよう、夜寝るときはおやすみの挨拶を交わせる日常感は、双方にとって代えがたいものだと感じました。

もちろん、直接顔を合わせ、スキンシップができることに優れるものはありませんから、面会が再開されたら、再び義母を定期的に訪問することになります。そのうえで、今回築いた、いつでも「つながる」

図表3-3 ● コロナ禍であらわになった病院建築の課題

課題1	課題2	課題3
急増する感染症患者を受け入れられない	感染症医療と通常医療が両立できない	院内感染防止に建築・設備の備えが不十分

リモート環境もこのまま使い続けることになるでしょう。ウィズ／アフターコロナ時代における面会のニュースタンダードは、リアルとバーチャル、フェイス・トゥ・フェイスとオンラインを上手に組み合わせたスタイルになるのではないかと感じます。

●――あらわになった病院建築の3つの課題

これは、コロナ禍で生じた老人ホームの問題の一例ですが、病院においてもさまざまな問題が発生しました。コロナの患者さんを受け入れた多くの医療機関(当社設計)へヒアリングを行ったところ、最新の機能や衛生環境を備え、COVID－19と闘う主戦場となるはずの病院では、建物の「つくり」が原因で、そのままの状態では入院患者さんを受け入れるのに困難を伴っていました。転退院による空きベッドの確保をはじめ、通常の救急や予定手術を休止してコロナ医療へ集約化、さらには感染と非感染とのエリア区画、換気の増強、空調の陰圧化など急ごしらえの対応を余儀なくされ、本来の力を発揮できない、感染防止に必要以上の労力が必要といった事態が生じました。

COVID－19対応に関して、病院建築においてつまびらかになった課題は、図表3－3に挙げた3つに大きく整理され、集約されると考えます。

次にご紹介する3つの取り組みは、コロナ渦において医療機関への緊急支援として試みたものであり、先に挙げた3つの課題解決の一環でもあります。医療現場の負担を減らし、安全で働きやすい環境づくりに役立ちたいという想いを込めて、さまざまな分野の担当者が協働し知恵を絞りました。

①急増する感染症患者を受け入れる医療用木質ユニット（足利赤十字病院における木質仮設医療ブーストライアル）

簡単に組み立て・解体・移設できる木質ユニット「つな木」を、医療用途に応用する取り組みです。ユニットは、平時は病院の家具などとして活用し、感染症や災害が発生した非常時にはすばやく組み替えて、HEPAフィルターやビニルシートを装着し、安全性の高い病室・診察・処置ブースとなります。先行投資や備蓄スペースの最少化と、非常時の迅速で経済的な対応、日常の豊かな木質空間を実現するツールとして、開発研究を行っています。

２０２０年10月27日、足利赤十字病院と共同で、組み立て・運用のトライアルを行いました。トライアル後、発熱外来での活用のほか、一部をカフェブースやベンチに組み替え、病院内で利用されています（『NIKKEN JOURNAL 45号』より転載）。

組み立てた状態の木質ユニット「つなぎ」（左）平常時は院内のカフェカウンターなどに利用（右）

②感染症医療と高度急性期医療を両立させる臨時病棟（神戸市立医療センター中央市民病院 臨時病棟）

感染症指定医療機関である当院は、救命救急センターにおいて多くの新型コロナウイルス感染症の重症患者を受け入れたため、通常の救急医療を制限せざるを得ない事態に直面しました。そこで病院敷地内に重症個室14床、中等～重症病床22床の感染症対応臨時病棟の整備をいち早く決定しました。感染症対応を本館と分離することで、通常の高度急性期医療を提供し続け、市民の生命を守る最後の砦としての使命を果たします（『NIKKEN JOURNAL 45号』より転載）。

③院内感染を防ぎ、医療者の安全を守る備え（都立多摩総合医療センター 感染症対応病室）（足利赤十字病院 対面式感染症対策給排気フード）

東京都立多摩総合医療センターでは、２０１０年の竣工当初から新型感染症の流行を想定した病室を整備しており、コロナの患者さんの受け入れに活用されました。平常時は袖壁に収納している扉によって病室入口に前室を形成します。天井のＨＥＰＡファンユニットのカバーを外し、排気風量を増やすことで陰圧病室に変更します。

足利赤十字病院にテスト導入された対面式感染症対策給排気フードは、医療者

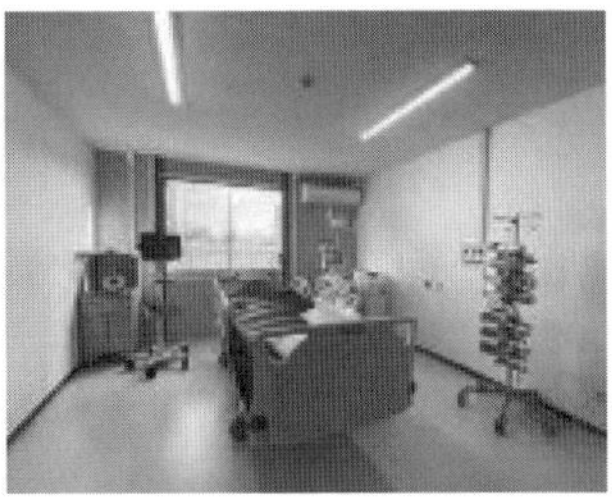

臨時病棟の全景。渡り廊下で本館とつながる（左）
重症病室。ECMOや人工呼吸器にも対応（右）

側と患者さん側の双方にＨＥＰＡフィルターとファンのついた、安全で小回りの利くブースです（日建設計・ダイキン工業・日本無機の共同開発）（『NIKKEN JOURNAL 45号』より転載）。

●——ネクストコロナに備える病院のニュースタンダード

ＣＯＶＩＤ－19との闘いは、人類にとって１つの通過点に過ぎません。医学は今回の知見をもとに、さらなる新興感染症やネクストコロナに備えながら発展を続けていくでしょう。

ＣＯＶＩＤ－19があらわにした病院建築の３つの課題については、ウィズ／アフターコロナ時代を見据え、課題に真摯に向き合いながら、今後の病院の計画を通して答えを探り、ネクストコロナに備える新たなデザイン、ニュースタンダードを提案していくことになると考えます。

おそらく、新たな病院では、これまで病院が進化させてきた機能性と効率性を損なうことなく、パンデミック時も特別な対策は最小限で済み、いつもと変わらず安全に医療を実践できるようになるはずです。ナイチンゲールの知見からヒントを得ながら、安全性と快適性が共存するデザインになるのではないでしょうか。

医療が進化を続ける限り、病院のデザインも進化を続けていきます。

平常時は扉が袖壁に収納されている（左）
扉を引き出して前室をつくる（中）
対面式感染症対策給排気フード（右）

第4章

テーマ別に見る医療施設の建築事例

●がん治療

01 関西 BNCT 共同医療センター
02 九州国際重粒子線がん治療センター“サガハイマット”
03 兵庫県立粒子線医療センター

●母子医療

04 愛育病院
05 東京都立多摩総合医療センター・小児総合医療センター
06 CHILDREN'S HOSPITAL of FUDAN UNIVERSITY（復旦大学こども病院）

●救急医療

07 佐久総合病院佐久医療センター
08 兵庫県立尼崎総合医療センター

●予防医療

09 京都大学医学部附属病院先制医療・生活習慣病研究センター ハイメディック棟
10 ハイメディック名古屋

●災害に備えて

11 気仙沼市立病院
12 石巻赤十字病院

●環境親和

13 BENGUET GENERAL HOSPITAL（ベンゲット総合病院）
14 メディカルりんくうポート
15 足利赤十字病院
16 北九州総合病院

●教育と研究

17 星総合病院ポラリス保健看護学院
18 北里大学病院

●コミュニティの中心となる医療施設

19 大阪府済生会中津病院
20 南生協病院

●癒しの環境

21 北播磨総合医療センター

●治療に役立つランドスケープ

22 伊勢原協同病院
23 奄美病院
24 盛岡赤十字病院緩和ケア病棟

提供：株式会社日建設計

キャンパス内の施設群と調和のとれた外観

01

関西BNCT共同医療センター

新しいがん治療技術 BNCTによる 先端的ながん治療センター

BNCT（Boron Neutron Capture Therapy：ホウ素中性子捕捉療法）は、日本が世界をリードするがん治療の先端技術である。

BNCTでは、がん細胞のホウ素を吸収しやすい性質を活かし、ホウ素を取り込んだがん細胞に中性子を照射することによってがん細胞を破壊する。ホウ素を取り込んだがん細胞のみを選択的に破壊すること、破壊時の影響ががん細胞内に留まることから、周辺の細胞がほとんど照射の影響を受けない低侵襲で、通常1回の照射によってがんがほぼ完治する、革新的な治療方法である。

浸潤性の強いがん（脳や皮膚など）や再発がんなど、現在の外科療法や放射線療法では治療が難しい

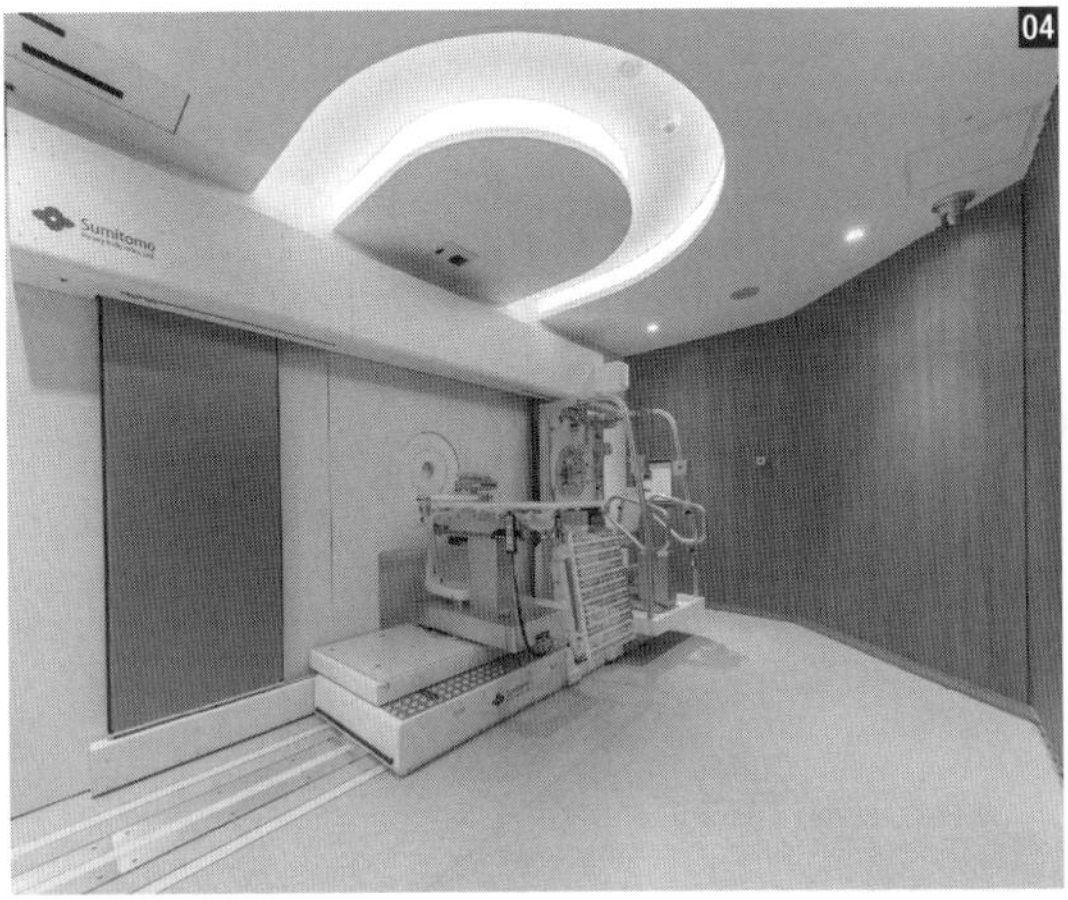

01. 高機能普及型のBNCT加速器システム　**02.** 情報発信の場となる情報ラウンジ　**03.** レセプション機能を備えたカンファレンス　**04.** 患者の不安を和らげる落ち着いた色合いの治療室

難治性がんへの適応が期待されている。

大阪医科大学内に建設された関西BNCT共同医療センターは、BNCTの医療研究拠点であるが、キャンパス内の病院や学舎との調和に配慮し、水平庇と二重格子によるディテール、大判タイルの外装材、アースカラーの色彩を継承した外観デザインとした。

特殊な放射線を扱う医療施設として、患者やスタッフの安全性を最優先としながらも、落ち着いた色彩、木質調の素材、柔らかい間接照明を採用し、患者の不安を和らげ、治療に専念できる療養空間を目指した。

大阪医科大学
関西BNCT
共同医療センター
大阪（2018）

DATA

敷地面積：52,212m²
延べ面積：4,029m²
最高高さ：GL+19m

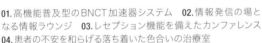

メインアプローチから見た建物全景

02

九州国際重粒子線がん治療センター〝サガハイマット〟
サイクロトロン併設で人にやさしいがん治療を拓く

小型の加速器を併設した普及型の重粒子線がん治療施設で、日本では初めて民間企業が運営し、九州新幹線の新鳥栖駅前（佐賀県）に開業した。

敷地を取り巻く周辺住宅地への圧迫感を軽減するために、大きなボリュームの建物を分節化して雁行配置した。建物高層部は縦型のストライプをデザインの基調とし、低層部は壁面緑化を採用している。

建物内部は縦格子の壁のほかに、腰壁、手摺、床仕上げをすべて木製として、安らぎと落ち着きのある雰囲気とした。

さらに放射線遮蔽のための盛土をランドスケープに活かして、管理区域の境界フェンスや標識が施設の外から見えない、周辺環境に調和しつつ、シンボル性を持たせた立面計画にするとともに、装置計画

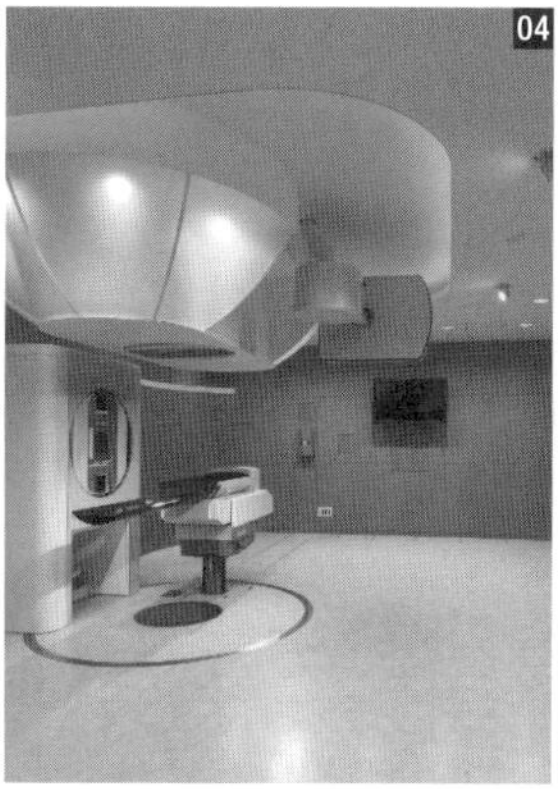

01. 風と光を招き入れる外来待合ロビーの光庭　**02.** ポケットガーデンが見える治療ホール　**03.** 加速器室　**04.** 内装デザインを工夫した治療室

と建築空間を融合・最適化した平面・断面計画とした。

ビームライン装置のレイアウトに配慮し、同時に日建設計が培ってきた放射線(高エネルギー中性子)の遮蔽設計を活用して、管理区域内に非管理区域となる中庭「ポケットガーデン」を持ち込むことで、自然光をふんだんに取り入れた。

さらに、このノウハウを活かして、治療室と治療ホール間の高価で重い遮蔽扉をすべて通常の鋼製扉とした。安全性、経済性、アメニティのバランスの取れた設計を行った。

九州国際重粒子線がん治療センター“サガハイマット”
佐賀（2012）

DATA

敷地面積：12,234m^2
延べ面積：7,489m^2
最高高さ：GL+26m

恵まれた自然環境を活かした建物配置

03

自然のなかでおおらかな気持ちで治療を受ける

兵庫県立粒子線医療センター

陽子線と炭素イオン線を合わせて使う粒子線治療が行える世界唯一の施設として、２００１年の開院以来、多くの患者の治療を行ってきた。

近年は医学の進歩により、約半数のがん患者が治癒する時代になっており、治癒率を上げるだけでなく、患者が速やかに社会復帰でき、社会復帰後も治療前と同じ日常生活ができることが目標となっている。

粒子線は、従来の放射線治療で用いられるX線と比べて、治療効果が高いうえに副作用が少ないという優れた特徴を持っている。

一方、粒子線治療は、治療計画からその実施、そして治療中や治療後の結果評価など、複雑で長いステップが必要であり、長期に及ぶ入院、通院生活が

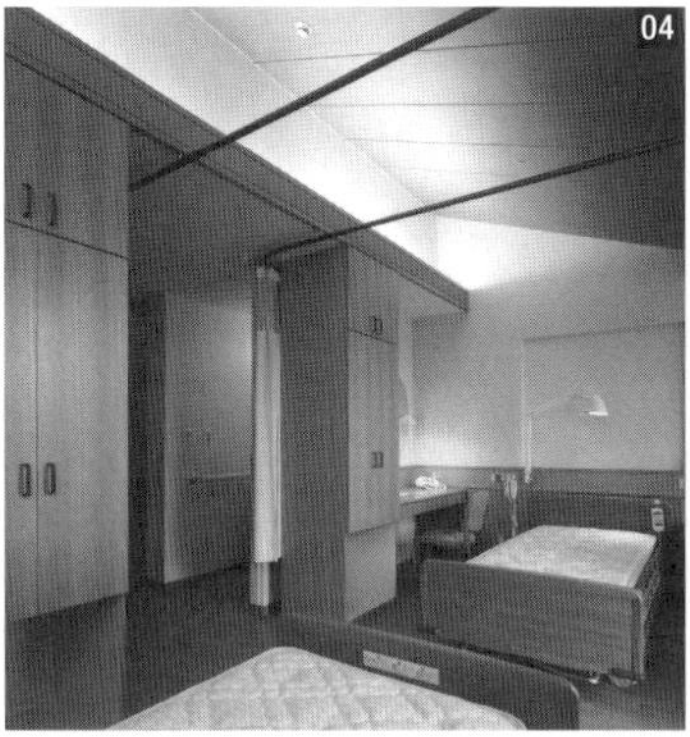

01. 緑と池で演出した玄関アプローチ **02.** 訪れる人を優しく迎えるバリアフリーな大きな庇 **03.** 自然素材の仕上げや、高い勾配天井で光あふれるエントランスホール **04.** それぞれのベッド専用の窓から樹々が見える４床病室

必要となる。

その治療過程を快適に過ごすため、ＱＯＬの向上に重点をおいた心地よい施設づくりに取り組み、ゆとりのある豊かな自然に包まれた敷地のなかで、周辺と調和するように威圧感のない勾配屋根を採用し、アースカラーの割肌タイルを外壁の基調として落ち着きと安らぎのある空間とした。

また、当センターは世界最高の性能を持つ大型放射光施設「Spring-8」（設計：日建設計）を中核とする播磨公園科学都市のなかにあり、高精度診断技術の開発研究との連携により、さらなる治癒率の向上が期待されている。

兵庫県立粒子線医療センター
兵庫（2000）

受賞歴

- ■建築九州賞作品賞(2013)
- ■グッドデザイン賞（2014）

DATA

敷地面積：58,825m²
延べ面積：4,721m²
最高高さ：GL+12m
病 床 数：50床

公園と一体となった西側全景

04

愛育病院

歴史を大切に新たな地域連携と患者への優しさを実現する

長い歴史を持つ愛育会の病院である。移転・新築にあたっては、地域に開かれ、多くの利用者および患者から親しまれるような「全国の総合周産期・小児医療施設のモデル病院」を目指した。

設計にあたっては、患者とスタッフ、新病院と現病院、周産期と小児救急といったテーマで「つながり」を重視した。

最寄りの田町駅から2階レベルでもアクセスできるように玄関とエントランスホールを1、2階に設けた。そして、1階に小児科・小児外科、2階に産婦人科・女性内科と外来部門を配置し、小児と妊婦を階ごとに分離することで、相互の感染を防いでいる。１６０床の病棟は患者のプライバシーに配慮し

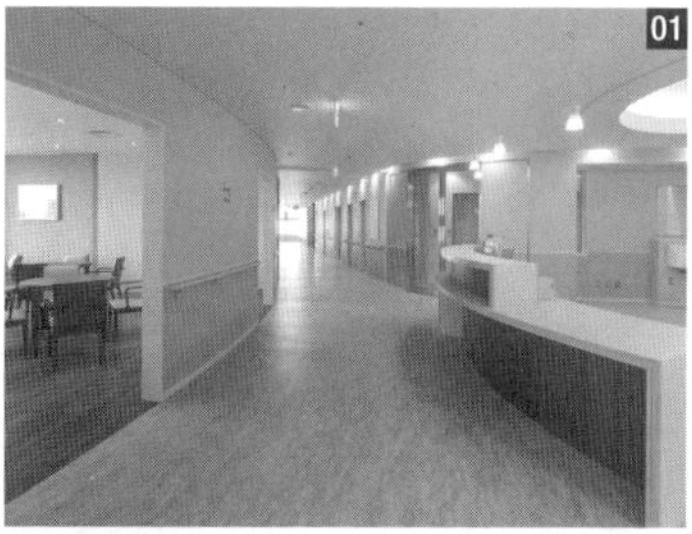

01. デイルームを含む病棟全体の見通しがよいスタッフステーション　**02.** 小児病棟のプレイルーム・デイルーム　**03.** 来院者を迎える明るい1階エントランス

ながらも、スタッフが看守りやすい特徴的な平面とした。

外観デザインは既存病院の伝統を継承した女性らしい温かみのある優しい佇まいとし、1、2階のエントランスホールも「お迎え」にふさわしいデザインとした。小児病棟には各所にアートを配し、最上階の9階には、マタニティ教室母親学級などを行う多目的室とレストラン、屋上庭園を配置するなど患者のアメニティに配慮した。

また、隣接する公園と一体となった安らぎのある景観はランドマークとしての役割を果たしている。

社会福祉法人恩賜財団
母子愛育会
総合母子保健センター
愛育病院
東京（2014）

受賞歴

- SDA賞商業サイン部門入選（2015）
- 省エネ大賞省エネ事例部門経済産業大臣賞（共同実施分野）（2016）
- 環境・設備デザイン賞都市・ランドスケープデザイン部門最優秀賞／BE賞（2017）

DATA

敷地面積：4,500m^2
延べ面積：17,586m^2
最高高さ：GL+51m
病床数：160床

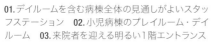

小児病院のシンボルであるルーフコートを中心に低層病棟を配置

05

東京都立多摩総合医療センター・小児総合医療センター

森のなかの雰囲気で高効率な小児医療を展開する

「多摩総合医療センター」（789床）と「小児総合医療センター」（561床）の2つの急性期病院を1つの建物に統合し、小児から成人までの幅広い年齢を対象にした高度急性期医療をPFI事業で運営する1300床の総合病院として、効率的な医療サービスを実現することが第一のテーマであった。

豊かな自然を享受できる建物構成として既存の国分寺崖線に平行配置し、周産期医療、キャリーオーバー、救急医療等の運用面での連携と運営の効率化を重視し、2つの医療施設としての独立性を確保しつつ合築して一体的に計画した。

そのため、多摩総合医療センターの産科病棟・分娩・手術部門と小児総合医療センターの未熟児専用

01. 優しい色調の素材と明るい自然光で子供たちを温かく迎えるエントランス　**02.** 隣接地に近い建物部分を低層、分節化して病院の大きさを感じさせない外観　**03.** トップライトからの自然光で人工照明に頼らない明るい吹き抜け空間　**04.** 子供が楽しめるふくろうカウンターや壁面のおもちゃ箱

集中治療室（NICU）・手術室などを同一フロアに集約配置して、総合周産期母子医療センターの一体運用のための迅速な連携を実現した。

さらに、小児病院らしい工夫として、敷地内に残る豊かな自然と森、動物をテーマにしたインテリアデザインを採用して、来院する子供たちの治療に対する不安を和らげる環境とした。

小児病院病棟は、建物の中央の大きな屋上庭園「ルーフコート」を低層分棟で取り囲む形式とした。目に優しい緑と散策もできる庭園で、限りある敷地のなかで入院している子供と、それを支える家族に癒しと安らぎの場を提供している。

東京都立
多摩総合医療センター・
小児総合医療センター
東京（2009）

受賞歴

- SDA賞公共サイン部門サインデザイン奨励賞（2010）
- 医療福祉建築賞（2011）
- サステナブル建築賞IBEC理事長賞（2011）
- 空気調和・衛生工学会賞技術賞・建築設備部門（2012）

DATA

敷地面積：114,364m²
延べ面積：129,879m²
最高高さ：GL+57m
病 床 数：1,350床

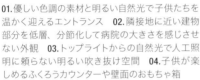

施設全景

06

CHILDREN'S HOSPITAL of FUDAN UNIVERSITY（復旦大学こども病院）

中国伝統にそって日除け付きの南向き病棟を創る

復旦大学は、1905年設立の国立大学で、傘下に57の研究所、80の学科研究センター、医療サービス・臨床教学・科学研究を一体運営する8つの附属病院を有し、中国の医学分野において高い権威を持っている。

復旦大学こども病院は、1952年に設立された中国最高レベルの国営子供専門病院であり、小児医療・教育・研究の中心を担う施設である。ベッド数500床の小児科総合病院、小児内科・小児外科・伝染病科・皮膚科・耳鼻咽喉科・麻酔科などのほかに、小児リハビリセンターや小児癲癇センターも開設。外来患者は1日1800～2000人受け入れる。

01. 正面全景　02. 玄関ロビー外観　03. 病棟外観

CHILDREN'S HOSPITAL of FUDAN UNIVERSITY（復旦大学こども病院）
中国（2007）

DATA

敷地面積：106,720m^2
延べ面積：62,000m^2
最高高さ：GL+21m
病 床 数：500床

玄関ロビー

自然光と緑にあふれる明るい雰囲気のエントランスホール

07

佐久総合病院 佐久医療センター

緊張感あふれる急性期医療だからこそ優しく迎える

急性期病院の緊迫した雰囲気を和らげるため、地場産の鉄平石やカラマツ材、杉板型枠コンクリート打ち放しなど、親しみやすい自然素材を内外の仕上げに用いた。内部は廊下の端を徹底してオープンエンドの窓として外部の景観と自然光を取り入れ、各所の光庭やトップライトからも自然光を導き、優しい光に包まれた、温かい雰囲気の空間を目指した。

機能上、急性期医療を支える2階は「ハイケアフロア」として、救命救急センター・手術・血管造影・ICU・周産期部門・周術期病棟をフロア内での水平移動のみで連携できるように配置。安心・安全を実現できる平面とした。また、救急車は専用スロープで2階に直接患者搬送を行うことができ、ドクターヘリは救命救急センターの直上階で離着陸する

01.屋上ヘリポートと格納庫 02.看守りやすさを重視したガラス張りの個室型ICU 03.診療棟・病棟を横並びに配置した建物全景

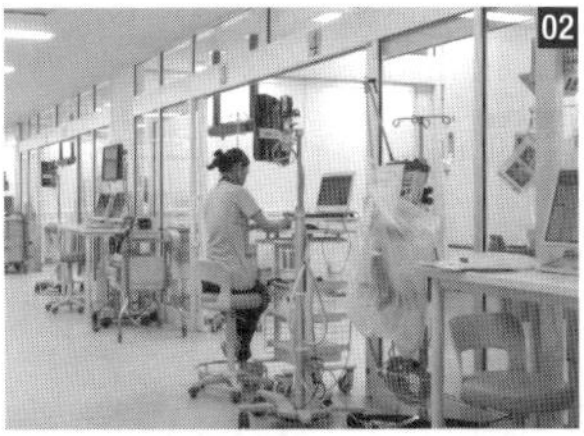

など動線の短縮で救急医療を支えている。

ICUはスタッフからの看守りやすさを最優先に、ガラス張りの個室がスタッフホールを取り囲むように配置した。さらに見舞客が外周側の通路から入室するつくりとしてスタッフと家族の動線を完全に分離し、スタッフの動きやすさを実現している。

建物の外周部には地域住民の健康増進の場にも使える1周約1000メートルのウォーキングコースを設け、建設中から病院スタッフが種から育てた苗を開院後に近隣住民とともに植樹するなど、地域住民にも優しい病院を目指している。春には満開の桜が患者や近隣住民を楽しませている。

JA長野厚生連
佐久総合病院
佐久医療センター
長野(2013)

受賞歴

- 日本建築家協会優秀建築選(2015)
- 緑の都市賞緑の事業活動部門奨励賞(2015)
- カーボンニュートラル賞(北信越支部)(2015)
- 空気調和・衛生工学会振興賞技術振興賞(2015)
- 医療福祉建築賞(2016)
- IFHE国際医療福祉建築賞(2018)

DATA

敷地面積:129,066m^2
延べ面積:49,843m^2
最高高さ:GL+20m
病床数:450床

見通しがよく広々としたエントランスホール

08

兵庫県立尼崎総合医療センター

大震災の教訓を救急医療の強化に活かす

兵庫県の南阪神圏域は、1995年の阪神・淡路大震災、2005年のJR福知山線脱線事故の2度の大規模災害を経験した。尼崎総合医療センターの前身である2つの県立病院は、その大災害での救急医療の中心的役割を担い、被災者・傷病者の命を支えた経験を持つ。その2病院を統合再編した新医療センターには、大規模災害からの教訓を反映することが求められた。

「断らない医療」を実践できるノンダウンホスピタルとして、24時間365日のフル稼働を支え、災害時にも止まらない病院として、免震構造の採用、重要設備の津波対策、建物屋上のヘリポート、同時に複数台の救急車を受け入れる大型の救急車寄せ、震災時にも機能を維持する諸設備など、災害時の救

01. 大きな庇で出迎える西玄関　02. 中庭に面する落ち着いた外来待合　03. 街に安心・安全の拠点としての存在感を示す西側外観　04. 柔らかい光が降り注ぐパブリック空間

急医療機能を大幅に強化した。

また、エントランスホールや講堂を災害時の医療スペースとして活用するなど、災害時に柔軟な運用ができる諸機能を配備した。救命救急センターは、4つの初療室の集約、救急専用の放射線撮影機器（CT、一般撮影）の確保、E－ICUとの一体化など、十分な医療機能を備えた。2台の救急専用エレベーターによって、上階の手術室、G－ICUおよび疾病別の高度医療病棟に直結し、迅速な患者搬送に配慮した。救急車寄せは感染症診察室に直結し、法定感染症患者の受け入れのほか、ケミカル、バイオ被災者の受け入れにも対応する。

兵庫県立
尼崎総合医療センター
兵庫（2015）

DATA

敷地面積：36,576m²
延べ面積：83,271m²
最高高さ：GL+58m
病 床 数：730床

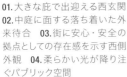

簾をイメージした陶管ルーバーをまとった外観

09

京都大学医学部附属病院先制医療・生活習慣病研究センター ハイメディック棟

先端の健康増進機能を雅な装いで包む

京都大学医学部附属病院と医療法人社団ミッドタウンクリニックの共同研究を目的とした公益性の高い研究施設であるが、同時に会員制総合メディカル倶楽部が運営支援する検診施設でもある。

検診における年間4000人規模の画像診断を含む診断データを蓄積し、そのビッグデータを用いて、疾患メカニズムの解明や早期診断法の開発など、健康寿命の延伸を目的とした先進的な研究を行っている。

外観は、検診施設らしい清潔感を醸し出す白を基調とした色彩としながら、伝統的な数寄屋や町屋に見られる簾《すだれ》をモチーフとした陶管《とうかん》ルーバーをまとうことによって、京都らしさを感じられるデザインと

01.ベンガラ色の正面玄関扉　**02.**京都らしさを感じられる雅やかな受付ロビー　**03.**屏風デザインを壁面に施した玄関ホール　**04.**待合室

した。この陶管ルーバーの簾は、フロア単位で分節した軽快なしつらいとし、建物のボリューム感を抑え、周辺への圧迫感を軽減した。

　さらに、日射を遮蔽して熱負荷を軽減すると同時に、隣接する京大病院の病棟への視線も遮蔽する、本来の簾としての機能も果たしており、伝統の知恵を現代に再現した新技術である。

　また、会員制倶楽部としての上品さと優雅さを兼ね備えたものとするため、内装にも簾や屏風をモチーフとしたデザイン、京都らしい雅やかさと検診施設らしい温かみのある色彩を随所に取り入れた。

京都大学医学部附属病院
先制医療・生活習慣病
研究センター
ハイメディック棟
京都（2016）

DATA

敷地面積：63,774m²
延べ面積：2,266m²
最高高さ：GL+15m

断層画像をイメージした水平フィンの積層による先進的な外観

10

ハイメディック名古屋

優美な断層画像の曲面が先端検診機能を包む

本施設は、充実した検診機器と優れた検診ノウハウを備えた会員制の総合検診施設である。日本全国に数多くのリゾートホテルを展開する会員制のメディカル倶楽部が運営しており、中部圏における拠点として名古屋市の都心部に開設された。最新鋭のMR／PETやPET用サイクロトロンなどの画像診断機器、製剤施設を備え、会員の健康維持・促進のために最先端の検診サービスを提供している。

施設デザインのコンセプトは、予防医学を象徴する「images（画像）」と「human（人間）」である。外観デザインは、MR／PET機器による断層画像をモチーフとして、GRC製の薄い水平フィンを何層も積み重ね、人体のシルエットを想起させる曲面によるフォルムとした。柔らかな曲線での構成やス

01. 曲面で構成した柔らかな印象のロビー　**02.** 大理石で包まれたラグジュアリーな雰囲気のホワイエ　**03.** 大胆な大理石模様や照明で先進性を表現したラウンジ　**04.** 曲面を強調するライトアップで上品さを醸し出す

プーンカットの「えぐり」によって、彫刻のように有機的で優しい表情を醸し出し、検診施設としての先進性も表し、建物に深い陰影をつくり夏場の強い日差しを遮ることによって、省エネルギーにも寄与している。

内装デザインにおいても、ホワイエやロビー・ラウンジで、大理石や天然木を用いて躍動する人体のイメージを曲面で表現するなど、上品で高級感あふれる空間を目指した。

社団医療法人
トラストクリニック
ハイメディック名古屋
愛知（2016）

DATA

敷地面積：783m^2
延べ面積：5,029m^2
最高高さ：GL+35m

復興のシンボルとして街と港を望む病院

11

気仙沼市立病院
震災の教訓を活かして徹底した災害対策を考える

気仙沼市立病院は、老朽化した旧病院の移転計画が先行していたが、その最中に起こった東日本大震災において甚大な被害を受けた気仙沼市の「復興のシンボル」と改めて位置付けられることとなった。

震災の大きな教訓として、ＢＣＰ（Business Continuity Plan：事業継続計画）を設計の最重要テーマと考えた。新病院は旧病院同様、震災の津波の高さより高い海抜レベルの高台に敷地が設定されていたが、これを機に複数の水害の高さレベルを想定した建物高さの設定を綿密に行った。傾斜敷地を利用して複数フロアを避難階とし、エレベーター停止時にも安全に地上に避難できる。

また、病院スタッフから震災当時の経験と教訓を詳細にヒアリングして設計に活かし、燃料などの備

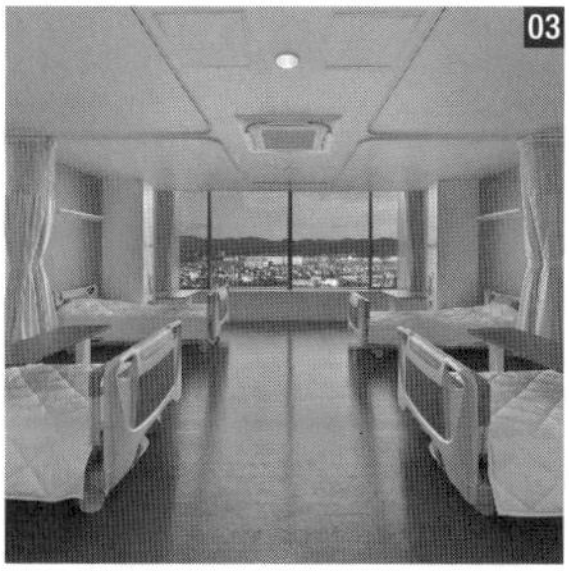

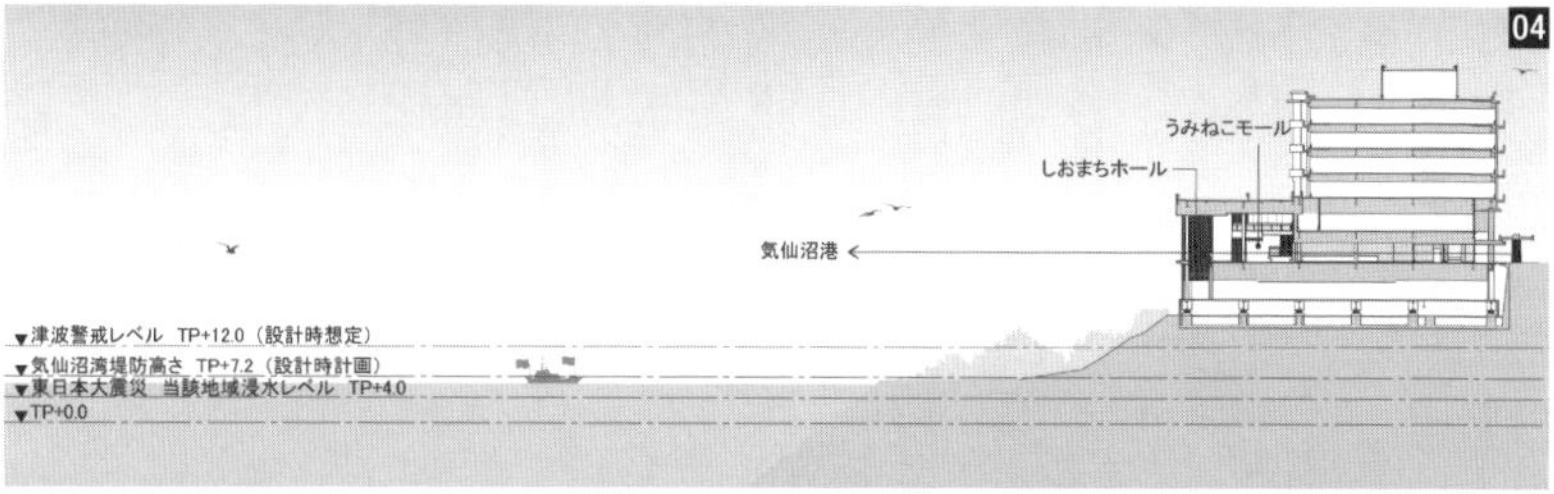

01. ふれあい、コミュニティ、災害トリアージを想定した「うみねこモール」 **02.** 動線の要となるエントランス「しおまちホール」 **03.** 復興した街を望む病室 **04.** 東日本大震災の津波よりも高い海抜に立地

蓄、患者や物品の搬送手段の確保、トリアージ対応などに重点を置いた。

さらに、同一建物内の看護学校では、救援部隊の待機スペースなど、医療のバックアップができるようにした。病院内は「眺望を活かした癒し環境創り」に重点を置いた。エントランス、外来待合などでは大きな窓から市民の心象風景である気仙沼市内を見渡せる。

また、建物の中央にある「うみねこモール」は、病院の主要な動線であるとともに人々の〝ふれあい〟や〝絆〟を醸し出す空間とした。

気仙沼市立病院
宮城（2017）

DATA

敷地面積：52,248m^2
延べ面積：28,944m^2
最高高さ：GL+37m
病 床 数：340床

増築された急性期病院

12

石巻赤十字病院

大地震を生き抜いた経験を後世に伝える

石巻沿岸地域の急性期医療を担ってきた中核病院である。石巻市は２０１１年3月11日に発生した東日本大震災により最も多くの死者・行方不明者を出したが、本院は免震構造であることや設計時の地歴調査の結果から、過去の川の氾濫による水位以上の盛土による造成を行ったことが功を奏して、地震と津波の大きな被害を受けなかった。

そのため、他の医療機関が壊滅的な被害を受けるなかでも災害医療活動を継続できた。あらかじめトリアージ広場として想定してあった玄関ロビーは日常の訓練を活かして多くの患者を受け入れる体制が即座に整った。また、大型バス駐車などのために玄関前に広く高く設置した庇によって、玄関前屋外での医療活動をさまざまな形で広げることができた。

01. トリアージの場所となった玄関ロビー **02.** 増築部のメディカルモール **03.** 大災害に備えて2つのヘリポートを整備した **04.** 普段の玄関ロビー

２０１５年にはこの後世に継承すべき経験を活かしながら、さらに地域の急性期病院の機能を充実させるため、病院および研修センター、看護学校を増築した。

新しく増築した建物は救命救急部門をこれまでの数倍の規模に拡大しＩＣＵを設置するなど高まる地域の急性期医療への備えを行っており、既存病院と連携が図りやすいように渡り廊下で接続している。

また、新しい研修センターは病院建物と行き来がしやすいモールで接続して一体化し、実践的な災害医療研修の充実に貢献している。

日本赤十字社
石巻赤十字病院
宮城（2012、2016増築）

受賞歴

- ■日本免震構造協会賞特別賞（2012）
- ■医療福祉建築賞（2019）

DATA

敷地面積：82,844m²
延べ面積：53,828m²
最高高さ：GL+33m
病 床 数：464床

地場産ライムストーン張りの正面玄関

13

BENGUET GENERAL HOSPITAL
（ベンゲット総合病院）

自然採光と自然換気でエネルギー削減を図る

日本の政府開発援助（ＯＤＡ）の一環として国際協力事業団（現・国際協力機構：ＪＩＣＡ）の実施促進のもと建設された無償資金協力プロジェクトである。ルソン島の山岳地帯に位置するベンゲット州に、保険医療基幹施設として２００床の総合病院を建設した。また、本プロジェクトは分院と保健所も対象として医療器材を整備する包括的な医療体制改善プロジェクトであり、日建設計は医療機材の調達・技術指導を含む総合コンサルタントとして調査・設計・監理を行った。

この病院は古くから避暑地として環境に恵まれており、山岳地域に立地した気候のよい風土のため、自然採光と自然換気によって省エネルギーを図り、州政府の維持負担を軽減しながら良好な療養環境を

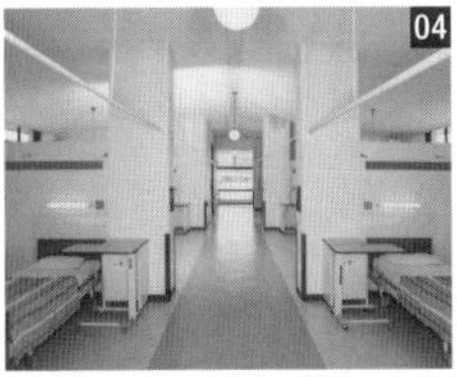

01. 病院全景　**02.** 玄関ホール　**03.** 外来廊下と自然光を取り入れる中庭　**04.** 32床の無料病室大部屋

目指した。

具体的には、空気清浄度を要する室以外の天井高さを3メートル確保して自然換気とし、自然採光や太陽熱集熱器の設置などにより、維持管理費用を節減した。

病棟はICU等12床、無料病室128床と有料個室60床。2階の四隅に診療科目ごとの無料病棟を配置し、その間に有料個室を設けることで共用を図った。

施設中央にはエレベーターが止まっても昇降できるようにスロープを設け、トップライトからの自然光と吹き抜けによって、開放的で明るい空間とした。

BENGUET GENERAL HOSPITAL
（ベンゲット総合病院）
フィリピン（2000）

DATA

敷地面積：20,500m²
延べ面積：10,989m²
最高高さ：GL+18m
病 床 数：200床

海からの恒常風を受け流す流線形のフォルム

14

メディカルりんくうポート

最先端の治療技術とともに最先端の環境技術を発信する

「ひとに優しい建物は、環境にも優しくあるべき」という建築主の思想をテーマとした。最先端のがん治療を専門とする施設であると同時に、最先端の環境技術を採用した環境調和型の施設である。

新開発の環境装置「ソーラーリボン」は、船形の建物形状を活用し、温度差換気と誘引換気を併用した自然換気システムである。病室単独で自然換気を行える仕組みとして、病室ごとの快適性を高めるとともに、他室への不用意な空気の流入を防ぎ、院内感染を防止している。

そのほか、日射遮蔽ガラス、輻射冷暖房などの先進的な環境技術を導入した。海外からの医師や患者の増加を想定し、空調や照明などの室内設備は、スマートフォンを利用した多言語操作に対応してい

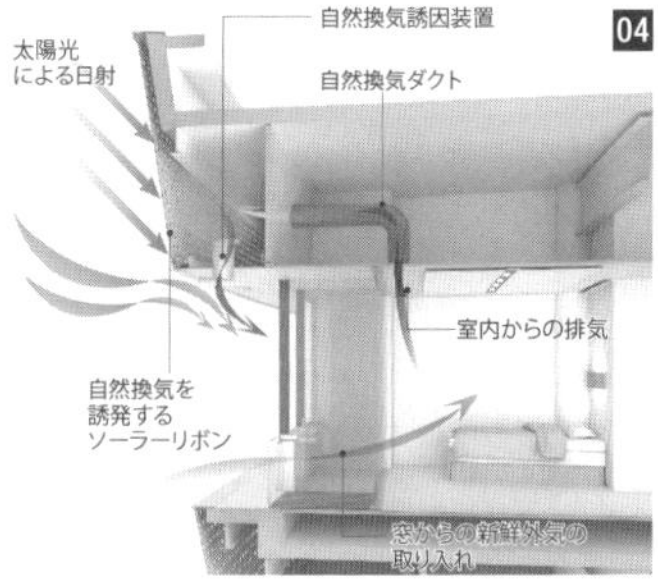

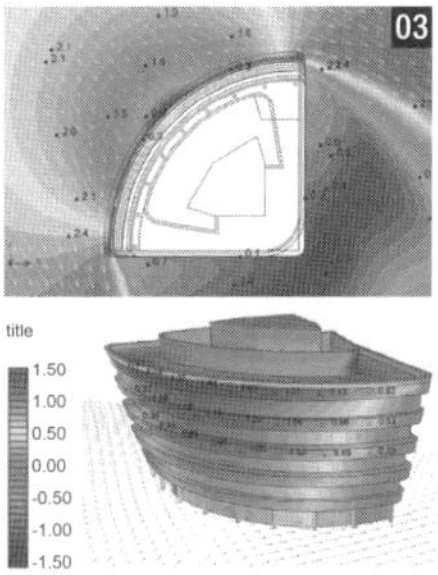

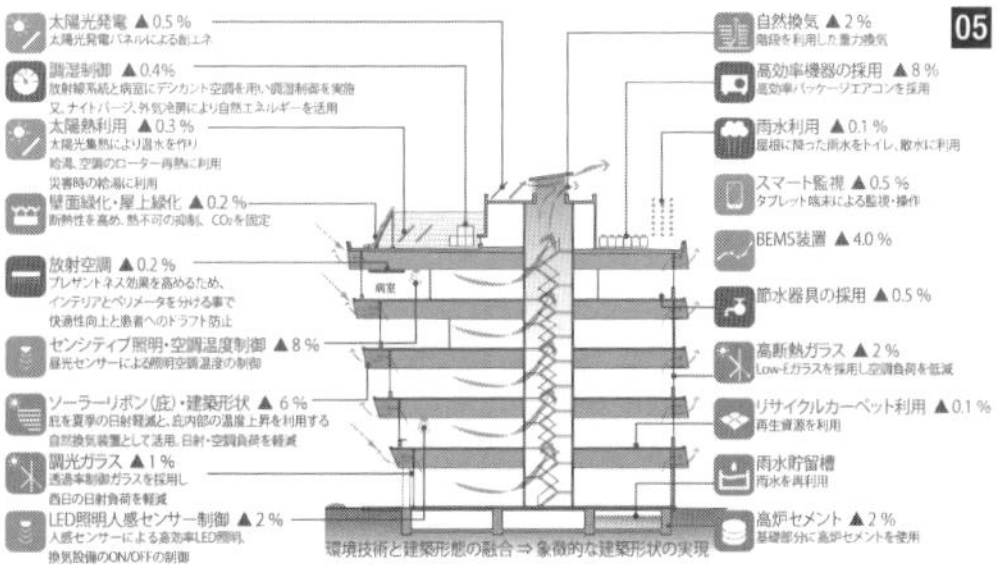

01. 大きな庇は、日射の遮蔽だけでなく自然喚起を誘発させる換気装置　**02.** 透過率制御ガラス　**03.** 恒常風によって生まれる差圧のシミュレーション　**04.** 恒常風と温度差を活用した自然換気システム=「ソーラーリボン」　**05.** さまざまな環境配慮技術を採用

る。建物の環境貢献度の「見える化」を行い、医療技術のみならず、環境技術の発信も行う次世代型の医療施設を目指した。

眺望を活かしながら、海風を自然換気に活かす建物形状、日射遮蔽に効果的な庇形状の採用によって、建物エネルギー消費量を抑制し、自然環境を最大限に活用したパッシブ型の省エネルギーと、患者に優しい療養環境を同時に実現した優れた技術が評価され、国土交通省の省エネルギー促進事業に採択された。ライフサイクルCO_2は、一般的な医療施設と比較して、約22%の低減を実現している。

メディカルりんくうポート
大阪（2016）

受賞歴

■おおさか環境にやさしい建築賞（2017）

DATA

敷地面積：6,286m²
延べ面積：4,737m²
最高高さ：GL+28m
病 床 数：19床

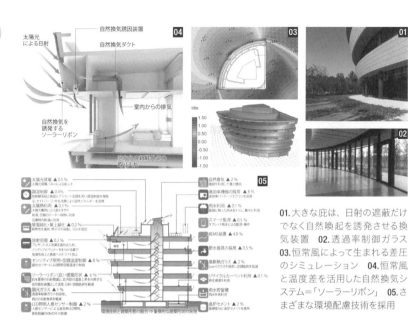

外観全景

15

足利赤十字病院

豊富な地下水と季節風の活用で究極の省エネルギー病院を創る

病院の全面移転を機に、足利の豊かな自然を活かした環境にやさしい病院施設を目指した。省エネ・省CO_2に配慮した「Green」、安全・安心な「Safety」、患者・スタッフにやさしい「Smart」の3つのキーワードをもとに、設計から建設、運用にいたるまでエコを意識した「次世代型グリーンホスピタル」となっている。

豊富な地下水を利用した井水熱利用ヒートポンプ、深夜電力給湯による高効率熱源、高効率個別空調、風力・太陽光発電、換気変風量制御、自動レポート機能であるBEMS導入によるエコの見える化、屋上緑化や職員教育などにより、従来の病院と比較して約45%の大幅なCO_2削減を実現した。

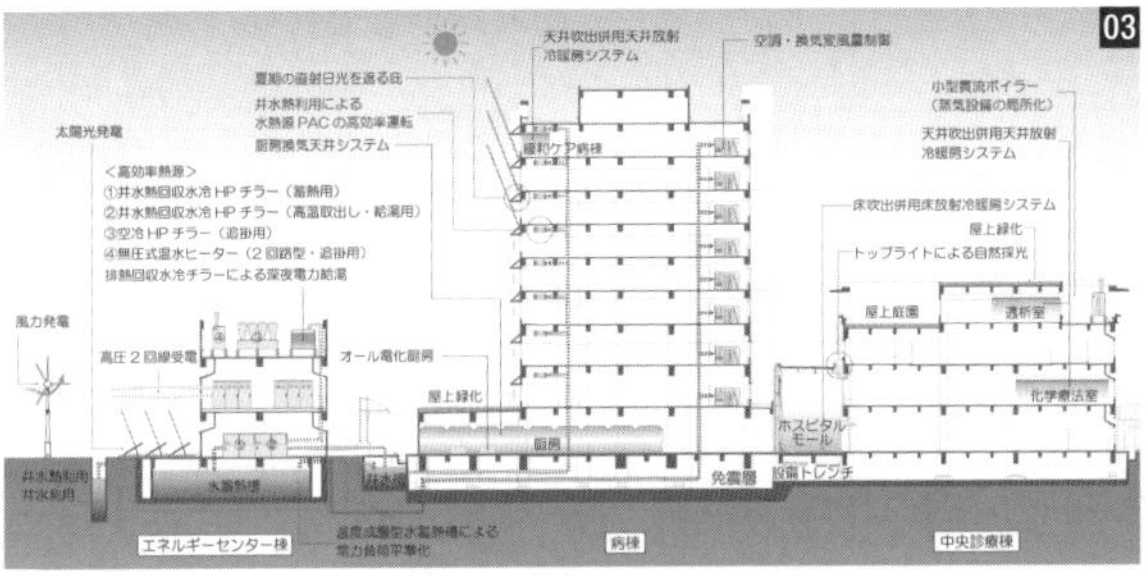

01.明るくわかりやすいホスピタルモール **02.**全景 **03.**病棟の左側にエネルギーセンター棟、右側に中央診療棟が並ぶ **04.**中庭が見えるエントランスホール

この取り組みは次世代型グリーンホスピタルとして国土交通省が設立した「住宅・建築物省CO_2推進モデル事業」の対象となり、全国初の省CO_2推進モデル病院に選ばれたほか、一般社団法人建築設備技術者協会より第1回「カーボンニュートラル大賞」「平成26年度省エネ大賞 経済産業大臣賞」に選ばれるなど、医療だけでなく建築や設備業界からも高い評価を得ている。

また、赤十字の使命を果たすべく、災害に強い病院として十分なＭＣＰ（Medical Continuity Plan）対策を行っている。

日本赤十字社
足利赤十字病院
栃木（2011）

受賞歴

- 足利市建築・景観賞建築文化部門（2011）
- 環境・設備デザイン賞建築・設備統合デザイン部門BE賞（2012）
- グッドトイレ選奨（2012）
- カーボンニュートラル賞大賞（2012）
- 空気調和・衛生工学会振興賞技術振興賞（2012）
- 医療福祉建築賞（2013）
- 省エネ大賞省エネ事例部門経済産業大臣賞（共同実施分野）（2014）
- IFHE国際医療福祉建築賞最優秀賞（2016）

DATA

敷地面積：57,404m^2
延べ面積：51,804m^2
最高高さ：GL+44m
病 床 数：555床

病院のファザード（正面部分）

16

北九州総合病院

環境配慮でゼロ・カーボンのトップランナーを目指す

北九州総合病院は、幹線鉄道のＪＲ城野駅前に広がる近隣の豊かな山並みを臨む、都心部でありながら療養環境抜群の再開発地区に建設された。再開発のコンセプトは「子育て支援・高齢者対応」とともに、「ゼロ・カーボン」が大きな柱となっている。

新街区の「ゼロ・カーボン」の実現のために、太陽光発電、コージェネレーション、井水・雨水利用、クール・ヒートピット、屋上緑化による熱負荷軽減など、最新技術をふんだんに採用した建築と設備が一体となったさまざまな工夫により、風、光、熱などの自然の恵みを取り込んだ快適な療養環境とした。その先進性とサステナブル性が評価され、国土交通省が設立した「住宅・建築物省CO_2推進事業」に採択された。

01. 西側外観（新街区の遊歩道から） **02.** 遠く山並みが見えるエントランスホール **03.** 屋上緑化と太陽光発電の全景 **04.** トップライトからの自然光に満ちた外来ロビー

社会医療法人
北九州病院
北九州総合病院
福岡（2016）

DATA

敷地面積：25,767m²
延べ面積：35,718m²
最高高さ：GL+33m
病床数：360床

病院単体での環境技術だけでなく、将来は新街区内の施設や住宅をつなぎ、互いにエネルギーの融通を図る取り組みも評価された。

さらに、免震構造による高い耐震性の確保に加え、エネルギーの多重化、物資の備蓄、講堂への医療ガス・非常用電源装備など「地域災害拠点病院」として、災害時に機能を発揮する病院を目指した。自然光や井水・雨水など、常日頃から自然エネルギーを活用することによって、エネルギーの消費を抑えることができ、環境への配慮と災害への備えを高い次元で両立させた医療施設となっている。

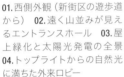

正面からの施設全景

17

星総合病院 ポラリス保健看護学院

地域医療技術のスキルアップで超高齢社会に備える

本院は福島県の地域医療を支える病床数４３０床の急性期病院であり、診療棟、病棟、サービス棟、健康増進施設、および看護学校の５つの建物で分棟形式とした。

日本は今後、世界でも類を見ない超高齢社会となることが予想される。身体機能の低下した高齢患者や認知症患者が安心して入院できるようにＩＣＵの考え方を取り入れた医療環境の病棟となっている。

スタッフステーションを中心に周囲に病室が配置される病棟内は見通しがよく、患者の動向やスタッフ同士の動きが把握・認識しやすい。

１階からはじまる病棟は、接地性が高く、外部の四季の移ろいが感じられる医療環境となっている。

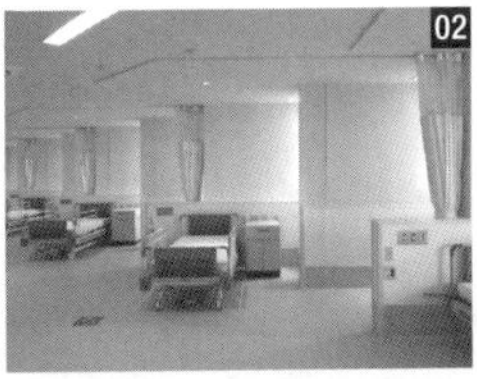

01. 温かみのある内装のMEGREZ Hall（講堂） **02.** 充実した看護実習室 **03.** 実践に即した在宅看護実習室 **04.** スタッフステーションを中心としたオープン型病棟

病院に隣接する看護学校は、看護師養成にとどまらず、本病院のスタッフだけでなく、地域の医療従事者が医療技術の向上を図れるよう看護実習室などの部屋の仕様や設備にさまざまな工夫を凝らしている。

具体的には、東日本大震災の教訓を活かして、学校内には医療ガスや非常用発電機等を設置し、災害時にも医療施設としての役割を継続して行える機能を持たせた。

客席数が330席ある講堂は、看護・医療の地域講演などのシンポジウムにも寄与している。

公益財団法人
星総合病院
ポラリス保健看護学院
福島（2013）

受賞歴

■医療福祉建築賞（2015）

DATA

敷地面積：34,647m²
延べ面積：39,701m²
最高高さ：GL+25m
病 床 数：430床

臨床教育研究棟と接続する病院本館の北側外観

18

北里大学病院

キャンパスマスタープランで臨床・研究・教育の理念を未来に託す

旧病院開院から約40年経った2014年5月に先進の医療環境を求めて新病院本館が開院した。新病院計画に先立って、既存病院・学部棟と密接に連携しながら臨床・研究・教育が将来も総合的に実践できる「キャンパスマスタープラン」を策定した。

キャンパスは、もともと病院本館を中心とする病院ゾーンと、医学部、医療衛生学部、看護学部の大学ゾーンに明快に分かれていたので、これを踏襲して将来の配置・動線・インフラの更新や、キャンパスロードの整備を盛り込んだ。

新病院本館と既存病院は本館のけやきサロンや中庭を挟んで、各階の渡り廊下で接続して一体の医療空間とした。

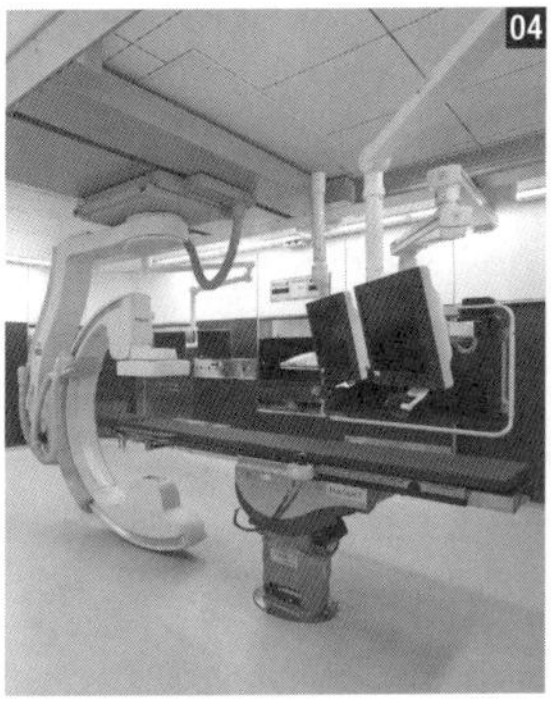

01. 既存病院を継承した病院本館最上階の特別病室　**02.** 中庭を挟んで既存病院1号館と接続するけやきサロン　**03.** 大学キャンパスと連携する病院本館の鳥瞰　**04.** 高度先進医療を担うハイブリッド手術室

病棟は、スタッフステーションや分散ナースピットによって、患者の看守りやすさや動線短縮を図って計画した病室を雁行配置した形態であり、隣接して建つ臨床教育研究棟との対面を避けるためにも有効に機能している。

一方で、病院本館3階に学生実習の臨床講義室やラウンジを配置し、臨床教育研究棟と接続して密接な連携を図った。各病棟には学生実習やカンファレンス機能を配置し、臨床・研究・教育が一体となるチーム医療の充実を目指している。

北里大学病院
神奈川（2014）

DATA

敷地面積：199,808m²
延べ面積：103,092m²
最高高さ：GL+74m
病 床 数：1,033床

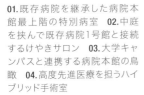

正面外観

19

大阪府済生会中津病院

伝統ある都市病院を保存再生で高機能病院に変える

大阪市中心からやや北寄りにある伝統ある病院の高層への増築と建替えである。設計にあたっては、この古い病院を財団である済生会の伝統を継承する象徴として扱い、既存病院の外観デザインを保存することを基本方針とした。特に1916年の設立当時の形態を色濃く残すエントランスゾーンでは建物内外で、新旧デザインの融合を図っている。

建設にあたっては総合設計制度を適用して約2万平方メートルの容積上乗せを行い、これからの医療にふさわしい建物として急性期病棟の整備、外来部門、手術部門の拡充を実現し、患者本位の環境整備を行った。

2階から4階にかけての外来部門では現存する建

01. 再現されたクロスヴォールトの天井　**02.** それぞれのベッドが窓に面した3床室　**03.** 以前の病院外観　**04.** 修復したエントランス周りに導かれる自然光

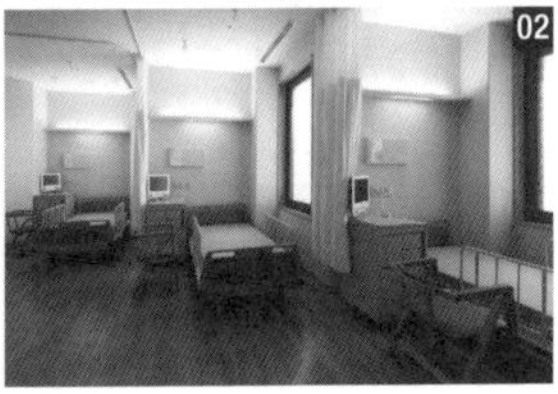

物の階高、部門配置、動線などにあわせて新築部分の設計を進めて全体の調和を図っている。また、光あふれる吹き抜け周りに主たる動線を配置して、わかりやすく、正しい方向感覚が保たれるようにしている。

新しい病棟では入院患者のプライバシーの確保を徹底した。病棟は周辺の既存建物と窓が正対することのないように雁行した台形の平面形を採用した。この結果、それぞれのベッドが独立した窓に面した特徴的な3床室が生まれた。病棟の廊下端部はすべてオープンエンドとして、心地よい自然光を導き入れる窓となっている。

社会福祉法人
恩賜財団済生会支部
大阪府済生会中津病院
大阪（2002）

受賞歴

■照明普及賞（本部表彰）優秀施設賞（関西）（2002）

DATA

敷地面積：13,396m^2
延べ面積：27,776m^2
最高高さ：GL+67m
病 床 数：778床

エントランスホール

20

南生協病院
コミュニティの中心として人々の暮らしに寄り添う

2病院7診療所64事業所を持つ南医療生活協同組合の基幹施設として、JR東海道本線・南大高駅前に移転新築した313床27診療科の病院である。新設された駅と住宅地を結ぶ動線を積極的に病院内に取り込み、健康な人も訪れる「街のような病院」を目指した。

設計にあたっては住民との会議を45回開催するなど、市民との協同で完成した。

施設を縦断する動線の東側（JR側）に病院機能を効率的に集約し、西側は近隣住宅に配慮して低層棟を配置することにより、店舗が面する車寄せに自然光が差し込む計画とした。

通過動線に面して旅行代理店、フィットネス、助産所、3つの保育所、オーガニックレストラン、薪

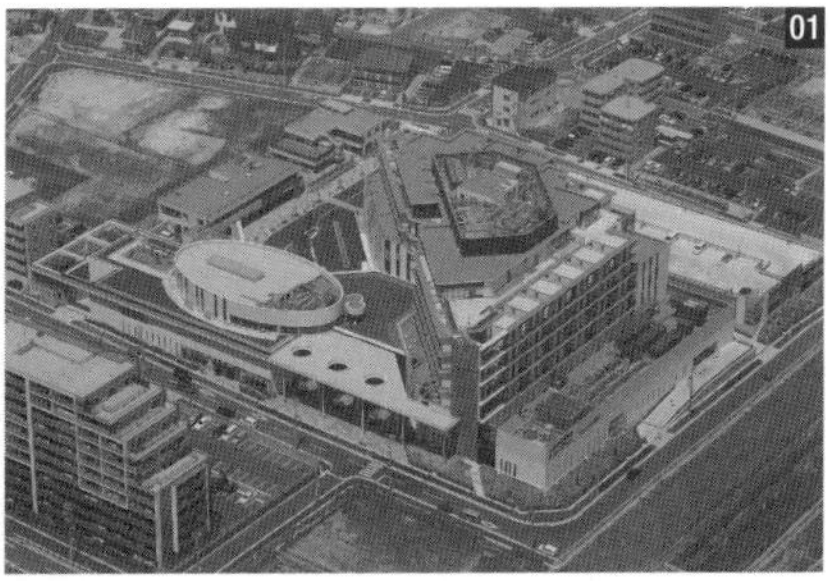

01. 駅方向からの鳥瞰　**02.** 朝市が開かれる駅側の玄関広場　**03.** ショッピングモールのような通過動線（左が病院）　**04.** サインや色使いを工夫した外来ブロック受付

窯を持ったオーガニックベーカリー、料理教室ができる多世代交流館など多彩な施設が顔を見せる配置とした。

さらに、病院玄関前の大庇には電源と給水設備を用意して、朝市などもできる地域の核としての機能を持たせた。

動線の核となるように配置した病院エントランスホールは、通年で夜11時近くまで地域に開放し、通勤・通学や買物での通り抜けができる運営としている。ここにはカフェも設け、受診のない人も待ち合わせに使うなど病院を感じさせない、街路のような賑わいのある珍しい風景を醸し出している。

南医療生活協同組合
総合病院
南生協病院
愛知（2010）

受賞歴

- ■中部建築賞一般部門入賞（2010）
- ■医療福祉建築賞（2011）
- ■人にやさしい街づくり賞大賞（2011）
- ■日本建築学会作品選集（2012）
- ■公共建築賞優秀賞（中部地区）（2014）

DATA

敷地面積：17,878m^2
延べ面積：29,388m^2
最高高さ：GL+31m
病 床 数：313床

地域のランドマークとなるよう水平ラインを強調したシンプルな外観

21

北播磨総合医療センター

光と一体化した医療空間に徹する

兵庫県の三木市と小野市の2つの市民病院を1つに統合した周辺地域の高度医療を担う450床の新総合病院である。敷地は、両市の中間に位置する高台で両市街地や周辺の豊かな自然を一望できる環境である。

周辺の既存植生や地形を強く意識したランドスケープデザインによって周辺自然と一体となった緑豊かな新しい医療環境を創り出した。外来者だけでなく病院スタッフにとってもあらゆる場面で緑が身近にある環境を目指している。

アプローチ道路沿いには桜並木、正面玄関前の歩道に沿った緑地帯といった外部空間に加え、外来エリアのレストランの中庭や緩和ケア病棟の屋上庭園、スタッフ専用ラウンジや手術エリア内にも中庭

01.遥か山並みが一望できる病棟デイルーム 02.周辺植生との連続性を意識した中庭のランドスケープデザイン 03.自然光、あふれる緑、アート作品によって、安らぎの空間とした外来モール 04.天井トップライトからの柔らかい自然光に包まれる外来モール

を設けた。

また、外来モールは、外来者の主動線や待合となるが、2層吹き抜けのゆとりある空間で天井全面のトップライトからの自然光、吹き抜けにせり出した中庭、モール端部の屋上庭園などにより外部の自然環境を内部でも感じることができるようにした。加えて自然素材の内装材、アート作品により癒しと安らぎのある空間を実現した。

病棟では周辺の景観を一望できる敷地の特色を最大限に活かしてデイルームや病室、スタッフカンファレンス室に設けた大きな窓から自然の光と緑豊かな風景を室内に取り込んだ。

北播磨総合医療センター
兵庫（2013）

受賞歴

■人間サイズのまちづくり賞 まちなみ建築部門奨励賞（2014）

DATA

敷地面積：85,451m^2
延べ面積：42,719m^2
最高高さ：GL+30m
病床数：450床

緑のなかの病院正面

22

伊勢原協同病院

緑多い地域環境と一体化した空間で地域医療に尽くす

伊勢原協同病院の設計にあたっては、地域環境との「共生」によって、患者が自分の住む街の雰囲気のなか、安らかな気持ちで治療を受けることをコンセプトとしている。

敷地面積の20%を超える緑地には四季折々に変化する市民に馴染みのある樹木を植えて「癒しの森」としている。分棟配置した病院、緩和ケア病棟、保育所は、この森を介して身近に自然を感じつつ、お互いのプライバシーも確保している。

植栽は、建物が周辺に及ぼす風害を軽減し、敷地内外の視線が交錯することも防いでいる。

さらに、地域に愛される病院として、潤いと活気の両立に貢献できるよう地域の人々も利用できる散策公園を敷地内に設けた。

04

01

03

02

01. 自然光が差し込むエントランスホール **02.** 来院者を迎える緑のエントランスガーデン **03.** 柔らかく光で包み込んだ緩和ケアラウンジ **04.** トップライトの光で時間の移ろいを感じる外来待合

JA神奈川県厚生連 伊勢原協同病院
神奈川（2014）

DATA

敷地面積：34,147m²
延べ面積：29,546m²
最高高さ：GL+34m
病 床 数：350床

病院内部動線の要にあたる部分では、大きなピクチャーウィンドウで切り取った伊勢原の街の田園風景、そして吹き抜けやトップライトで建物の奥まで導かれた柔らかな自然光によって、治療待ちの患者の不安や退屈な気持ちを和らげている。

病棟はスタッフステーションを中心とした看護のしやすさに配慮し、病室は連窓を設け、快適な療養空間を創出している。緩和ケア病棟は1病室ずつ雁行するデザインと、終末期を迎える患者にとって〝自分の家〟と感じられるようなプライバシーの高い環境を目指した。

外観全景

23

奄美病院

グループケアユニットに光と風を呼び込む

43年間の長きにわたって奄美群島の精神医療の中枢の役割を担い、350床まで順次増床されてきた病院の建替えである。

患者のプライベートなスペース、ユニットごとのデイコーナー、ユニットの集合体である病棟のデイルームへと、患者の生活空間と人間関係を個から大きなコミュニティへ、そして社会へと段階的に無理なく拡大して治療するため「グループケア」を採用している。

この病院では、患者が安全に過ごせること、疾病構成の多様化に対してよりきめ細やかな看護ができるようにグループケアを導入すること、そして維持管理コストを低減することをコンセプトとしている。この目標を実現するために「自然の力」を助け

01. 外来待合ロビーの光庭は風と光を招き入れる　**02.** 光のコントラストにより自然のリズムを感じる廊下　**03.** 木格子をデザインの基調としたデイルーム　**04.** 屋上緑化をほどこして緑が身近に感じられる病棟ユニット間の中庭

としている。

病棟はグループケアを実現するため約20床のユニット3つで構成している。4床室の「風のテラス」では強い日射しをやわらげる深い庇や煉瓦の透かし積みによって、患者が安全に自然の心地よい風を十二分に享受できるようにした。そして、周囲の緑の風景を室内に取り込み、外壁などの光と影のコントラスト、素朴な素材感によって温もりのある癒しの建築空間を創り出した。

また、設備においても豊富な井水を空調に利用するなど自然エネルギーを効率的に利用している。

公益財団法人慈愛会
奄美病院
鹿児島（2003）

受賞歴

- 日本建築学会作品選奨（2005）
- BCS賞（2005）
- JIA環境建築賞一般建築部門優秀賞（2005）
- 日本建築家協会優秀建築選（2005）
- 空気調和・衛生工学会振興賞技術振興賞（2005）
- 建築九州賞（作品賞）一般建築部門、特別賞（2007）

DATA

敷地面積：23,771m^2
延べ面積：16,838m^2
最高高さ：GL+19m
病 床 数：350床

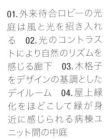

既存樹に囲まれた緩和ケア病棟

24

盛岡赤十字病院 緩和ケア病棟

北上川のほとりに「もう1つの我が家」として静かに佇む

緩和ケア病棟は、多くの患者の最期の棲み家となるため、住宅の雰囲気やスケール感を大切にした「もう1つの我が家」をコンセプトとして敷地内の庭園に面した緑豊かな環境のなかに静かに配置した。この庭園は既存病院の建設時（1987年）につくられたものである。庭園や敷地内の木立は日本の四季である新緑、紅葉、雪景色を通じて患者や家族の心を和ませ、水辺や小滝からは絶えず水のせせらぎの音が聞こえ、心身ともに癒してくれる。

建物デザインは、周辺の緑豊かな景観を大切にし、修景が主役、建物が脇役と考えて、建物が静かに佇み、医療施設というよりは住宅らしさを心掛けた。既存病院同様、片流れ屋根とし、敷地全体の建物と

01.冬季（上）と夏季（下）の病室環境断面　02.落ち着いた自然光が注ぐ病棟廊下　03.正面玄関外観　04.季節感あふれる院内庭園の逍遙游庭

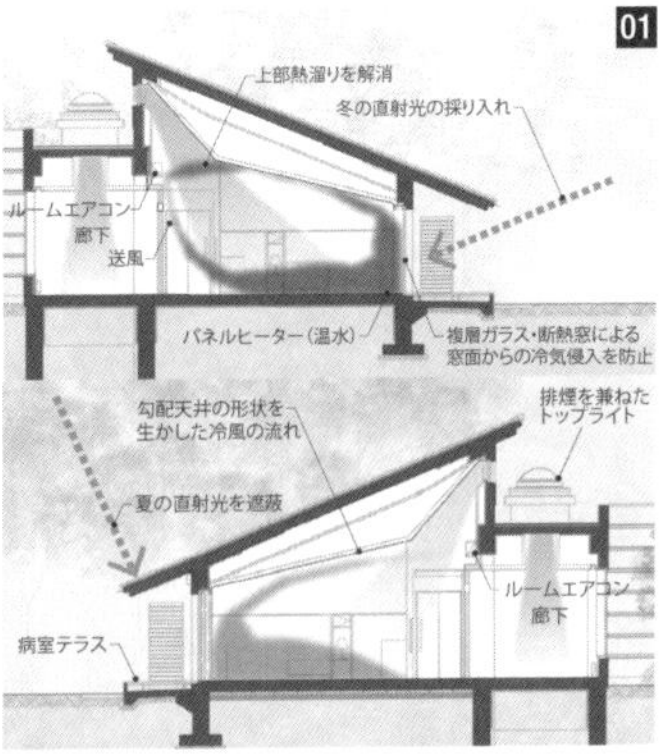

の調和を図りつつ、飽きのこないデザインとした。家族ラウンジは患者と家族の大切な交流の場であり、住宅スケールを大切にした落ち着いた雰囲気を演出した。病棟中央には2か所の中庭を配置し、中庭から自然光やそよ風を採り入れて気持ちのよい明るい廊下とした。

病室は勾配天井を活かして、ルームエアコンと温水パネルヒーターの冷暖房を循環させ、患者に優しい夏期・冬期の室内環境とした。ハイサイドライト（上部窓）から自然光を取り入れ、病室入り口扉の上部に欄間窓を設置し間接的に廊下に光与えた。

日本赤十字社
盛岡赤十字病院
緩和ケア病棟
岩手（2009）

受賞歴

- ■盛岡市都市景観賞（2010）
- ■日本建築家協会優秀建築選（2011）
- ■医療福祉建築賞（2012）
- ■公共建築賞優秀賞（東北地区）（2014）

DATA

敷地面積：87,682m^2
延べ面積：1,580m^2
最高高さ：GL+7m
病 床 数：22床

巻末付録 特別鼎談

病院建築の現在と未来を語る

――病院と建築家の共同制作により地域に信頼される病院をつくる

大守昌利
株式会社日建設計
クライアント・リレーション&
マネジメント部門
プロジェクトマネジメント部
ゼネラルマネージャー アーキテクト
(写真左)

小松本悟
足利赤十字病院院長
日本病院会副会長
IHF(国際病院連盟)理事
AHF(アジア病院連盟)会長
(写真中央)

近藤彰宏
株式会社日建設計
クライアント・リレーション&
マネジメント部門
プロジェクトマネジメント部
ゼネラルマネージャー アーキテクト
(写真右)

初出:『最新医療経営 PHASE 3』2021 年 3 月号(2021 年 2 月 10 日発行)

1949年の開設以来、地域の中核病院として人口約80万人の両毛地域の医療を支えてきた足利赤十字病院。基本構想から完成まで6年をかけ、2011年7月に市街地から現在の場所に移転新築した。新病院は、将来の医療ニーズに合わせた変化に対応できる分棟形式、病室は全室個室という、従来にない新しい時代の病院像を示した。また、新型コロナウイルス感染症の感染拡大によって病院の感染症対策が問われるなか、同院は個室や動線の分離でスムーズな感染患者の受け入れを行っている。

ここでは小松本悟院長と、設計を担当した株式会社日建設計の近藤彰宏、大守昌利両ゼネラルマネージャーの3人が建築から運用までを振り返りながら、病院設計・建築のあり方を考える。

明確なコンセプトのもと病院のあらゆる要望を実現

――新病院の設計から竣工までのいきさつをお聞かせください。

近藤　竣工してから10年近く経ちますが、貴院とは今日に至るまでお付き合いがあり、竣工後のコミュニケーションも大事だと実感した代表的なプロジェクトです。当社はプロポーザルとして選定されましたが、その前から病院建築計画学の第一人者である東京大学名誉教授の長澤泰先生に小松本院長がお声がけし、基本計画をまとめていたのには驚きました。

小松本　全室個室で将来の成長や変化に対応できるような、地域に根差したナンバー1病院にしたいというのが、私の希望でした。病院建築について調べたところ、長澤先生と工学院大学の筧淳夫先生が国内の第一人者だと知り、お声がけしたところ、お力添えいただくことになったのです。病院幹部、職員のコンセンサスを得るために勉強会を開くといった知恵もお借りしました。

近藤　建替えの規模やプランから入るのではなく、職員を講堂に集めて、国内外の病院建築を学ぶ勉強会から始めたんですよね。設計の段階で、通常は各診療科の陣取りが繰り広げられますが、貴院の場合は勉強会などを通じてみなさんの考えがまとまっていて、全体で1つの目的に向かうところからスタートできました。

小松本 悟（こまつもと・さとる）
1975年3月、慶應義塾大学医学部卒業。その後、同大学院にて医学博士学位取得。84年6月、米国ペンシルバニア大学脳血管研究所留学。帰国後、慶應義塾大学神経内科医長。90年1月、足利赤十字病院に着任、94年6月、足利赤十字病院副院長。2005年、医療管理政策学修士（MMA：医業のMBA）。06年、診療情報管理士。08年4月、足利赤十字病院院長。慶應義塾大学医学部客員教授、獨協医科大学臨床教授、群馬大学医学部臨床教授。17年6月、日本病院会副会長に就任。19年11月、国際病院連盟理事。20年1月、アジア病院連盟会長。

小松本　築40年以上が経過した旧病院は、ハード的に限界を迎えていて、病院機能評価をクリアできないところまできていました。増改築を繰り返していて、患者さんにとっても使い心地はよくなかったと思います。移転後の業績は好調で、旧病院では100億円を超えるかどうかだった医業収益は直近では約170億円と、移転前の1・7倍に伸びています。そのままだと時代の変化に対応できず、経営的に厳しくなっていたでしょう。

“病院の見せ方が地域へのアピールになる”

近藤　設計段階で基本計画を見せていただきましたが、「全室個室」「将来の成長と変化に対応できる分棟で構成」と書かれていて、ビジョンが明確でした。すべて個室という病院は前例がなく、最初は半分を個室とするプランを提示しましたが、小松本先生からは「話が違う」とガツンと言われてしまいました（笑）。

足利赤十字病院

両毛医療圏で唯一の三次救急病院であり、災害拠点病院、地域医療支援病院、地域周産期母子医療センター、認知症疾患医療センターの指定を受けるなど、基幹病院として地域医療に貢献。2011 年、足利競馬場跡地に新築移転。建物は次世代グリーンホスピタルとして、全国初の省 CO_2 推進モデル病院に選ばれたほかカーボンニュートラル大賞（12 年）、医療福祉建築賞（13 年）、NVTG 国際医療福祉建築賞最優秀賞（16 年）などを受賞。540 床（急性期一般入院料 1,431 床、緩和ケア 19 床、回復期リハビリテーション 50 床、精神 40 床）。
https://www.ashikaga.jrc.or.jp/

小松本　無難なものを建てたいのではなく、後のちまで残る病院をつくりたかったのです。責任を負うのは100％私であり、その点は譲れませんでした。旧病院は4人や6人部屋が主体でしたが今後、自宅では個室で過ごしてきた若い世代の患者さんは、個室を希望すると考えたのです。結果的に移転後の病床稼働率は高水準で推移し、コロナ禍でも100％を維持しています。バックヤードの空間を十分確保することで患者さんと職員、人とモノの動線を完全に分けられたことも関係していると思います。

近藤　基本計画にのっとりつつ、いくつかの提案をさせていただきました。1つは、病院エントランスからつながる全長100メートル、天井高10メートルのホスピタルモールです。中央診療棟、外来棟、病棟、管理棟をつなぐモジュールの役割を果たしていますが、自然光を取り入れたロビーのような開放的な空間にしたほうがいいと考えました。また、患者さんとの動線を分けるために外来棟の裏に職員専用の通路、〝医療の路〟をつくりました。

小松本　玄関から入ったときに来院者に与える第一印象が大切だと聞き、納得しました。ホスピタルモールは中庭に面していてテラスがあり、癒しを提供しています。カフェやコンビニエンスストアは土日も地域住民が利用できるようにしています。職員には権限に応じたアクセスパス、患者さんやご家族、地域の方たちも所定の場所にしかアクセスできないようセキュリティ対策を施したうえで、地域に開かれた病院という思いを実現していただきました。

大守　多くの病院は玄関から足を踏み入れると総合受付があり、ずらりと椅子が並んでいますが、その見慣れた風景がなかったことに驚きました。

近藤　竣工から数年経つと、病院が使い勝手を考えて新たに物を置いたり、レイアウトを変えたりするものですが、足利赤十字病院は開院当初のままです。病院が運用を真剣に考えてコンセプトをつくり上げたからです。コンセプトを膨らませて、建築的に見ために美しく、使い心地がいいものに仕上げるのが当社の役割でした。

小松本　機能性に社会性、芸術性が備わると美しいホスピタルになりますね。外壁タイルも時間帯によって色のグラデーションが変わるタイルを採用するなどこだわりました。最初はぶつかりながらも病院建築のあり方を共有してプロジェクトを進めることができました。10年経った今でも見学者が多く訪れ、「完成後に変えたほうがよかったと思ったところはありますか」とたずねられますが、一切ありません。「傷1つありませんね」とも言われます。新病院はみんなの頑張りで貯めたお金で建てたわけですから、自分の家と同じように大切に扱ってほしいと日頃から伝えています。素晴らしい設計と運用の賜物です。

完全個室と動線の分離でコロナ患者を安全に受け入れ

――完全個室化と分棟形式のコンセプトと、実際の運用状況を教えてください。

小松本　新型コロナウイルス感染症を予測していたわけではありませんが、感染症の歴史を考えて、病院の基本コンセプトに「感染を広げない、人にうつさない強い病院」を挙げていました。当時ナイチンゲールの著書『Note on Hospitals』を読んだのですが、「病院が備えているべき第一の必要条件は、病人に害を与えないことである」と記されていました。快適な病院は新鮮な空気と陽光、清潔さなどを適切に整えており、パビリオン型（分棟形式）にすべきと指摘しています。感染症対策のためにも、個室や動線の分離が大事だと考えたのです。当院では新型コロナ患者を積極的に受け入れていますが、バックヤードから院内に入ると専用エレベーターで専門病棟まで行くことができます。感染者と非感染者、医療者の動線が異なることで患者さんの不安が払しょくできた結果、外来患者数は減っていません。170メートルあるバックヤードは、スタッフや物品のスムーズな移動も実現しています。患者さんが往来するエリアはコンタクトレスで自動ドアを開閉できます。感染対策に優れた病院建築は、ポストコロナ時代のキーワードになるに違いありません。

近藤　全室個室だと料金設定に苦労したと思いますが、どちらかというとリーズナブルな、納得できる価格帯になっていました。病床の効率的な運用を図るために導入したＰＦＭ（Patient Flow Management）が入退院の窓口にもなり、個室について説明するという運用方法により、うまくいっているとお聞きしました。

小松本　個室は無料と有料があり、部屋の広さやフロアマットの種類で料金設定していますが、１

日6000円の差額ベッド代がかかる個室から先に埋まっています。また、PFMを導入し混合病棟としています。一病棟35床とし、平均7~8の診療科の患者さんが入院しており、当初は病棟運用の複雑さがインシデントにつながるのではないかとの声が上がりましたが、今に至るまで重大な事故は起きていません。患者さんの疾患が多岐にわたるため、看護師からはさまざまな手技を学べると喜ばれています。1つの病棟に外科、内科といった異なる診療科の医師が出入りすることで、診療に必要なコミュニケーションもとりやすくなっています。

近藤　小松本先生は早い段階から動線にも着目していました。設計の初期段階では、セキュリティの運用についてそこまで詰められていなかったので、一緒に運用を考えさせていただいた結果、かなりの機能を追加しました。地域に開かれた病院である一方、入退院センターでセキュリティカードをもらわないと入れないエリアを設け、スタッフと患者さんの動線も完全に切り分けるなど、ゾーニングを徹底しています。患者さんのいるエリアについては、病室のドア以外はコンタクトレスで開閉できるよう

近藤彰宏（こんどう・あきひろ）
1988年、東京理科大学大学院工学研究科建築学専攻修了、株式会社日建設計入社。主な担当プロジェクトとして、医療福祉建築賞を受賞した熊本県こども総合療育センター（公共建築賞）、盛岡赤十字病院緩和ケア病棟（公共建築賞）、足利赤十字病院（国際医療福祉建築賞第1位）、熊本県立熊本かがやきの森支援学校（JIA優秀建築賞、公共建築賞）、佐久総合病院佐久医療センター（公共建築賞、国際医療福祉建築賞第2位）などがある。

“建物ができたあとの50年間を見据えるべき”

に非接触型のセキュリティカードをご提案し、採用いただきました。

これからの病院建築は時代の変化と成長への柔軟性

――病院建築は、建築主の病院と建築家（設計者）のパートナーシップにより進めていくのが重要です。

小松本　建てたあとに不満が残るというのは建築家に任せきりの部分があるからで、病院側にも問題があると思います。院長や幹部が自分たちの病院を建てようとする信念、責任を伴った行動が求められるのは言うまでもありません。

近藤　貴院は綿密な計画や学びを通じて、建物の仕様や運用を突き詰めたうえで建てましたから、竣工後にご相談はあってもクレームはほぼありません。

小松本　新病院では患者さんからのクレームが激減しました。病院内のルールに従っていただけるようになり、器がきれいになると行動も変わると実感しました。全室個室なので、遠方にいるご家族が夜間にお見舞いに来ることもできます。入院をきっかけに親子やご夫婦のミュニケーションが深まったと感謝の手紙をいただくこともあります。

大守　小松本先生は理念が明確で、病院のあるべき姿を形にしたうえでプロジェクトを展開したのが特徴的であり、他院と大きく異なる点だと思います。多くの病院プロジェクトに参加していますが、置かれている病院の状況から相対的に物事を考え過ぎるがゆえに、本来あるべき姿を形にできない病院が多く見受けられます。

小松本　綿密に計画を立てたことで、計算通りに物事が進むなら移転は99・9％成功する、稼働率は１００％になると確信していました。一方で、

JCI（Joint Commission International）の認証を赤十字病院として初、国内では9番目に取得するなど、患者安全と医療の質向上にも努めています。建物だけではなく職員のレベルアップも図り続けることが大切だと思います。

近藤　災害拠点病院として災害時には被災者を収容できる講堂をつくり、中央診療棟と外来棟、病棟の高層階を一体型の免震構造にするなど、「災害に強い病院」というのも先生のこだわりでした。

小松本　講堂には災害時の診療に使うベッドを収納しているほか、貴社が開発した木質ユニット「つな木」もいち早く導入しました。有事の際は仮設医療ブースとして診療スペースに活用でき、新型コロナやインフルエンザの流行期には感染防止対策に使うことで、患者さんの安心・安全の確保につながります。

大守昌利（おおもり・まさとし）
1991年、京都大学大学院工学研究科建築学専攻修了、株式会社日建設計入社。医療福祉施設の設計を専門に、これまで約1万1,000床のプロジェクトに携わる。主な担当プロジェクトとして、医療福祉建築賞を受賞した高知県立幡多けんみん病院、久留米大学医療センター、岡山県精神科医療センターのほか、りんくう総合医療センター、小倉記念病院、兵庫県立尼崎総合医療センター、市立吹田市民病院、長崎原爆病院などがある。

“地域のハブとなる病院をつくる必要がある”

近藤　病棟は50年、外来棟や中央診療棟は20年で建替えるコンセプトが描かれていたので、ユニット単位で免震構造にすることも検討しましたが、地震の揺れ方によってはねじれにより亀裂が生じる恐れがあります。また、中央診療棟には放射線治療に使う医療機器を置くので、堅牢にしないといけません。そこ

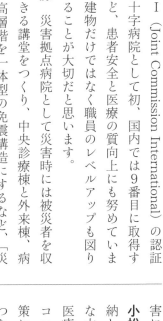

で考えたのが、柱や梁と内装構造とを分離し、将来的に用途に応じてレイアウト変更など改修しやすい、スケルトン・インフィル工法の採用でした。

小松本　人口減少などにより将来的には外来を縮小する可能性があります。今の外来を別の仕様にできるよう、セクションを細分化せず、変化に対応しやすいつくりにしていただきました。災害への対応、変化と成長に対する柔軟性は、これからの病院建築を語るうえでのキーワードです。

街づくりの視点が超高齢社会における建築家の役割

――医療を取り巻く環境は変化していて、病院建築にも影響を及ぼすと考えられます。今後の病院建築の方向性についてお聞かせください。

大守　新型コロナをはじめとする感染症対策として病院の個室化や院内の動線の整理、ダウンサイジングが加速すると思います。余剰病床の問題も併せて解決しないといけません。一方、病床再編や機能分化といった構造改革だけではなく、地域ごとに拠点（ハブ）となる病院をつくる必要があると実感しています。

小松本　地域医療構想を実現するには、そういった拠点があるに越したことはありません。当院のような地域医療を支える病院がハブの役割を果たすのが理想で、大学病院は最先端治療を担うなどのすみ分けができればいいと思います。病院の経営環境が厳しく、医療提供体制が変わるなかで病院がどのように地域医療を支えるのか、改修や改築、ダウンサイジングも含めて今後のあり方を考える時期が訪れているのは確かです。

大守　そのためには、われわれ建築家も建てて終わりではなく、完成後もフォローしながら、持続性の高い病院づくりに寄与したいと思います。

小松本　病院建築が工場などと違うのは、動線の確保や成長と変化に対応しないといけない点、さらには素晴らしい設備と、優秀なスタッフがいて初めて機能するということです。これらの要素が揃ってこそ、レベルの高い医療が提供できます。

大守　建築を手がけたある精神科病院では、緑の見える中庭をたくさん設けて明るい雰囲気の病棟をつくりました。死角が増えるので設計時には職員の方から心配する声がありましたが、完成後の新病院では患者さんが落ち着き、職員とのトラブルは激減しました。エビデンスはありませんが、空間づくりが患者さんの回復に役立つと確信しています。

小松本　当院の精神科病棟もデザインはモダンです。移転後は患者さんの在院日数が短くなり、投薬量も減ったという報告を受けています。大守さんがおっしゃる通り、研究データはまだありませんが、そうした効果は期待できるのかもしれませんね。

大守　建物のつくりが医療提供体制や安心・安全な診療に関係するのであれば、われわれ建築家は病院をつくる前後、早い段階と竣工後の両方を大事にしないといけません。早い段階とは、先生が病院建築を勉強なさったように、理念づくりの方向付けから私たちも知恵をお出しするような場があればと思いますし、竣工後もフォローすることで、「つな木」のような新たな設備のご提案もで

木質ユニット「つな木」

日建設計が開発した、小径の材木で簡単に組み立て・解体・移設できるもので、角の無垢材と接合部材（クランプ）、移動用車輪で構成された基本ユニットから成る。用途や環境の変化に対応しデスク、棚、ベンチ、プランターラックなどに組み替えることができる。足利赤十字病院では地元・栃木県産木材を使ったものを導入。普段はベンチ、カフェカウンターとして活用し、緊急時には仮設医療ブースとして運用する。

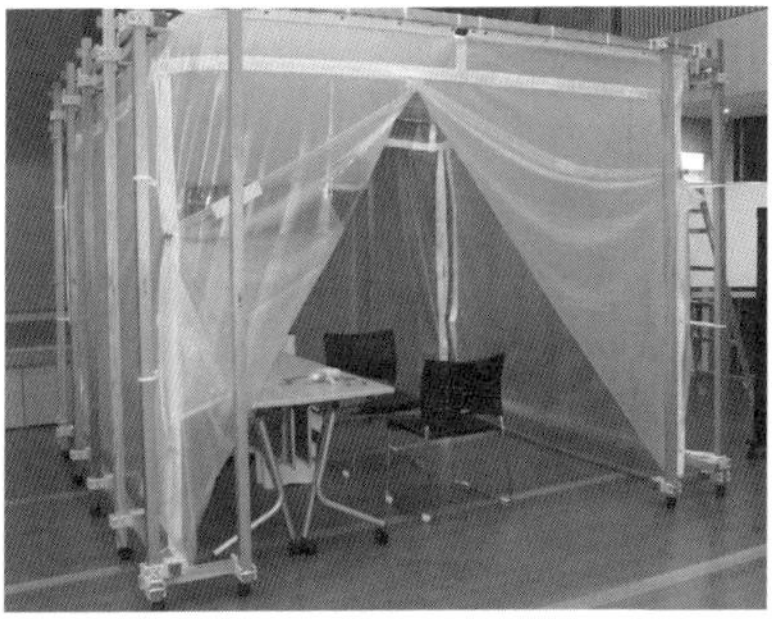

足利赤十字病院で組み立てた仮設医療ブース

きます。いろんなアイデアを受け取っていただきつつ、将来的な改修・改築を検討するといった関係を続けることこそ、病院建築にかかわる建築家の役割だと思っています。

近藤　これからは改修・改築が増えていきますが、建物ができたあとの50年間を見据えるべきです。建築主様にはマスタープランを立て、長い目で建物のあり方を考えていただけるとありがたいです。

小松本　足利市では当院周辺の道路を広くして区画整理に乗り出すなど、当院を中心とした新たな街づくりに着手しています。病院だけではなくCCRC（Continuing Care Retirement Community：高齢者が健康な段階で入居し、終身で暮らす生活共同体のこと）をはじめとする施設ができると高齢者にとっても安心です。病院と隣接する公園との間に垣根を設けなかったのも、地域に開かれた病院であることを伝えたかったからです。病院の見せ方が、地域へのアピールになると思います。

近藤　病院がぽつんと建っているのではなく、街全体から病院がどのように見えるのかも意識した、街づくりの視点で病院建築に臨むのも超高齢社会におけるわれわれの役割です。

大守　新型コロナなどの感染症対策や地域医療構想に伴う機能分化など課題は山積していますが、先生のお話からたくさんのヒントをいただきました。とりわけ、地方の病院は今後の自院の立ち位置を悩んでいて、貴院のように地域医療を実践し、市民の心の支えになっている病院から学ぶことは多いはずです。

おわりに

病院建築は建築主とのコラボレーションである

今回の出版企画を開始してから少し時間がかかってしまいました。その間にCOVID－19のパンデミックという思いもよらぬ事態が発生して、医療の世界だけでなく世の中がすっかり様変わりし、多くの人が働き方や生活の仕方を変えざるを得ない、これまで経験したことのない新しい日常が続いています。

本書の内容は、今まで病院建築にかかわってきた設計者としての経験をもとに書いたものです。〝ウィズコロナ〟〝アフターコロナ〟の状況下における病院のあり方や病院建設には深く言及していないため、その点にご関心を持って本書を手にされた方々には少々物足りないかもしれません。しかし、先行きが不透明な状況で断定的なことはお伝えできないというのが正直な気持ちです。もう少しお時間をいただき、今後、病院建築家としてさらなる経験と精進を積んだあとに情報発信していきたいと思います。

さて、本書の著者である大守および近藤は、病院の設計者として長く仕事に従事してきましたが、一緒に仕事をしたことはなく、大阪と東京という別々の場所で別々の道を歩んできました。にもかかわらず、病院の設計者は他のビルディングタイプの設計とは異なる役割を担っていることを互いに認識し、共通した部分が多いことに気づきました。それは同じ設計事務所の文化のなかにいて、そのフィルターを通して育った結果なのかもしれません。

本書を出版する初期の目的は日建設計による病院建築の特徴をご紹介することでしたが、企画会議を通じて建物の紹介だけでなく、設計のプロセスを執筆者の個性も含めて表現しようということになりました。出版社のご担当者である堀江尚代さん、高橋智之さんと議論を進めながら構成を決め、とにかく大守と近藤の2人が内容をあまり調整することなく書き始めました。

私は、途中で相反する考えによるハレーションや矛盾が起きたり、予定調和で個性を消すことになりはしないかと危惧していましたが、ある程度書き進め内容を確認する段階で、驚くほど同じ感覚だということに気づかされました。むしろ、同じことを書いている部分が多くみられましたが、それぞれのテーマをお伝えするための流れとして重複を恐れずに残したことはご容赦いただきたいと思います。特に共通の考えの骨子としては、病院建築は建築主の考えによるところが大きいこと、病院建築家とのコラボレーションであることが挙げられます。

設計者は設計条件をご提示いただいたところから仕事が始まるのが一般的です。あるいは、まったく別のアプローチとして、ある建築家の作風に惚れ込んだ建築主から芸術作品を期待するかのように設計を依頼されることもあります。病院建築はプログラムの段階から誰かが建築主に寄り添って、一緒に考えながら進めるべきものでありますが、その役割を担っていたのは私たちのような病院を専門とする設計者であることが多かったと感じています。自分の足跡を振り返ってみると、建築家の業務範囲をはみ出して、プロジェクトマネジメントまで行っていることもあり、本書ではその部分についてもお伝えしたく、ページを割いています。

本書の多くは、病院建築で主役となる建築主にスポットを当てた内容で書きました。そのため、今回はあまり触れていませんが、建物のつくり手としての施工者の皆様とのコミュニケーションも大切で、大いに助けられてきました。施工者とは、いわゆるゼネコンのことで、施工図作成の段階で設計者の視点とは異なるアイデアをご提示いただき、よりよい建物になっていく過程を少なからず経験しました。また、設計図からは読み取れない設計者の意図を説明し、ご理解を得ることで大いなる力を発揮してくださることもありました。このように病院建築では建築主と設計者、そして施工者が三位一体となってこそ、よいものができると実感しています。

本文でも少し触れましたが、病院計画は建築計画学として進化と深化をしてきた分野であり、その世界の第一線で活躍する研究者の皆様と一緒にコラボレーションできたことは、私たちにとって貴重な財産となっています。設計は経験とひらめきだけではなく、論理的な思考とエビデンスが大切であることを学び、当たり前のことを疑ってかかるという思考パターンを得るきっかけとなりました。この場を借りて、多くの研究者の先生方に感謝を申し上げたいと思います。

個人的には、２００2年に熊本県こども総合療育センターの設計で外山義先生（当時・京都大学大学院教授、２００2年に物故）およびその研究室の研究生だった山脇博紀氏（現・筑波技術大学教授）と協働させていただく機会があり、初めて研究者とのコラボを経験しました。その後、２００7年には足利赤十字病院の設計において長澤泰東京大学名誉教授（当時・工学院大学教授）、山下哲郎工学院大学教授（当時・名古屋大学准教授）、筧敦夫工学院大学教授（当時・国立保健医療科学院施設科学部部長）の三先生からも監修という形で薫陶を受け、建物が完成するまで議論を重ねる貴重な経験を得ました。ＥＢＤ（Evidence Based Design）の重要性とチャレンジ精神の両方の大切さを学ばせていただき、その後の設計に活かすことができています。他にも著名な研究者の先生とのコラボや完成後の建物をご案内する際にいただいた感想や質問は大きな刺激となりました。本書の読者の皆様には、それらの経験を追体験として少しでも伝えることができたなら幸甚です。

ＣＯＶＩＤ－19による影響が多大にあるなかのご多忙のところ、本書の鼎談のために貴重なお時間を割いていただいた足利赤十字病院院長の小松本悟先生には、大変貴重なご意見を賜りました。心より感謝を申し上げます。

最後になりますが、本書の編集に際して企画段階から長きにわたり辛抱強くご指導いただいた株式会社日本医療企画の堀江尚代さんおよび高橋智之さんには心より感謝を申し上げます。また、編集に多くの時間と労力を割いてくれた日建設計の宮田めぐみさんに感謝を申し上げると同時に、彼女を含む多くの病院設計者の活躍に本書が役立つことを期待しています。
株式会社日建設計
クライアント・リレーション&マネジメント部門
プロジェクトマネジメント部
ゼネラルマネージャー アーキテクト
近藤 彰宏

●著者プロフィール

近藤 彰宏（こんどう あきひろ）

株式会社日建設計
クライアント・リレーション＆マネジメント部門
プロジェクトマネジメント部
ゼネラルマネージャー アーキテクト

1962年東京都生まれ。1988年東京理科大学大学院工学研究科建築学専攻修了。同年株式会社日建設計入社。設計部長、設計部門副代表などを経て現職（第1版第1刷発行時）。一級建築士、日本建築学会会員、日本建築家協会登録建築家。一般財団法人ハピネスライフ財団理事。

入社以来、工場、空港などの大空間の設計を行ったあと、高齢者施設、肢体不自由児施設などの福祉建築の設計を経て、病院建築に移行する。岩手県立二戸病院にて地方における高度医療施設のあり方を考え始める。東京女子医科大学八千代医療センターにおいて分棟病院のメリットに目覚め、多くの分棟型病院を手掛ける。病院建築の専門家となったのは遅咲きだったが、それ以前の経験を活かすことを心がけてきた。病院ハードのつくりもさることながら、プロセスの重要さに早くから着目し、設計初期段階の建築主へのインタビューに力点を置いている。海外視察団の団長を多く務めてきた経験から広い視点を持つことを心がけ、視察団でのご縁など人とのつながりを何よりも大切にしている。

座右の銘は「正義の味方」。

一般財団法人 ハピネスライフ財団 理事
◎財団 HP：https://www.happinesslf.org/
株式会社 A&A Architects 一級建築士事務所 主宰 アーキテクト
国立大学法人 東京医科歯科大学 非常勤講師
学校法人都築学園 日本薬科大学 非常勤講師 （2024年3月25日現在）

【執筆担当項目（開始ページ）】

018, 056, 061, 064, 070, 074, 079, 084, 087, 128, 150, 167, 171, 176, 186, 191, 194

【主な担当プロジェクトと受賞歴】

2004 年　岩手県立二戸病院

2005 年　熊本県こども総合療育センター　◎●

　　　　　医療法人社団純心会 ケアハウスかがや木

2006 年　東京女子医科大学八千代医療センター

2007 年　木もれ陽の里／軽井沢保健福利複合施設　●

2009 年　盛岡赤十字病院 緩和ケア病棟　◎●

2011 年　足利赤十字病院　◎■

2012 年　伊万里有田共立病院

　　　　　阿蘇医療センター

2013 年　佐久総合病院 佐久医療センター　◎●■

　　　　　星総合病院 ポラリス保健看護学院　◎

2014 年　愛育病院

　　　　　熊本県立熊本かがやきの森支援学校　◎○●

2015 年　石巻赤十字病院 増築棟　◎

　　　　　国立病院機構 九州がんセンター

2017 年　船橋整形外科クリニック

2018 年　福島赤十字病院

2019 年　岩手医科大学附属病院

　　　　　東北医科薬科大学 新病院棟

◎医療福祉建築賞（一般社団法人 日本医療福祉建築協会主催）

○ JIA 優秀建築賞（公益社団法人 日本建築家協会主催）

●公共建築賞（一般社団法人 公共建築協会）＊1

■国際医療福祉建築賞（The International Federation of Hospital Engineering）＊2

＊1　熊本県こども総合療育センターは特別賞、その他は優秀賞

＊2　足利赤十字病院は International Building Award 1st Prize（第 1 位）、佐久総合病院佐久医療センターは International Building Award 2018 Runner-Up（第 2 位）

●著者プロフィール

大守 昌利（おおもり まさとし）

株式会社日建設計
クライアント・リレーション＆マネジメント部門
プロジェクトマネジメント部
ゼネラルマネージャー アーキテクト

1964年岡山県生まれ。1991年京都大学大学院工学研究科建築学専攻修了と同時に株式会社日建設計に入社。在学中はウィーン造形美術アカデミー建築教室に学ぶ。日建設計では、設計部長、設計部門副代表などを経て現職（第1版第1刷発行時）。一級建築士、CASBEE建築評価員、日本建築学会会員、日本建築家協会登録建築家、医業経営コンサルタント。

入社以来、医療福祉施設の設計を専門として、大学病院や先端がん治療施設などの高度医療施設、自治体・公的・民間病院などの急性期医療施設、精神科病院や療育センターなどの専門医療施設など、これまでに約1万1,000床の医療福祉施設のプロジェクトに携わる。その関心は、進化し続ける医療や健康のあり方を軸にして、未来の病院の姿をどう描いていくかに向かっている。

趣味は多彩。学生の頃から続けている茶道（裏千家）、スキー（一級）、バーベキュー（上級インストラクター）、最近ではマラソンや関西の山登りにも挑戦している。

株式会社日建設計
企画開発部門
プロジェクトマネジメントグループ
プロジェクトマネジメント部長

藤田医科大学大学院医学研究科 客員講師　（2024年3月25日現在）

【執筆担当項目（開始ページ）】

012, 024, 030, 039, 051, 091, 093, 096, 101, 113, 120, 134, 139, 146, 153, 159, 163, 200, 210

【主な担当プロジェクトと受賞歴】

1997年　りんくう総合医療センター
1999年　高知県立 幡多けんみん病院　◎
2003年　産業医科大学若松病院
2004年　地域医療機能推進機構（JCHO）九州病院
2007年　久留米大学医療センター　◎
2008年　岡山県精神科医療センター　◎
2010年　小倉記念病院
2011年　聖ルチア病院
　　　　労働者健康安全機構 九州労災病院
2013年　地域医療機能推進機構（JCHO）熊本総合病院
　　　　福岡赤十字病院
2015年　高知県立 あき総合病院
　　　　堺市立病院機構 堺市立総合医療センター
　　　　兵庫県立尼崎総合医療センター
2016年　大阪医科大学附属病院 中央手術棟
　　　　北九州総合病院
　　　　屋島総合病院
2017年　三重県立こども心身発達医療センター
2018年　大阪医科大学 関西 BNCT 共同医療センター
　　　　市立吹田市民病院
　　　　住友別子病院
　　　　鳥取県立中央病院
2020年　日本赤十字社 長崎原爆病院
　　　　むつみホスピタル
2021年　宮崎県立宮崎病院
2022年　松山赤十字病院

◎医療福祉建築賞（一般社団法人 日本医療福祉建築協会主催）

【参考文献】

- 一般社団法人日本コンストラクション・マネジメント協会『CMガイドブック 第3版』(水曜社、2018年)
- 日本プロジェクトマネジメント協会編著『P2M プログラム＆プロジェクトマネジメント標準ガイドブック 改訂第3版』(日本能率協会マネジメントセンター、2014年)
- 若月俊一監修／「佐久病院史」作製委員会編『佐久病院史』(勁草書房、1999年)
- 石井正『東日本大震災 石巻災害医療の全記録―「最大被災地」を医療崩壊から救った医師の7カ月』(講談社、2012年)
- 建築デザイン研究会編『建築が病院を健院に変える―変貌するアメリカと日本の現状』(彰国社、2002年)
- 長澤泰他「特集：医療・福祉施設と鹿島　これからの医療のかたち」『鹿島建設ニュース』(鹿島建設、2000年)
- 長澤泰他『[ナイチンゲールの越境]01・建築　ナイチンゲール病棟はなぜ日本で流行らなかったのか』(日本看護協会出版会、2020年)
- フロレンス・ナイチンゲール著／小林章夫、竹内喜訳『看護覚え書―看護であること看護でないこと』(うぶすな書院、1998年)
- フロレンス・ナイチンゲール著／湯槇ます監修『ナイチンゲール著作集 第2巻(病院覚え書)』(現代社、1974年)
- 伊藤誠『ヨーロッパの病院建築 建築巡礼25』(丸善、1995年)
- 長澤泰、伊藤俊介、岡本和彦『建築地理学―新しい建築計画の試み』(東京大学出版会、2007年)
- 長澤泰編著／在塚礼子、西出和彦著『建築計画 改訂版』(市ヶ谷出版社、2011年)
- 林昌二『建築に失敗する方法―建築論集』(彰国社、1980年)
- 林昌二『二十二世紀を設計する―建築論集』(彰国社、1994年)
- 中谷正人「現代建築ヤブニラミ Vol.31」『近代建築 2017年11月号』(近代建築社、2017年)
- 山田朝夫『流しの公務員の冒険―霞が関から現場への旅』(時事通信社、2016年)
- 安田彰「サービスとホスピタリティ―その系譜と構造」『ホスピタリティ・マネジメント Vol.2 No.1 2011年3月』(亜細亜大学、2011年)
- 牧彰「SICK HOUSE (病院) から HEALTHY HOUSE (健院) へ―21世紀の医療環境 (15)」『大阪医科大学図書館報 OMNIBUS No.26』(大阪医科大学、2004年)
- ウィトルーウィウス著／森田慶一訳『ウィトルーウィウス建築書』(東海大学出版会、1979年)
- マルティン・ハイデガー著／桑木務訳『存在と時間 上・中・下』(岩波書店、1960年)
- オットー・フリードリッヒ・ボルノウ著／大塚恵一他訳『人間と空間』(せりか書房、1978年)
- クリスチャン・ノルベルク＝シュルツ著／川向正人訳『住まいのコンセプト』(鹿島出版会、1988年)
- 前川道郎『ゴシックということ』(学芸出版社、1992年)
- 伊藤哲夫『アドルフ・ロース SD選書165』(鹿島出版会、1980年)
- 加藤浩晃『医療4.0―第4次産業革命時代の医療』(日経BP、2018年)
- 大守昌利他「COVID-19　医療現場への緊急支援」『NIKKEN JOURNAL 45号』(日建設計、2020年)
- 『日刊建設産業新聞 (2018年9月7日付)』(日刊建設産業新聞社、2018年)

■装幀／本文デザイン・DTP
株式会社サンビジネス

■編集協力
宮田めぐみ
（株式会社日建設計 設計部門 シニアプロジェクトアーキテクト）

■取材・編集協力（巻末付録）
『最新医療経営PHASE 3』編集部／大正谷成晴（執筆・構成）

■写真撮影（五十音順）
有限会社アカマフォトスタジオ／株式会社エスエス／大神設計株式会社（伊東浩）／オノスタジオ／柄松稔／川澄・小林研二写真事務所　浜田昌樹／SATOH PHOTO　佐藤和成／篠澤建築写真事務所／志摩大輔／株式会社写真通信／有限会社写真のイナトミ／株式会社新建築社写真部／株式会社伸和／有限会社菅野哲也写真事務所／テクニスタッフ（岡本公二）／株式会社TEXNE　松下幸司／ナガノコンサルタント株式会社／株式会社西日本写房福岡／原恵美子／東出清彦／フォト・ビューロー（庄野啓）／株式会社プライズ（山崎浩治）／株式会社ミヤガワ東京／古田写真事務所（古田雅文）

■カバー写真
表：南生協病院
裏：佐久総合病院 佐久医療センター（左上）／むつみホスピタル（左下）／足利赤十字病院（中上）／兵庫県立粒子線医療センター（中下）／長崎原爆病院（右）

株式会社日建設計
1900年創業、国内外で建築プロジェクトを手がける日本最大規模の建築家集団。建築の設計監理、都市デザインおよび関連調査・企画・コンサルティング業務を行う。医療施設の設計は1950年代から手がけ、年間受託額の1割近くを占める。
https://www.nikken.co.jp/ja/

建築家と共創する病院づくり
対話が生む成長と変化に対応できる医療施設

2021年3月31日　第1版第1刷発行
2024年3月25日　第1版第2刷発行

著　者　近藤 彰宏／大守 昌利
発行者　林　諄
発行所　株式会社日本医療企画
〒104-0032　東京都中央区八丁堀3-20-5
S-GATE八丁堀
TEL03-3553-2861（代）
http://www.jmp.co.jp
印刷所　図書印刷株式会社

ISBN978-4-86729-006-4　C3034